WAS IST WAS

ENTDECKE DEN WELTRAUM

Spannende Fakten zum Staunen

TESSLOFF

Hier siehst du, wo du bist!

Wo ist was?

Seite 7

Die Erde aus dem All betrachtet. Nicht umsonst spricht man auch vom »blauen Planeten«!

Seite 17

Der Mond ist von Kratern übersät. Die meisten sind durch die Einschläge von Meteoriten entstanden. Dieser Krater liegt auf der Mondrückseite.

6 Die Erde und ihr Mond

Seite 25

Erfahre, was es alles am Nachthimmel zu entdecken gibt!

24 Der Blick ins All

Seite 29

Für jedes Licht gibt es das passende Teleskop. Mit dem Very Large Array (VLA) fangen wir zum Beispiel Radiowellen aus dem All auf.

38 Unser Sonnensystem

Seite 41

Die Sonne ist unser Zentralgestirn und unglaublich heiß. Immer wieder schießt Gas hervor und bildet Bögen: die Sonnenprotuberanzen.

64 Galaxien und Sterne

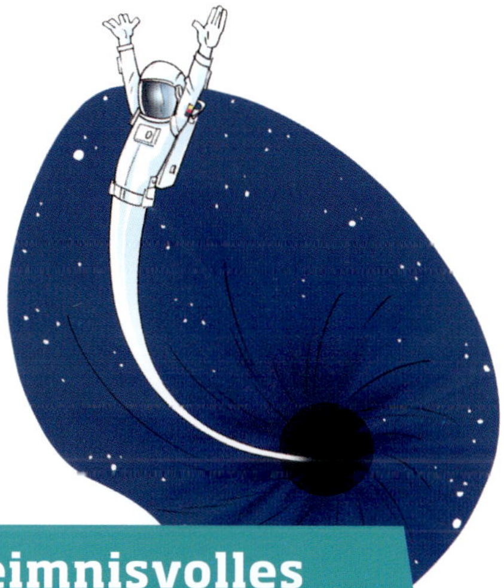

Seite 94

Was passiert, wenn man einem Schwarzen Loch zu nahe kommt?

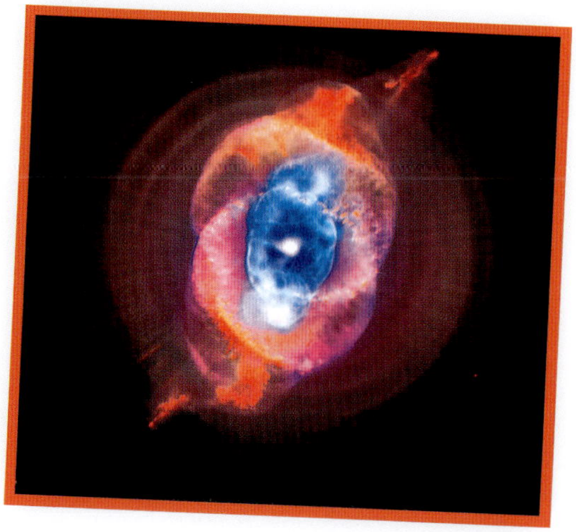

Seite 80

Diese Schönheit nennt sich Katzenaugennebel. Lerne noch mehr Nebel kennen und erfahre, wie sie entstehen!

86 Geheimnisvolles Universum

106 Auf ins All

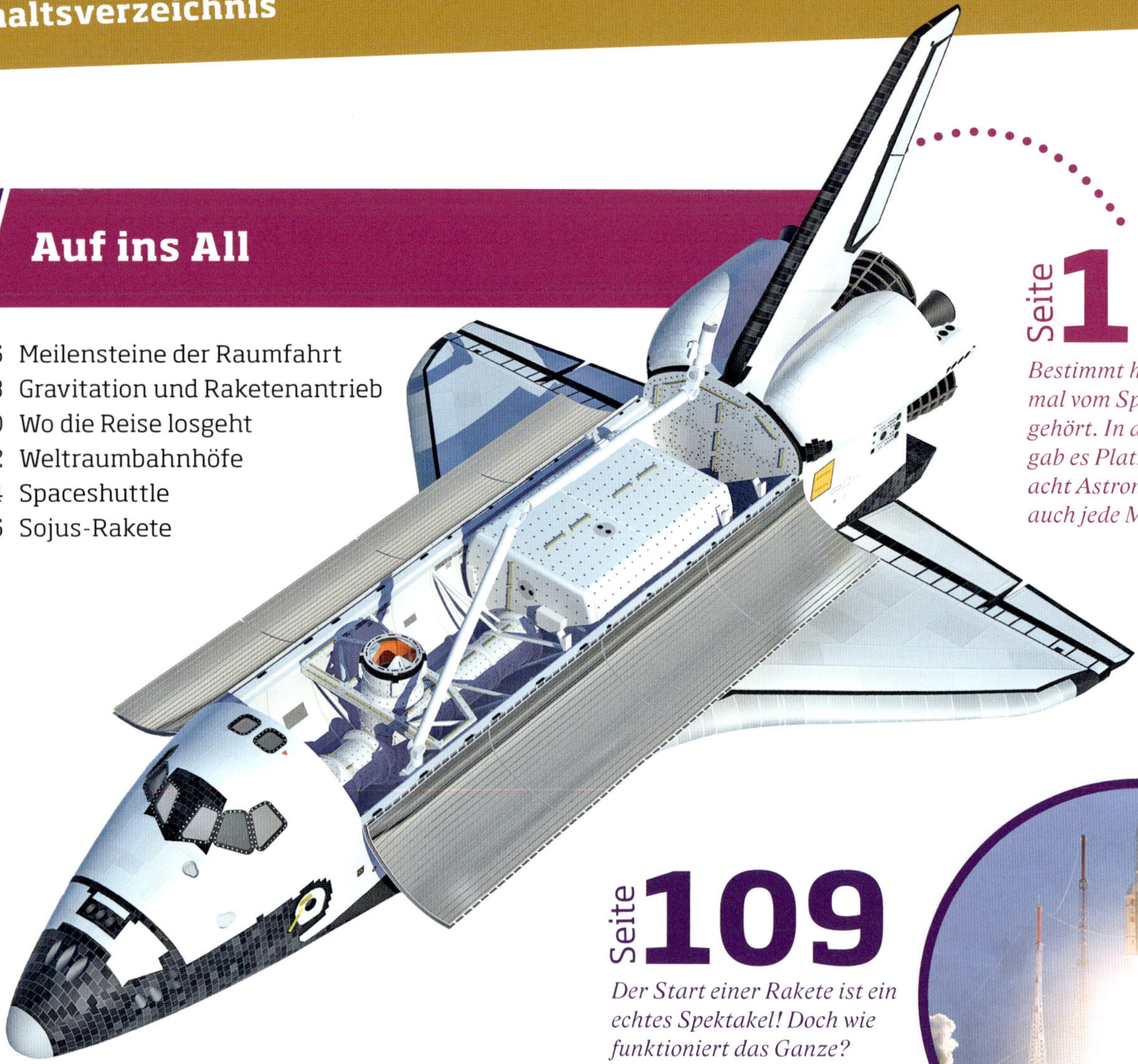

Seite 115

Bestimmt hast du schon mal vom Spaceshuttle gehört. In der Raumfähre gab es Platz für bis zu acht Astronauten, aber auch jede Menge Fracht.

Seite 109

Der Start einer Rakete ist ein echtes Spektakel! Doch wie funktioniert das Ganze?

Seite 124

Sei dabei, wenn Neil Armstrong Geschichte schreibt und als erster Mensch den Mond betritt! Kennst du seine berühmten Worte?

118 Mission Mond

Seite 145 – Wie fühlt sich Schwerelosigkeit an und was lernt man noch als Astronaut? Erfahre mehr über ihre Ausbildung und das Training!

Seite 156 – *Meisterleistung: Die ISS ist das größte Objekt, das der Mensch je ins All gebracht hat. Das ging nur mit Teamwork!*

Seite 178 – *Auf der ISS macht sich das Essen auch schon mal selbstständig. Doch was steht eigentlich auf dem Speiseplan?*

Eine Oase im All

Es ist Mai 2013 – und Chris Hadfield blickt aus dem Fenster. Es ist nicht irgendein Fenster: Zwischen der Scheibe und dem Erdboden liegen 400 Kilometer! Chris ist ein wichtiger Astronaut auf der Internationalen Raumstation, die die Erde umkreist. Denn er ist der Commander von sechs Raumfahrern an Bord. Jetzt aber blickt er einfach nur nach unten zur Erde – und ist überwältigt. Erst ziehen blaue Ozeane und bunte Korallenriffe unter ihm hinweg. Dann sieht er Wüsten, gefolgt von begrünten Kontinenten mit gewundenen Flüssen. Dazwischen liegen winzig Städte und Felder der Menschen.

Chris denkt an uns, die Bewohner der Erde – und will eine Botschaft nach unten schicken. Er spielt eine Melodie auf seiner Gitarre, die zeigt, wie aufgewühlt er gerade ist: Das Lied handelt von einem einsamen Astronauten, der schon bald in seine Kapsel steigen muss, um zur Erde zurückzukehren. Er singt das mit einer melancholischen Stimme – denn den blauen Planeten aus dem All zu sehen, hat Chris tief bewegt. Ein Kollege von Chris sagte schon vor langer Zeit: »Die Erde ist eine großartige Oase in der unermesslichen Weite des Alls.«

Oasen sind fruchtbare Orte mitten in einer Wüste. Egal in welche Richtung wir davon fliegen – unser wasserreicher Planet ist umgeben von der Dunkelheit des Alls und leblosen Himmelskörpern. Auf der Erde gibt es fruchtbare Böden und uralte Wälder. Nur hier gibt es sprudelndes Wasser, in dem es vor Leben nur so wimmelt. Unser Heimatplanet ist zudem ein wahrer Verwandlungskünstler: Seit es den Planeten gibt, hat sich seine Landschaft ständig verändert. Wasser hat tiefe Täler ins Gestein gegraben. Selbst die Kontinente sind nicht in Ruhe. Seit jeher schieben sie sich auf Platten umher, türmen neue Gebirge auf und verändern so das Antlitz der Erde.

Das melancholische Lied von Chris breitete sich wie ein Lauffeuer aus und hat viele Millionen Zuhörer gefunden – seine Botschaft kam also an! Schon wenige Tage später stieg er selbst in seine Raumkapsel, wie er es zuvor gesungen hatte. Er flog zurück und landete sicher auf festem Erdboden. Den Anblick des blauen Planeten wird er nie vergessen können.

Chris Hadfield schwebt durch die Raumstation und spielt dabei Gitarre.

Hier hat Chris Hadfield gelebt und gearbeitet: Die Internationale Raumstation.

Aus dem Weltall sind die Strukturen der Erdoberfläche zu erkennen.

Auf der Nachtseite ist es unverkennbar, dass die Erde bewohnt ist – so hell wie unsere Städte und Straßen beleuchtet sind. Heute leben über sieben Milliarden Menschen auf unserem Planeten.

In einer Sojus-Raumkapsel schwebt Chris Hadfield sicher auf die Erde zurück.

Ist die Erde hohl?

Die Erde ist eine gewaltige Kugel. Von deinen Füßen bis hinab zum Mittelpunkt des Planeten sind es unvorstellbare 6 371 Kilometer. Das entspricht einer Strecke von Berlin nach New York! Wie es im Innern aussieht, konnten sich Menschen lange Zeit schwer vorstellen. Der Science-Fiction-Autor Jules Vernes malte sich in seinem Roman »Die Reise zum Mittelpunkt der Erde« riesige Höhlen mit einem unterirdischen Ozean aus. Tatsächlich besteht die Erde aus drei übereinanderliegenden Schichten aus festem oder flüssigem Gestein. Höhlen gibt es nur in der äußersten Schicht der Erde. Das ist die Kruste, auf der wir leben. Weiter unten kann es keine Hohlräume mehr geben: Denn je tiefer man gelangt, umso stärker wird das Gestein von den darüberliegenden Schichten zusammengedrückt. Außerdem wird es in Richtung Mittelpunkt der Erde immer heißer. Wie der glühende Stahl eines Schmiedes wird das Gestein dabei immer weicher und biegsamer. Jede Höhle würde durch das schiere Gewicht des Gesteins schnell zusammengedrückt werden!

Kruste

Die Kruste umgibt die Erde wie eine Haut. Alle Städte und Ozeane liegen auf ihr. Die Gebirge sind ein Teil der Erdkruste. Gemessen an der gesamten Erde ist die Kruste allerdings sehr dünn. In der Jugendzeit der Erde ist die Kruste in viele Platten auseinander gebrochen, die sich bis heute verschieben und aneinander reiben.

Mantel

Der Mantel ist die dickste Schicht des Erdinnern und bis zu 4 000 Grad Celsius heiß. Trotz dieser Hitze ist das Gestein im Erdmantel fest! Das liegt an dem immensen Gewicht darüberliegender Gesteine, die den Erdmantel zusammenpressen. Nur ganz oben, nahe an der Erdkruste, ist der Mantel zähflüssig wie Honig. Hier liegt eine dünne Schmierschicht, auf der sich die Platten der Erdkruste bewegen können.

Kern

Im tiefsten Inneren unseres Planeten herrscht eine unvorstellbare Hitze: Mit bis zu 6 000 Grad Celsius ist es im Erdkern so heiß wie auf der Sonne! Der äußere Teil besteht aus einem gigantischen Ozean flüssiger Metalle. In ihm dreht sich beständig eine riesige Metallkugel. In ihrem Zentrum liegt der Mittelpunkt der Welt.

Schon gewusst?

Ein Kompass funktioniert nur, weil es tief in der Erde einen rotierenden festen Kern gibt. Durch diese Drehung entstehen zwei Magnetpole, die ungefähr am Nordpol und am Südpol liegen. Auch die Nadel des Kompasses ist ein winziger Magnet mit einem Plus- und einem Minuspol. Da sich unterschiedliche Pole anziehen, zeigt eine Spitze der Kompassnadel immer zum Nordpol und die andere zum Südpol!

Rekord

12 262 Meter

tief war das tiefste Bohrloch der Welt, das jedoch inzwischen wieder verschlossen ist. Es lag auf der Kola-Halbinsel in Russland. Fast 20 Jahre wurde an dem Loch gearbeitet. Durch Hitze und Druck im Erdinneren gingen immer wieder Bohrer kaputt und man gab schließlich auf. Wesentlich tiefer werden wir wohl niemals in die Erde vordringen, weil jeder Bohrer zerdrückt oder im heißen Gestein schmelzen würde. Übrigens: Das tiefste Bohrloch der Welt ist für die Erde nicht mehr als ein kleiner Kratzer! Denn der Bohrer hat noch nicht einmal die dünne Erdkruste durchdrungen.

Die Erdoberfläche

Ansicht aus dem All

Grand Canyon

Über Millionen von Jahren hinweg setzten sich im Südwesten der USA kilometerdicke Sedimentschichten ab, in die sich der Colorado River hineingefressen und so den berühmten Grand Canyon geformt hat.

Die Erde ist ein Wasserplanet. Zwei Drittel seiner Oberfläche bestehen aus Ozeanen und Meeren. Doch wie sich der Blaue Planet uns heute zeigt, ist nur eine Momentaufnahme. Denn die Erde ist ein hochaktiver Vulkanplanet, dessen Äußeres sich – in geologischen Zeitmaßstäben gesehen – rasch verändert. Wie aktiv die Erde ist, zeigen die zahlreichen Vulkane, die vor allem an den Grenzen der Erdkrustenplatten liegen, und die vielen Erdbeben. Der Grund dafür: Unter den Kontinentalmassen und unter der Kruste des Meeresbodens besteht die Erde aus einer zähflüssigen, heißen Magmamasse. Wo Meeresboden unter die kontinentalen Platten in diese heißen Schichten abtaucht, kommt es zu heftigem Vulkanismus. So erklären sich Erdbeben und Vulkaneruptionen an den Rändern des Pazifischen Ozeans, dem berühmten Ring of Fire (Feuerring). All diese gewaltigen Vorgänge führen zu einem Umbau der Erdoberfläche mit sich ständig verändernden Klimaverhältnissen. Daran musste sich das Leben im Laufe seiner Geschichte immer aufs Neue anpassen. Nur auf diese Weise konnte die Erde Leben in einer unfassbaren Vielfalt hervorbringen. Letztlich entwickelte sich auf der Erde auch der Mensch, der nun in der Internationalen Raumstation seinen Heimatplaneten umkreist und ihn so immer besser kennen und verstehen lernt.

Ansicht aus dem All

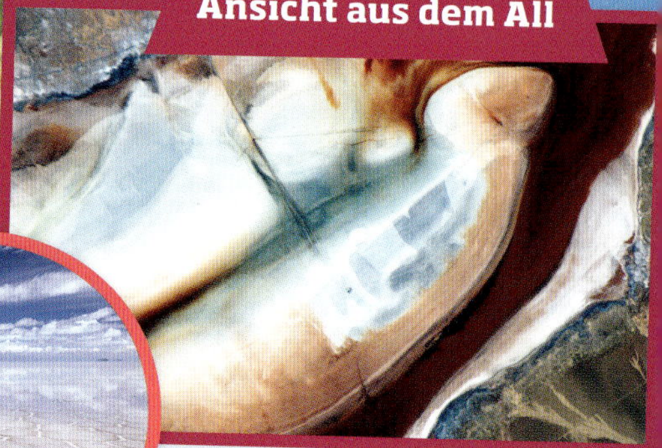

Salar de Uyuni

Diese unwirtliche Fläche im Hochland Boliviens ist mit mehr als 10 000 Quadratkilometern Fläche die weltgrößte Salzpfanne. Vor Tausenden von Jahren war dies ein Ursee. Heute befindet sich unter der Salzkruste eine viele Meter tiefe, flüssige Salzlake. Interessant ist diese Salzpfanne wegen ihres hohen Lithiumgehalts; aus Lithium lassen sich leistungsfähige Akkus für Smartphones, Computer und Elektroautos herstellen.

Planktonwolken

Schwaden im Meer: In besonders nährstoffreichen Gewässern bilden sich riesige Planktonwolken. Diese bestehen aus mikroskopisch kleinen, pflanzlichen Lebewesen, die unseren Planeten mit immer neuem Sauerstoff versorgen. Plankton ist zugleich die Basis der Nahrungskette in den Meeren.

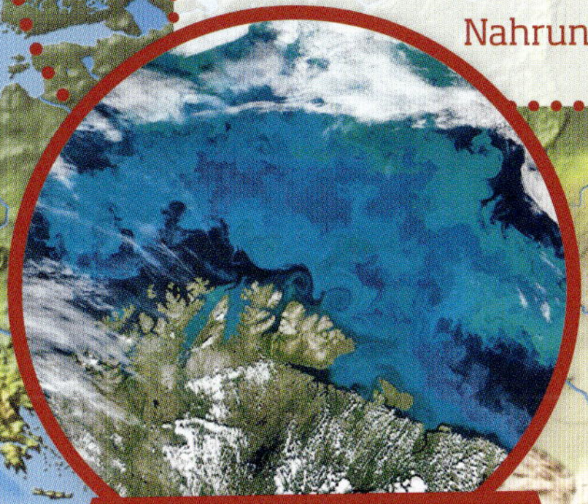

Ansicht aus dem All

Sahara

Mit rund neun Millionen Quadratkilometer Fläche ist die nordafrikanische Sahara die größte Trockenwüste der Welt. Das war nicht immer so: Noch vor wenigen Tausend Jahren war diese Region grün und fruchtbar. Derzeit aber breitet sich die Wüste immer weiter aus.

Ansicht aus dem All

Inseln der Kurilen

Ein Glücksfall für einen Vulkanologen: Die Rauch- und Dampfsäule des Vulkans Sarychev auf den Kurilen nördlich von Japan steigt senkrecht empor und drückt die Wolkendecke kreisförmig von sich weg.

Ansicht aus dem All

Ansicht aus dem All

Himalaja

Das höchste Gebirge des Planeten ist der Himalaja mit seinen von Eis und Schnee bedeckten Gipfeln. Es entstand durch einen Zusammenstoß der Indischen und der Eurasischen Platte. Zahlreiche Flüsse fließen aus dem Gebirge Richtung Süden und münden in den mächtigen Strom Brahmaputra.

Schon gewusst?

Die von den Astronauten der ISS aufgenommenen Fotos ergänzen die Beobachtungen der Erdbeobachtungssatelliten.

Atmosphäre und Wetter

In der Atmosphäre der Erde spielt sich das Klima- und Wettergeschehen ab. Obwohl hauchdünn und zart, kann sie dennoch gewaltige Energien freisetzen. Die Atmosphäre schützt unseren Planeten vor gefährlicher UV-Strahlung und vor Meteoriten. Über den ständigen Wasserkreislauf versorgt sie Menschen, Tiere und Pflanzen mit immer frischem Wasser. Sie stellt Sauerstoff zum Atmen und Kohlendioxid für die Fotosynthese der Pflanzen bereit. Selbst weit entfernte Regionen sind über Strömungen und Windsysteme miteinander verbunden. Die Astronauten der ISS sehen jeden Tag, wie zerbrechlich die Atmosphäre ist.

Polarlicht

Über Arktis und Antarktis treten elektrisch geladene Teilchen der Sonne entlang der Magnetfeldlinien in die Atmosphäre ein und bringen dort Sauerstoff- und Stickstoffmoleküle der Luft zum Leuchten. Die Teilchenstrahlung stammt größtenteils von der Sonne.

Inselwetter

Rund tausend Kilometer vom südamerikanischen Festland entfernt liegt das Archipel der Galapagosinseln. Die Vulkaninseln inmitten des Pazifik machen ihr eigenes Wetter. Berühmt wurden die Inseln durch Charles Darwin und dessen Evolutionstheorie, die die Abstammung der Arten erklärt. Hier entwickelten sich je nach Umgebung und Nahrungsangebot unterschiedliche Finkenarten.

Sandwolke

Die Staubwolke über dem Atlantik stammt von der Sahara und wird von Afrika über den Atlantik bis nach Südamerika getragen. Die enthaltenen Mineralien wie Phosphor und Eisen düngen den Amazonasregenwald.

Wirbelsturm

Gefährliche Schönheit. Der Super-Taifun Maysak wurde am 31. März 2015 von Samantha Cristoforetti fotografiert. In ihm steckt die Vernichtungskraft mehrerer Atombomben. Solche energiegeladenen Wirbelstürme bilden sich über den warmen, tropischen Gewässern durch die Verdunstung von Wasser. Durch die Rotation der Erde werden die wandernden Luftmassen in Drehung versetzt. Treffen Wirbelstürme auf Land, entlädt sich die gespeicherte Energie und es kommt zu verheerenden Verwüstungen.

Sonne

Das Leben auf der Erde spielt sich in der hauchdünnen, nur einige Kilometer dicken Schale ab, die von der Sonne gewärmt wird. Von der ISS lassen sich mehrmals täglich solch fantastische Sonnenaufgänge bewundern.

Schon gewusst?

Die Atmosphäre der Erde sorgt für angenehme Temperaturen und geringe Temperaturunterschiede zwischen Tag und Nacht. Bei Planeten ohne oder mit nur dünner Atmosphäre, wie beim Mars, kann es nachts zu einer drastischen Abkühlung kommen.

Leuchterscheinungen

Gewitter aus dem All. Schätzungsweise zwischen vier und zehn Millionen Blitze entladen sich jeden Tag auf der Erde. Nur jeder zehnte trifft den Boden, die meisten Blitze sind Entladungen innerhalb der Wolken. Was über den Wolken vor sich geht, können die Astronauten der ISS beobachten. Hier haben sie rätselhafte Leuchterscheinungen fotografiert. In etwa 80 bis 100 Kilometern Höhe kommt es über starken Gewittern manchmal zu roten Lichtbüscheln, die Dutzende Kilometer ins All hinaus weisen. Wie es zu diesen Sprites oder Koboldblitzen kommt und was genau sich dabei ereignet, ist immer noch ein ungelöstes Rätsel.

Mit bloßem Auge betrachtet

Der Mond zeigt sich uns immer wieder mit einem neuen Gesicht: mal als dünne Sichel, mal als Halbmond oder als dicker Vollmond, der so hell strahlt, dass wir nachts draußen sogar Zeitung lesen können. Manchmal ist er ganz verschwunden, dann ist Neumond. Diese Mondphasen hängen mit der Stellung von Sonne, Erde und Mond zueinander zusammen.

Fleckengesicht

Mit dem bloßen Auge erkennt man dunkle Flächen und hellere Gebiete. Früher hielten die Menschen die dunklen Gebiete für Mondmeere (Maria). Heute wissen wir, dass es sich dabei um Einschlagbecken handelt, die mit längst erkalteter Lava überflutet sind. Dagegen ist ein Hochland immer eine helle Region, häufig von Gebirgen durchzogen und mit zahlreichen Kratern übersät. Doch die Krater werden erst mit dem Fernrohr wirklich sichtbar.

Was wir nicht sehen

Dass er uns (fast) immer das gleiche Gesicht zuwendet, ist eine Folge der gebundenen Rotation: Ein Mondtag ist genauso lang wie ein Erdenmonat. Tatsächlich sehen wir im Laufe der Mondphasen auch einen kleinen Teil der Mondrückseite. Diese Taumelbewegung heißt Libration und hängt damit zusammen, dass die Mondbahn leicht elliptisch, also nicht exakt kreisförmig ist. Außerdem ist die Mondachse um ein paar Grad schräg gestellt. Wir sehen somit 59 Prozent der gesamten Mondoberfläche. Doch der größte Teil der Rückseite ist von der Erde aus nicht zu sehen.

Der Mond ist der uns nächste Himmelskörper und im Durchschnitt nur

384 400 km

von der Erde entfernt. Doch mit einem Passagierflugzeug würde die Reise rund 400 Stunden dauern. Das aber nur theoretisch, denn die Tragflächen hätten keine Luft, die Triebwerke keinen Sauerstoff und das Flugzeug wäre immer noch zu langsam und könnte die Schwerkraft der Erde nicht überwinden.

Schon gewusst?

Steht der Mond am Horizont, so erscheint er uns größer, als wenn er hoch am Himmel steht. Doch das ist lediglich eine optische Täuschung.

Das muss man wissen:

Die Sonne steht im Mittelpunkt des Sonnensystems und wird von den Planeten auf elliptischen Bahnen umkreist. Die Erde umkreist in 365 Tagen einmal die Sonne, der Mond in einem Monat einmal die Erde. Genau genommen umkreisen Erde und Mond einen gemeinsamen Schwerpunkt. Weil die Erde 81-mal so viel Masse hat wie der Mond, liegt dieser Punkt innerhalb der Erdkugel.

Der Mond leuchtet nicht selbst, er reflektiert nur das Sonnenlicht. So scheint immer nur die Seite des Mondes, die der Sonne zugewandt ist. Wenn der Mond einmal im Monat um die Erde läuft, werden auch Teile des Mondes beschienen, die von der Erde aus nicht sichtbar sind. Das unterschiedliche Aussehen des Mondes nennen wir die Mondphasen. Von Vollmond bis Vollmond dauert es 29,5 Tage. Man nennt dies den Phasenzyklus.

1 **Neumond:** *Die erdabgewandte Seite des Mondes wird von der Sonne beschienen. Der Mond steht dann in der Nähe der Sonne am Tageshimmel und ist für uns unsichtbar.*

2 **Mondsichel:** *Zunehmender Mond. Ein kleiner Teil der von der Sonne beschienenen Seite wird für uns sichtbar.*

3 **Erstes Viertel:** *Der Mond hat ein Viertel seines Umlaufs um die Erde geschafft. Wir sehen ihn als Halbmond.*

4 **Fast Vollmond:** *Der Mond nimmt weiter zu.*

5 **Vollmond:** *Größer geht es nicht mehr. Die Sonne bescheint die uns zugewandte Mondseite vollständig.*

6 7 8 **Abnehmender Mond:** *Jetzt nimmt der Mond wieder ab.*

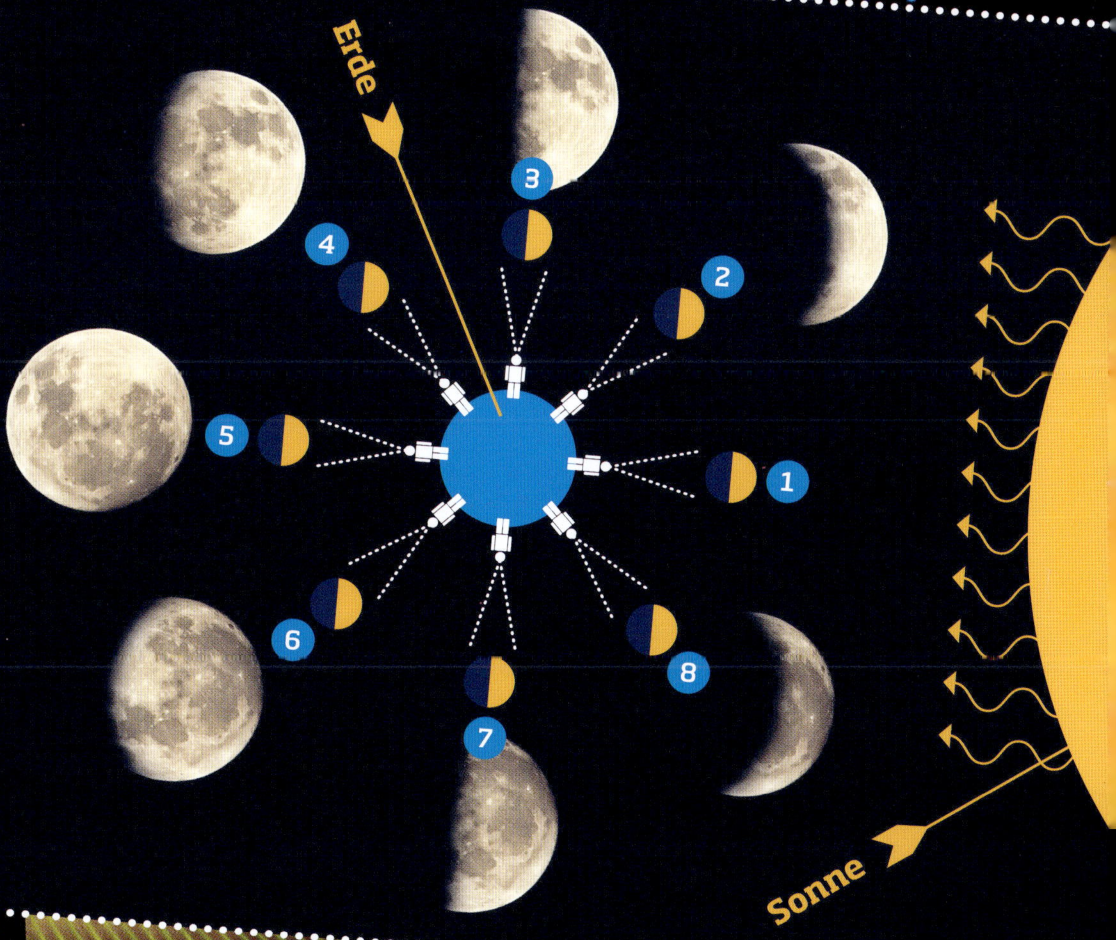

Dieses Falschfarbenbild gibt die Oberflächenzusammensetzung des Mondes wieder. Die roten Regionen sind meist Hochlandgebiete, blaue bis orangefarbene Regionen zeigen alte Lavaflüsse der Mare-Gebiete an. Dabei enthalten die blauen Regionen mehr Titan als die orangefarbenen.

Mare

Die dunklen Maria (Mehrzahl von Mare) sind vermutlich in den ersten 800 Millionen Jahren entstanden. Riesige Meteoriten sind auf der Oberfläche eingeschlagen und haben große Becken hinterlassen, in die Lava geflossen ist.

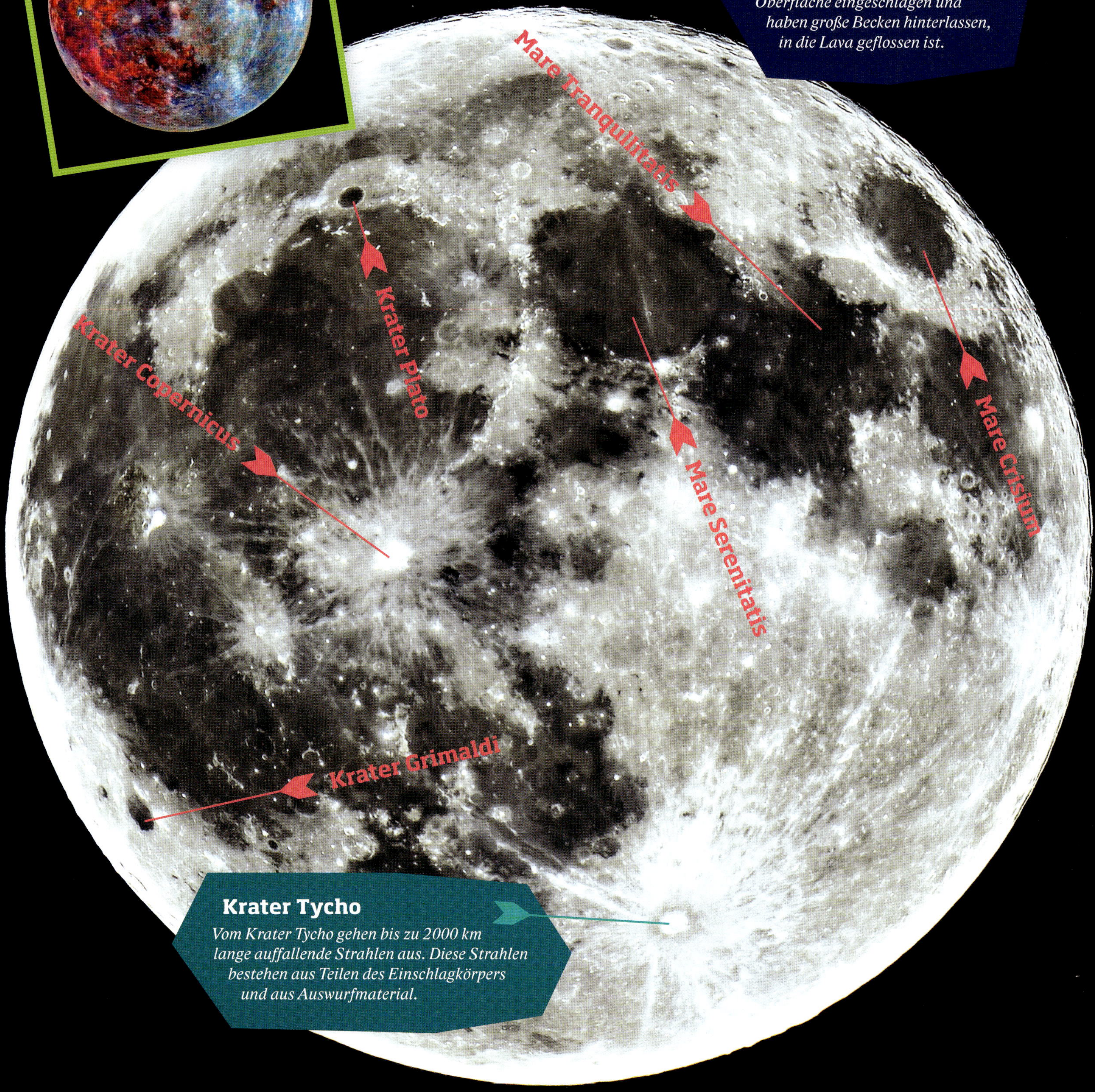

Krater Tycho

Vom Krater Tycho gehen bis zu 2000 km lange auffallende Strahlen aus. Diese Strahlen bestehen aus Teilen des Einschlagkörpers und aus Auswurfmaterial.

Narbengesicht

Bereits mit dem bloßen Auge erkennt man die dunklen Mondmeere und das hellere Hochland, das mit Kratern übersät ist. Die Maria sind auffallend arm an Kratern. In der Frühzeit seiner Existenz war der Mond einem starken Beschuss mit Meteoriten ausgesetzt. Nachdem sich die Mondmeere gebildet hatten, ging die Zahl der Einschläge zurück. So sind in den Maria deutlich weniger Krater zu sehen als in den älteren Hochlandregionen.
Mit dem Feldstecher – oder besser noch mit einem Teleskop – sind die Mondkrater zu erkennen. Besonders klar und deutlich sind die Mondlandschaften an der Licht-Schatten-Grenze zu sehen. Dort werfen Kraterwälle und Gebirge Schatten. Bei Vollmond hingegen, wenn das Sonnenlicht senkrecht auf die Mondoberfläche fällt, zeigt der Mond ein eher langweiliges Gesicht.

Davy-Kraterkette. Wahrscheinlich sind hier die Stücke eines auseinandergebrochenen Meteoriten der Reihe nach eingeschlagen und haben 23 ein bis drei Kilometer große Krater hinterlassen.

Der anfangs noch heiße Mond kühlt ab und schrumpft. Dabei entstehen Furchen und Rillen. Diese länglichen Vertiefungen auf dem Mond nennen Forscher Rima. Es gibt langgestreckte Rillen, die mehrere Kilometer breit und Hunderte von Kilometern lang sind. Die Rima können bis zu 400 Meter tief sein.

So viele Krater

Allein auf der uns zugewandten Seite des Mondes gibt es ungefähr 300 000 Krater mit einem Durchmesser von mehr als einem Kilometer und 234 Krater, die mehr als 100 Kilometer breit sind. Jüngere Krater erkennt man an den scharfen Rändern. Die Ränder älterer Krater wurden durch den Dauerbeschuss mit kleineren Meteoriten und winzigen Mikrometeoriten abgerundet. Die meisten Mondkrater sind Einschlagkrater und keine Vulkankrater. Krater können mikroskopisch kleine Löcher sein, aber auch riesengroße Einschlagbecken mit einem Durchmesser von mehr als 2000 Kilometern.

Fließt da was?

Lavaflüsse und Rillen entstanden, weil der Mond im Laufe seines Lebens auskühlte und sein Inneres dadurch schrumpfte. Die Mondoberfläche zeigt auch, dass der Mond nur in seiner Frühzeit geologisch aktiv war. Heute ist er weitgehend erkaltet. Eine Plattentektonik, wie die Erde, hat er nicht. Es gibt gegenwärtig keinen Vulkanismus auf dem Mond. Weil der Mond so viel kleiner ist als die Erde, ist er auch schneller ausgekühlt. Im Vergleich zum Mond ist unsere Erde ein richtiger Vulkanplanet.

Krater Daedalus

Diesen Krater kannst du nicht von der Erde aus sehen, denn er befindet sich auf der Mondrückseite. Deutlich zu erkennen sind die Terrassen der inneren Kraterwand und die Gruppe von Zentralbergen.

Schutzlos

Ohne Atmosphäre, Wasser und Pflanzen ist die Mondoberfläche auch keiner Verwitterung ausgesetzt. Doch das ständige Bombardement mit Meteoriten und Mikrometeoriten trägt die Mondoberfläche allmählich ab. Die geringe Schwerkraft und die intensive Sonneneinstrahlung lassen leichtere Moleküle wie Wasser und Sauerstoff in den Weltraum verschwinden.

Angeberwissen

- Geologen sind Wissenschaftler, die den Aufbau der Erde, deren Gesteine und Minerale untersuchen. Selenologen tun das Gleiche mit dem Mond. Die Selenologie befasst sich also mit der Entstehung des Mondes, dem inneren Aufbau, der chemischen Zusammensetzung und der Bildung von Mondformationen.

Eine kosmische Kollision ist heute die wahrscheinlichste Erklärung für die Entstehung des Mondes. Vor etwa viereinhalb Milliarden Jahren stößt der marsgroße Urplanet Theia mit der noch jungen Urerde zusammen. Die enorme Energie lässt große Teile des Gesteins von Erde und Theia verdampfen.

Wie die Erde zu ihrem Mond kam

Die Computersimulation zeigt, wie gewaltige Mengen an Gestein, Staub und Gas ins All geschleudert werden. Ein Teil der Materie entkommt der Erdanziehung. Zum Teil fällt Material auf die Erde zurück. Ein anderer Teil ist als Trümmerring im Gravitationsfeld der Erde gefangen.

Innerhalb von nur hundert Jahren bildet sich aus dem Trümmerring ein glühend heißer Erdbegleiter. Dessen Schwerkraft zieht immer mehr Material an. Ständig schlagen explosionsartig Gesteinsbrocken auf dem wachsenden Mond ein. Die Oberfläche des Mondes besteht aus flüssiger, heißer Lava. Der Mond glüht, wie auch die Erde.

Die Erde hat einen ungewöhnlich großen Mond. Lange Zeit konnte man sich nicht erklären, wie die Erde zu einem solch großen Begleiter gekommen ist. Drei große Theorien wurden diskutiert. Die erste ging davon aus, dass Erde und Mond sich gemeinsam aus der Gas- und Staubwolke gebildet haben. Die zweite Theorie besagte, dass der Mond aus einer sich schnell drehenden Erde herausgeschleudert wurde, und zwar von der Stelle, wo heute der Pazifik liegt. Tatsächlich wissen wir heute, dass sich der Pazifik allmählich durch die Verschiebung der Erdkruste gebildet hat und weniger als 200 Millionen Jahre alt ist. Der dritten Theorie nach entstand der Mond anderswo und wurde von der Erde »eingefangen«.
Die Ergebnisse der Apollo-Missionen passten zu keiner der drei Theorien. Der Mond musste also auf andere Art entstanden sein.

Die Geburt des Mondes

Vor 4,567 Milliarden Jahren bildete sich aus einer riesigen Staub- und Gaswolke die Sonne. Gleichzeitig formten sich Planeten und andere Materieklumpen, die um die Sonne kreisten, darunter unser Heimat-

Schon gewusst?

Die Selenologen unterscheiden zwischen Primär- und Sekundärkratern. Schlägt ein großer Meteorit auf der Mondoberfläche ein, dann entsteht am Einschlagort der Primärkrater. Der Meteorit verdampft explosionsartig und wirft Untergrundmaterial auf, das rings um den neu entstandenen Krater niedergeht. Wo größere Felsbrocken auf die Mondoberfläche prallen, entstehen kleinere Krater, die Sekundärkrater.

planet. Die Erde war für kosmische Maßstäbe noch ein Baby – gerade mal 50 Millionen Jahre jung –, da kam es zu einer gewaltigen Katastrophe. Die Erde stieß mit Theia zusammen, einem etwa marsgroßen Planeten, der die Erdbahn kreuzte. Die Erde hätte bei dieser Kollision vollständig vernichtet werden können, doch sie hatte noch einmal Glück. Theia hatte die junge Urerde nicht frontal getroffen, sondern nur gestreift. Dabei wurden enorme Mengen Gesteinsmaterial ins All geschleudert. Aus diesen Trümmern bildete sich der Mond.

Der Mond bekommt sein Gesicht

Vor etwa 4,5 Milliarden Jahren bildete sich aus dem flüssigen Mondgestein das erste feste Mondgestein: die schwereren Kristalle sanken ab, die leichteren schwammen oben und die Mondkruste bildete sich. Bis vor 3,85 Milliarden Jahren unterlag die Mondoberfläche einem heftigen Beschuss von Asteroiden und Meteoriten. So kam der Mond zu seinen vielen Kratern. Die größten Asteroiden hinterließen große Einschlagbecken. Vor drei Milliarden Jahren war der Mond noch vulkanisch aktiv. Lava trat aus dem Mondinneren aus und füllte die Einschlagbecken. Der Mond kühlte weiter ab, bis vor 800 000 Jahren der Mondvulkanismus endete. Durch das ständige Bombardement mit Meteoriten und Mikrometeoriten, deren Durchmesser oft unter einem Millimeter liegt, wurde das Gestein der Mondoberfläche pulverisiert. Dieser graue Staub oder Sand wird Mondregolith genannt. Die gesamte Mondoberfläche ist heute von einer meterdicken Regolithschicht bedeckt.

Ein Einschlagkrater entsteht

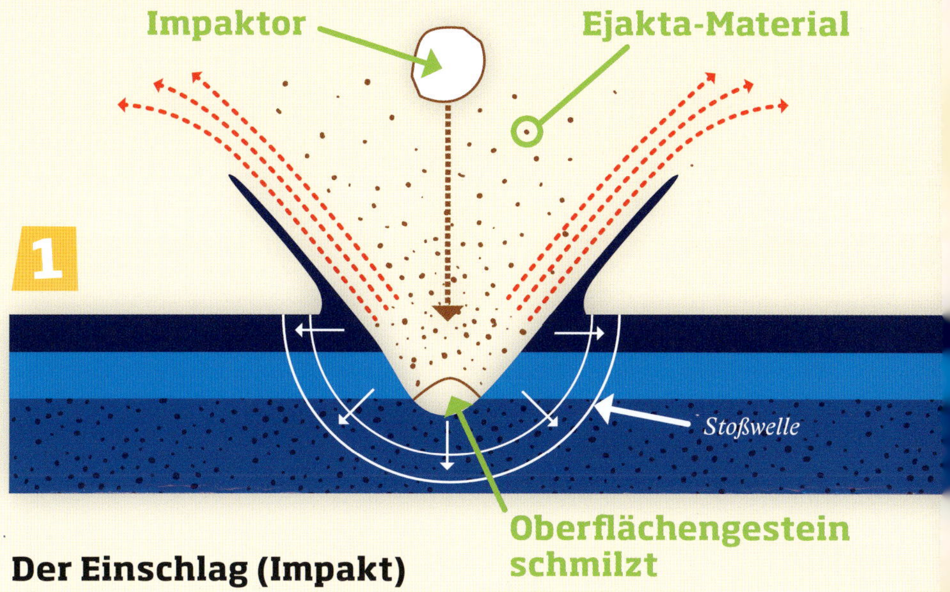

Der Einschlag (Impakt)

Fast alle Mondkrater sind bei Einschlägen von Kometen, Asteroiden oder Meteoriten entstanden. Der Einschlagkörper (Impaktor) verdampft und das Oberflächengestein schmilzt. Festes, flüssiges und gasförmiges Material wird ausgeworfen.

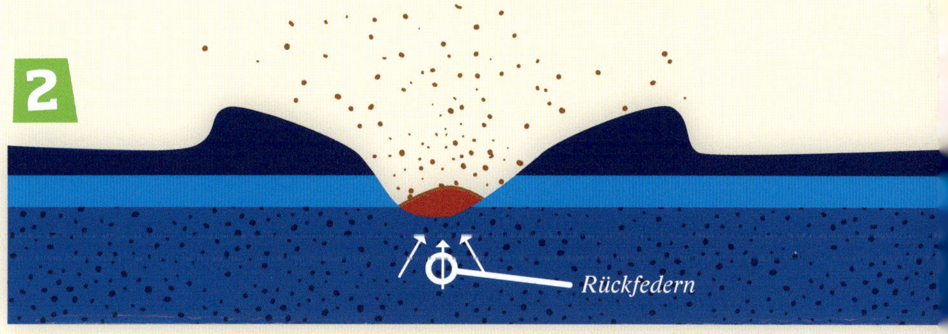

Übergangskrater

Ein Großteil der Auswurfmasse (Ejakta) geht direkt beim Krater nieder und bildet eine ringförmige Schicht um den Krater herum. Bei komplexeren Kratern federt die Kratermitte elastisch zurück und ein oder mehrere Zentralberge entstehen.

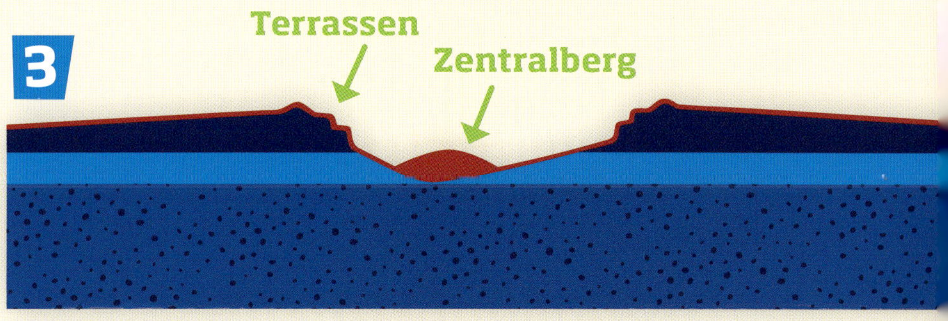

Finaler Krater

Die steilen und instabilen Kraterwände brechen ein und füllen den Krater zum Teil wieder auf. Zurück bleibt ein großer, relativ flacher Krater mit einer terrassenförmigen Kraterwand und Zentralbergen in der Mitte.

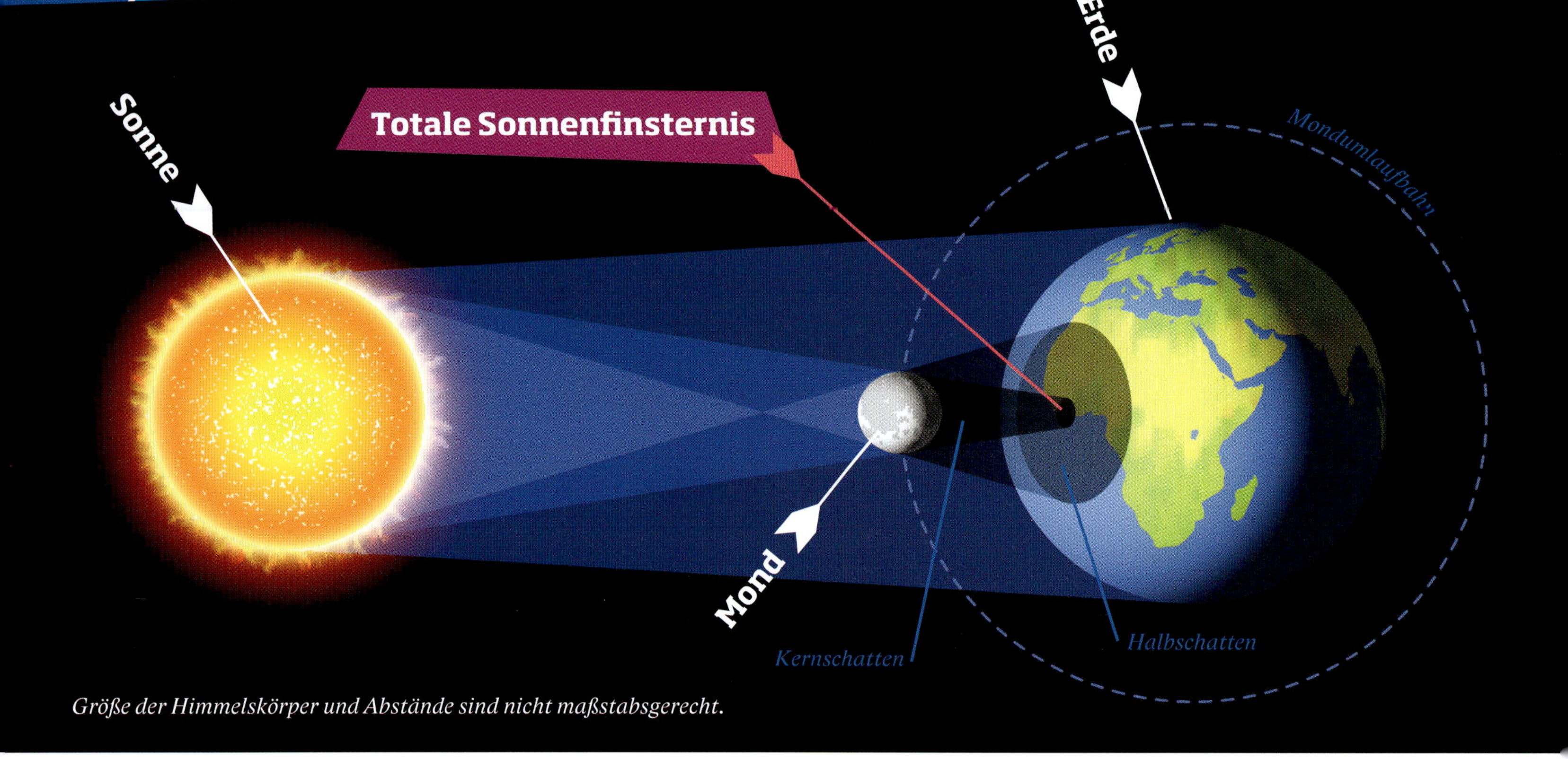

Größe der Himmelskörper und Abstände sind nicht maßstabsgerecht.

Finsternisse

Eine totale Sonnenfinsternis

erlebt man nur im Kernschatten des Mondes. Im Halbschatten erlebt man eine partielle Sonnenfinsternis und die Sonnenscheibe sieht wie angefressen aus.

Ist die Mondscheibe kleiner als die Sonnenscheibe, kommt es zu einer ringförmigen Sonnenfinsternis.

Der Mond umkreist die Erde und die Erde umkreist – gemeinsam mit dem Mond – die Sonne. Die Bahn des Mondes um die Erde ist dabei leicht gegen die Bahn der Erde um die Sonne gekippt. Die beiden Bahnen liegen also nicht in einer Ebene, sodass bei Neumond der Mond die Sonne meist nicht verdeckt.

Aber dann doch!

Nur wenn Sonne, Mond und Erde genau auf einer Linie stehen, kommt es zu einer Sonnenfinsternis. Der Mond verdeckt die Sonne, sodass der Mondschatten auf die Erde fällt. Eine solche Sonnenfinsternis kann teilweise sein, total oder ringförmig. Früher konnten sich die Menschen nicht erklären, wie es zu einer Sonnenfinsternis kommt und deuteten sie als Zeichen eines bevorstehenden Unheils. Tatsächlich ist es ein seltenes, aber durchaus erklärbares Naturschauspiel, dessen Eintreten und Dauer sich genau berechnen lässt. Eine totale Sonnenfinsternis dauert bis zu siebeneinhalb Minuten. Denn der Mond wandert weiter und gibt die Sonne wieder frei.

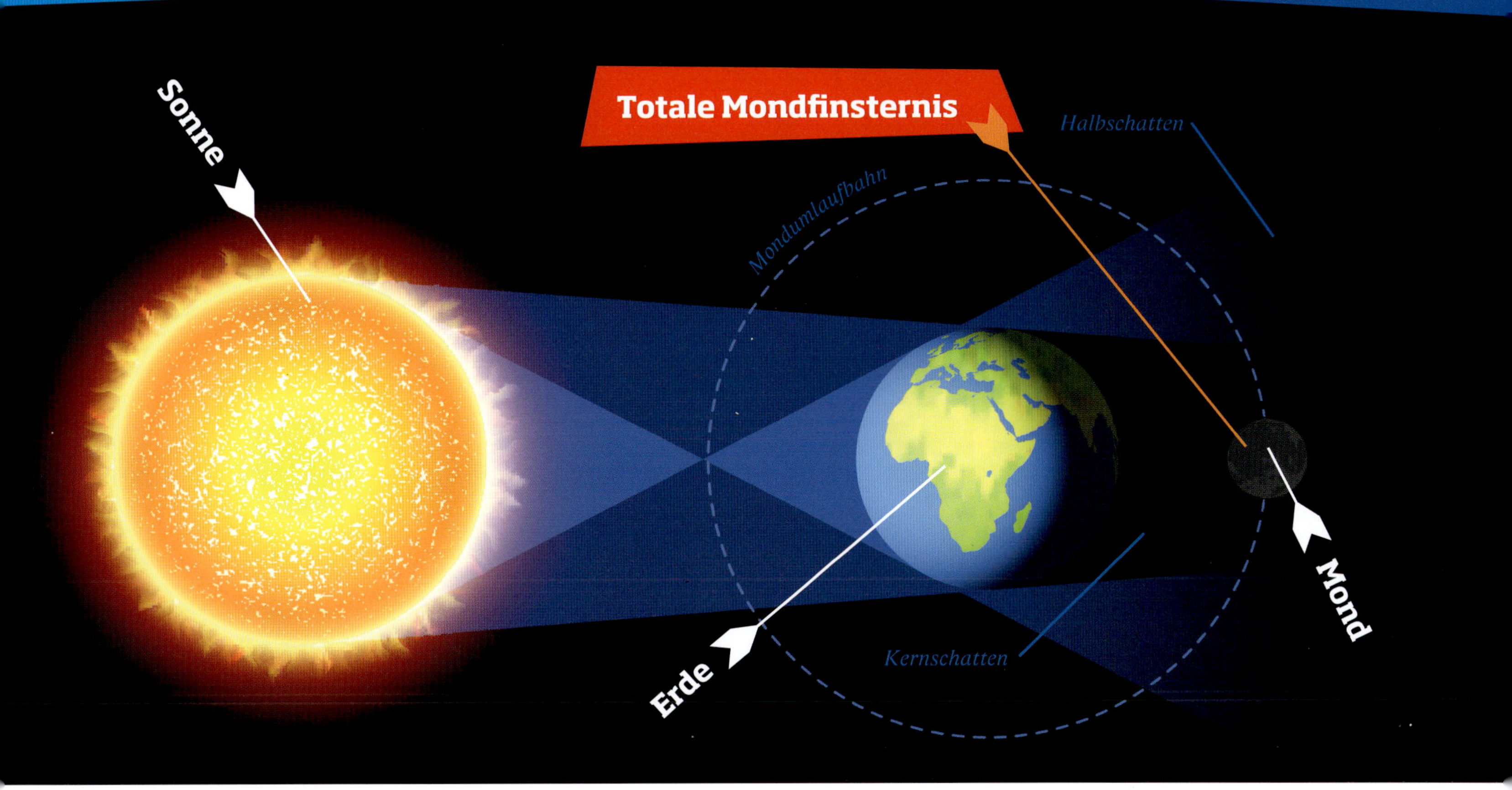

Kleiner Mond und große Sonne

Die Sonne ist 400-mal größer als der Mond, zufällig aber auch 400-mal weiter weg. Eine totale Sonnenfinsternis kann es nur geben, weil Sonne und Mond den gleichen scheinbaren Durchmesser am Himmel haben. Weil aber die Bahn des Mondes um die Erde und die Bahn der Erde um die Sonne keine perfekten Kreisbahnen sind, sondern elliptisch, also eiförmig, ändern sich die scheinbaren Größen von Mond und Sonne geringfügig. So kann es auch passieren, dass ein kleinerer Mond die etwas größere Sonne nur ringförmig bedeckt.

Finsterer Mond

Wenn die Erde auf einer Linie zwischen Sonne und Mond steht und der Erdschatten auf den Mond fällt, kommt es zu einer partiellen oder totalen Mondfinsternis. Dann bedeckt der Erdschatten den Mond teilweise oder vollständig. Da die Erde sehr viel größer ist als der Mond und die Erde einen größeren Schatten wirft als der Mond, dauern Mondfinsternisse auch länger als Sonnenfinsternisse. Eine totale Bedeckung des Mondes kann 107 Minuten dauern.

Totale Mondfinsternis. Der Mond leuchtet rötlich im Sonnenlicht, das an der Erdatmosphäre gestreut wird.

Schon gewusst?

Genau genommen umkreist der Mond nicht die Erde, sondern Erde und Mond umkreisen einen gemeinsamen Punkt. Es ist wie ein Tanz zwischen einem dicken, schweren Tänzer und einer kleinen, leichten Tänzerin, die sich an den Armen fassen.

Nie ohne Augenschutz!

Eine Mondfinsternis kannst du mit bloßem Auge beobachten. Aber Vorsicht! Bei einer Sonnenfinsternis darfst du auf keinen Fall direkt in die Sonne sehen – wie du auch sonst niemals direkt in die Sonne sehen solltest! Benutze immer eine Schutzbrille, die du beim Optiker kaufen kannst.

Die Geschwister des Mondes

Monde sind kleinere Trabanten (Begleiter von Himmelskörpern). Die meisten entstanden zur gleichen Zeit wie ihre Planeten, einige wenige wurden auch durch das Schwerefeld des Planeten eingefangen. Es gibt mindestens 185 Monde im Sonnensystem – und da sind nur die Monde der acht Planeten gezählt. Hinzu kommen noch Monde, die um Zwergplaneten kreisen sowie die Begleiter von Asteroiden. Laufend werden neue Monde im Sonnensystem entdeckt. Viele dieser Monde sehen ganz anders aus als der Erdmond. Nur zwei Planeten haben keinen einzigen Mond: Merkur und Venus. Andere, wie die beiden großen Gasplaneten Jupiter und Saturn, besitzen Dutzende Monde.

So groß, so nah

Nur drei Monde im ganzen Sonnensystem sind größer als der Erdmond. Aber selbst diese sind winzig im Vergleich mit ihrem Planeten. Der Erdmond ist nicht nur besonders groß, er steht auch sehr nah bei der Erde und ist im Durchschnitt nur 384 400 Kilometer von ihr entfernt. Wir erkennen schon mit bloßem Auge Merkmale auf seiner Oberfläche. Die großen Monde des Jupiters oder Saturns sind mehr als eine Million Kilometer von ihren jeweiligen Planeten entfernt. Von ihren Planeten aus betrachtet erschienen diese Monde als winzige Scheibchen, auf denen kaum etwas zu erkennen wäre. Doch haben Raumsonden gezeigt, dass sich auf einigen Monden interessante Dinge tun. Auf dem Jupitermond Io steigen Gasfontänen auf, andere enthalten organische Moleküle, Wasser und sogar ganze Ozeane. Dort könnte es sich lohnen, nach Anzeichen von Leben zu suchen.

Eismond

Saturnmond Hyperion besteht hauptsächlich aus Wassereis und etwas Gestein. Seine zahlreichen, tiefen Krater lassen ihn wie einen Schwamm aussehen. Unregelmäßig geformt, torkelt er durch den Raum.

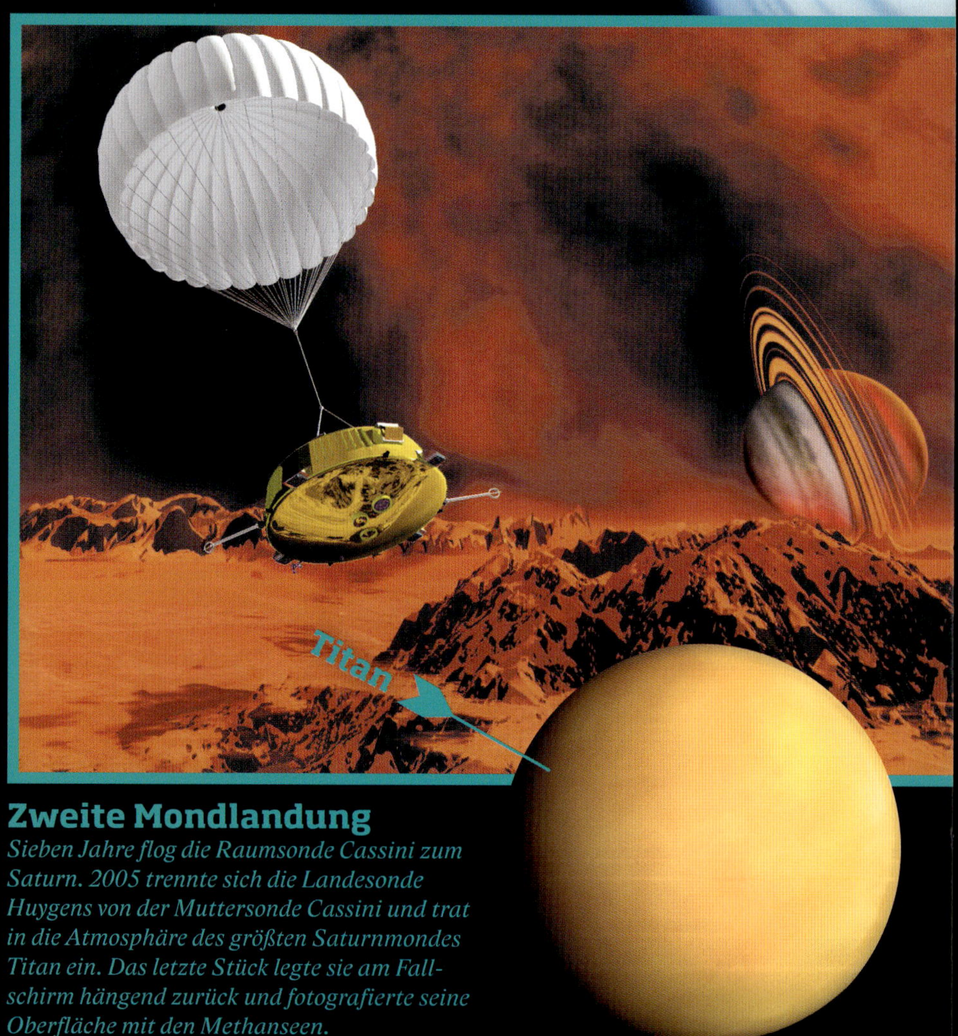

Zweite Mondlandung

Sieben Jahre flog die Raumsonde Cassini zum Saturn. 2005 trennte sich die Landesonde Huygens von der Muttersonde Cassini und trat in die Atmosphäre des größten Saturnmondes Titan ein. Das letzte Stück legte sie am Fallschirm hängend zurück und fotografierte seine Oberfläche mit den Methanseen.

Wer hat wie viele Monde?

Die meisten Monde haben die vier äußeren Gasplaneten. Von den Gesteinsplaneten haben nur Mars und Erde Begleiter.

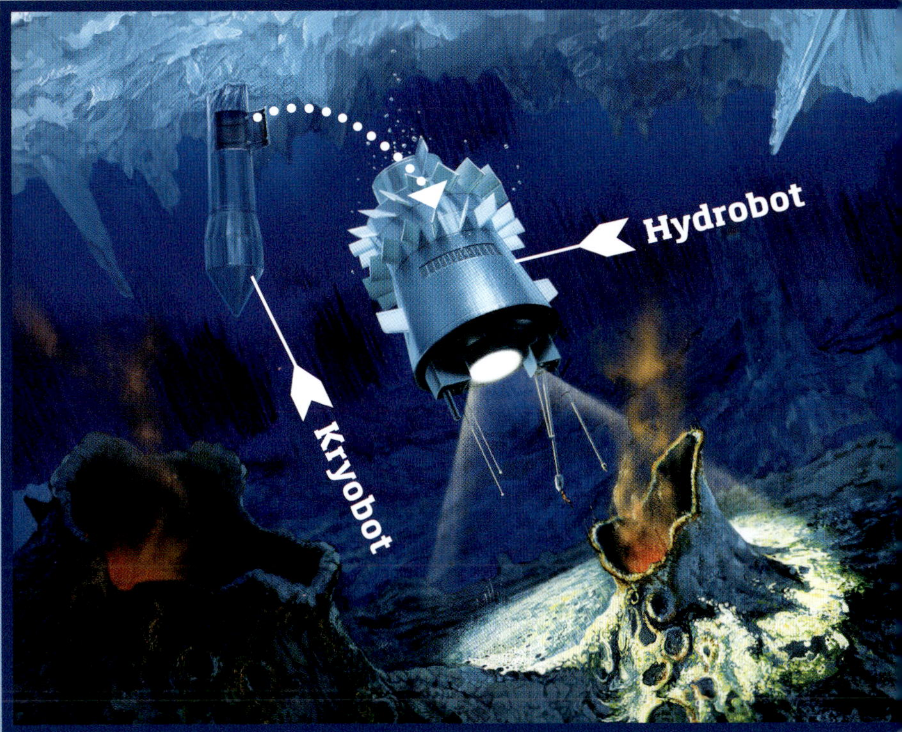

Ein starkes Paar

Auf den Jupitermonden Europa, Ganymed und Kallisto könnte es unter einer dicken Oberflächeneisschicht Ozeane geben. Ein besonders »heißer« Kandidat ist der Saturnmond Enceladus. Dort wurden aktive Geysire beobachtet. Die Forscher überlegen, Sonden zu solchen Eismondozeanen zu schicken. Ein Kryobot könnte auf der Eisoberfläche landen und sich durch eine vermutlich mehrere Kilometer dicke Eisschicht schmelzen und – im Ozean angekommen – einen Hydrobot freisetzen, der dann eigenständig den Ozean erforschen würde und vielleicht auch auf Spuren von Leben stoßen könnte.

Ein besonderer Mond

Die Oberfläche des Erdmondes ist kahl und öde. Aber er ist mit einem Durchmesser von 3476 km riesig, verglichen mit seinem Planeten. Wegen seiner Größe und Nähe ist sein Einfluss auf die Erde sehr viel größer als der anderer Monde auf ihre Planeten. Der Abstand ist auf der Abbildung nicht maßstabsgetreu wiedergegeben.

Was wir am Himmel sehen

Kometen

Kometen sind dreckige Schneebälle. Kommen sie der Sonne nahe, verdampft ein Teil der Materie, die vom Sonnenwind weggeblasen und zum Leuchten angeregt wird. So entsteht der Kometenschweif.

Wir Menschen leben auf einem winzigen Planeten in einem riesigen Universum. Wenn wir den Nachthimmel bestaunen, sind wir überwältigt von den zahlreichen Sternen. Die meisten sind so weit entfernt, dass sie ohne Einfluss auf unsere Erde sind. Doch ein Stern bestimmt unser Leben: Die Sonne ist unser nächster Stern und versorgt uns tagsüber zuverlässig mit Wärme und Licht.

So viele Sterne

In einer klaren Nacht, ohne störendes künstliches Licht, können wir mit dem bloßen Auge etwa 3 000 Sterne wahrnehmen. Die Menschen auf der anderen Seite der Erde sehen noch einmal so viele Sterne. Insgesamt sind von der Erde aus also 6 000 Sterne ohne optische Hilfsmittel sichtbar. Auch sehen wir ein milchiges Band, das sich über den Nachthimmel erstreckt: die Milchstraße. Das nackte Auge ist zu schwach, als dass es die wahre Natur der Milchstraße erkennen kann. Erst mit dem Teleskop erkennen wir, dass sie aus zahlreichen Sternen besteht. Alle 6 000 mit bloßem Auge von der Erde sichtbaren Sterne sowie die zahllosen Sterne der Milchstraße gehören zur Milchstraßengalaxie. Galaxien sind Sternenfamilien, die meist aus vielen Milliarden von Sternen bestehen.

Keine Sterne

Außer den Sternen sehen wir noch andere Himmelsobjekte, darunter sieben Punkte, die ihre Position von Tag zu Tag ändern. Diese Wandelsterne sind die Planeten (vom altgriechischen Wort »planetein«: herumwandeln), die gemeinsam mit der Erde die Sonne umkreisen. Auch eigentümliche Nebel aus Gas und Staub sind mit dem Teleskop zu erkennen. Manchmal könnt ihr für ein paar Minuten einen hellen Punkt über den Himmel ziehen sehen. Das könnte die Internationale Raumstation ISS sein , die alle 90 Minuten die Erde umkreist. All diese Objekte erzeugen kein eigenes Licht und sind keine Sterne.

Mond

Der Mond reflektiert lediglich das Licht der Sonne zur Erde und ist somit kein Stern.
Je nach Stellung von Erde, Sonne und Mond kommt es zu den unterschiedlichen Mondphasen.

Andromedanebel

Die nächste große Spiralgalaxie ist der Andromedanebel M31. Wir sehen sie mit bloßem Auge als länglichen Nebelfleck. Erst mit dem Teleskop erkennen wir ihre Spiralstruktur.

Gasnebel

Kein Stern. Der Pferdekopfnebel, vom Hubble-Weltraumteleskop im Infrarotlicht gesehen.

Milchstraße

Das milchige Band der Milchstraße besteht aus Milliarden von Sternen. Tatsächlich sieht so unsere Milchstraßengalaxie – eine Spiralgalaxie – aus, wenn man sie von der Erde aus betrachtet. Denn die Sonne und ihre Planeten liegen in einem ihrer Spiralarme. Wir werden unsere Heimatgalaxie nie von außen betrachten können.

Planeten

Weil sie nicht selbst leuchten und nur das Sonnenlicht reflektieren, sind Planeten und ihre Monde keine Sterne. Mit dem bloßen Auge können wir Merkur, Venus, Mars, Jupiter und Saturn als Punkte sehen. Da Sterne weit entfernt sind, nehmen wir sie nur als Lichtpunkte wahr, die durch Turbulenzen der Atmosphäre gebrochen werden, was die Sterne funkeln lässt. Planeten sind sehr viel näher, sodass wir sie als winzige Scheibchen wahrnehmen. Die turbulente Luft kräuselt die Planetenscheibchen nur an den Rändern, sodass Planeten nicht funkeln.

Die Anfänge der Astronomie

Die Himmelsscheibe von Nebra mit Himmelskörpern aus Gold. Bei der Gruppe aus sieben Sternen könnte es sich um die Plejaden handeln.

Die Astronomie gilt als die älteste Wissenschaft der Menschheit. Die Sterne zeigten den steinzeitlichen Jägern und Sammlern bei nächtlichen Wanderungen den Weg. Aus Jägern und Sammlern wurden sesshafte Ackerbauern, die den Lauf der Gestirne über das Jahr hinweg verfolgten. Sie entwickelten erste Kalender und wussten nun, wann es Zeit war, das Getreide auszusäen.

Geheimnisvolle Steinringe

Im englischen Stonehenge stellten vor etwa 4 500 Jahren Menschen bis zu vier Tonnen schwere Steine zu einem ringförmigen Steinmonument auf, das ihnen als Kultplatz und als Observatorium diente. Die Steine sind so ausgerichtet, dass sich aus dem Sonnenlauf über das Jahr wichtige Kalenderdaten ermitteln lassen – wie die Sommersonnenwende, die Wintersonnenwende und die Tagundnachtgleichen im Frühjahr und im Herbst.

Rätselhafte Sternenkarte

1999 wurde in Deutschland die Himmelsscheibe von Nebra entdeckt. Sie ist zwischen 3 700 und 4 100 Jahre alt und damit die älteste uns bekannte Abbildung des Kosmos. Menschen der Bronzezeit haben sie aufwendig geschmiedet und vor etwa 3 600 Jahren als Heiligtum vergraben. Auf der Bronzescheibe sind Himmelskörper aus Gold eingelassen: der Mond, als Vollmond und als dünne Sichel, außerdem das Siebengestirn, eine kleinere Gruppe von Sternen, die auch Plejaden genannt werden.

Keine Hochkultur ohne Sterne

In Babylonien, dem kulturellen Zentrum des Altertums am Persischen Golf, reicht die Astronomie bis ins dritte Jahrtausend vor unserer Zeitrechnung zurück. Die Astronomen konnten totale Sonnenfinsternisse genau berechnen und entwickelten auch Tierkreiszeichen und verschiedene Sternnamen, die wir heute noch verwenden. Die alten Ägypter kannten bereits im vierten Jahrtausend vor Christus ein 365-tägiges Sonnenjahr mit zwölf Monaten. Ihr Jahr begann, wenn Sirius, der hellste Stern am Nachthimmel, erstmals wieder in der

Observatorium und Heiligtum: der Steinring von Stonehenge in England. Den Menschen der Jungsteinzeit muss dieser Ort sehr wichtig gewesen sein, denn sie haben die Steine von weit her an diesen Ort transportiert und aufgestellt.

Hinkelsteine

Morgendämmerung zu sehen war. Ein sehr wichtiges Datum für die Ägypter, denn in diese Zeit fielen auch die Nilüberschwemmungen, die fruchtbaren Schlamm auf die Felder brachten.
Die kaiserlichen Hofastronomen im alten China beobachteten Novae, das sind kurzzeitig hell aufleuchtende Sterne, die zuvor nicht sichtbar waren, Kometen, Mond- und Sonnenfinsternisse.
Lange bevor Europäer Amerika eroberten, errichteten die Maya im heutigen Mexiko Tempel mit Observatorien und beobachteten den Himmel genau.
All diese alten Kulturen gingen dabei noch davon aus, dass die Erde eine Scheibe ist, über die sich ein Himmelsgewölbe spannt.

Göttersache

Was genau Sterne, Sonne, Planeten und Mond waren, das wussten die Menschen lange Zeit nicht. Dort oben am Himmel geschahen Dinge, die sie nur mit den Göttern in Verbindung bringen konnten. In ihrer Vorstellung war der Himmel der Wohnsitz der Götter. Vieles, was dort geschah, gab den Menschen Rätsel auf. Manches fürchteten sie gar, etwa wenn sich der Mond während einer Mondfinsternis blutrot färbte oder sich die Sonne bei einer Sonnenfinsternis verdunkelte.

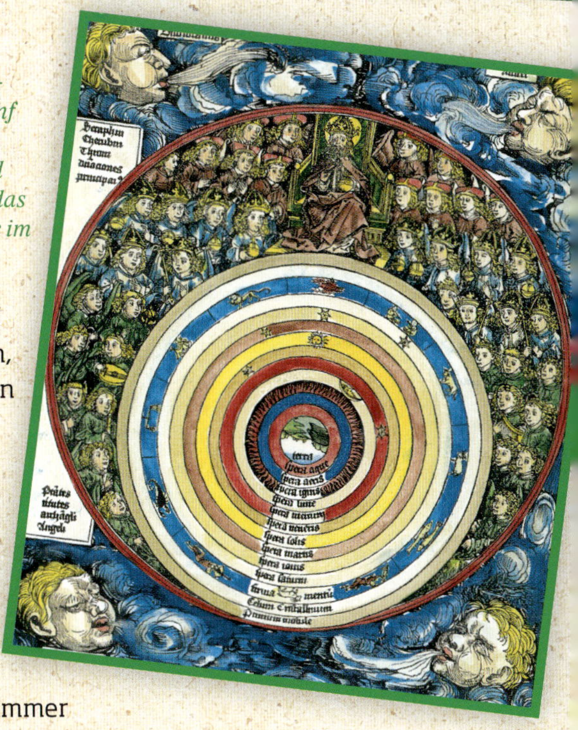

Geozentrisches Weltbild. Die alten Griechen glaubten die Erde im Mittelpunkt des Universums. Die damals fünf bekannten Planeten Merkur, Venus, Mars, Jupiter und Saturn sowie Mond und Sonne umkreisen die Erde. Aber das ist falsch! Tatsächlich steht die Sonne im Zentrum des Sonnensystems.

Im alten China glaubten die Menschen, dass ein Drache die Sonne zu fressen versucht.

Die alten Griechen

Im Griechenland der Antike konnten Astronomen durch Himmelsbeobachtungen die Kugelgestalt der Erde beweisen. Sie erkannten, dass der Erdschatten, der bei einer Mondfinsternis auf den Mond fällt, immer kreisförmig begrenzt ist. Sie konnten sogar den Erdumfang überraschend genau bestimmen. Allerdings glaubten sie noch, die Erde stünde im Mittelpunkt des Universums. Dieses geozentrische Weltbild wurde bis ans Ende des Mittelalters verwendet. »Geo« kommt aus dem Griechischen und bedeutet »Erde«.

Jetzt wird es wissenschaftlich!

1609 verwendete Galileo Galilei das im Jahr zuvor in den Niederlanden erfundene Fernrohr erstmals für Himmelsbeobachtungen und begründete so die moderne Astronomie. Das Fernrohr erwies sich als wichtiges Instrument, um mehr über die Natur der Himmelskörper zu erfahren. Die Astronomen entdeckten damit immer neue Objekte, wie Gasnebel und Galaxien, und drangen immer tiefer ins Weltall vor. Die modernen Teleskope mit ihren empfindlichen Kameras und Spektroskopen führen zu immer neuen aufregenden Entdeckungen.

Galileo Galilei führte das Linsenfernrohr in die Astronomie ein. Er entdeckte dunkle Flecken, die über die Sonnenscheibe wandern. Er schloss daraus, dass sich die kugelförmige Sonne um eine Rotationsachse dreht.

Die Plejaden, auch Siebengestirn genannt, durch das Teleskop gesehen. Bei gutem Sehvermögen und bei extrem guten Sichtbedingungen sind mit bloßem Auge bis zu neun Sterne erkennbar. Viele Menschen sehen aber nur fünf, sechs oder sieben Sterne.

Die Augen ins All

Lange Zeit konnten Menschen Sterne, Planeten und andere Himmelsobjekte nur mit dem bloßen Auge beobachten. Erst 1608 wurde das Fernrohr, das wichtigste Instrument der Astronomie, erfunden. Aus dem einfachen Linsenfernrohr, mit dem Galileo Galilei 1609 erstmals astronomische Beobachtungen durchführte, wurden riesige Teleskope – so groß, dass an die Stelle einer Glaslinse gewölbte Spiegel treten mussten.

Doch am Prinzip des Teleskops hat sich über vier Jahrhunderte nicht viel geändert. Teleskope sind Lichtsammelgeräte. Das Objektiv des Linsenfernrohrs, auch Refraktor genannt, sammelt das Licht und erzeugt ein Bild, das mit dem Okular betrachtet wird. Das Okular ist jenes Linsensystem, durch das man mit dem Auge blickt. Je nach Okular lassen sich verschiedene Vergrößerungen einstellen. Bei einem Spiegelteleskop, auch Reflektor genannt, sammelt ein konkav (das heißt: nach innen) gewölbter Hauptspiegel das Licht. Ein kleinerer Fangspiegel leitet das Licht zum Okular. Je größer die Objektivlinse beziehungsweise der Hauptspiegel ist, umso mehr Licht fängt ein Teleskop ein. Die gigantischen Hauptspiegel moderner Großteleskope sammeln so viel Licht, dass selbst schwächste und weit entfernte Objekte sichtbar werden. Allerdings blicken professionelle Astronomen nicht mehr durch ein Okular. Stattdessen nehmen riesige Digitalkameras die Bilder auf, die mithilfe eines Computers ausgewertet werden.

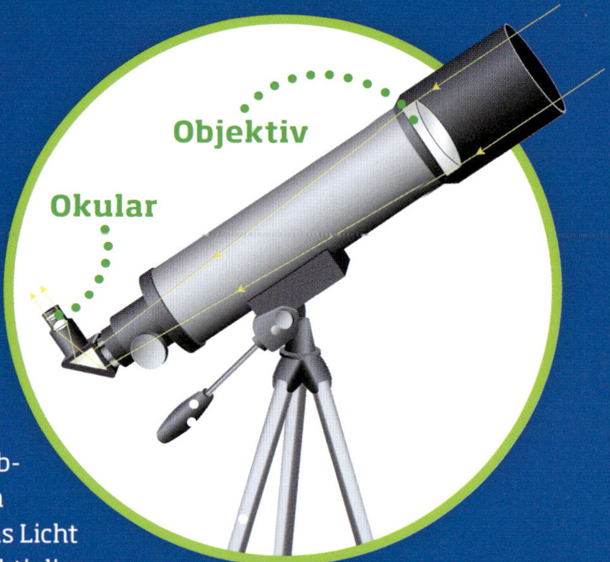

Linsenteleskop

Ein Refraktor oder Linsenteleskop sammelt mit einer Glaslinse Licht und bündelt es. Das Okular vergrößert das Bild. Doch große Linsen sind schwer und verzerren das Bild, was die Größe von Linsenteleskopen begrenzt.

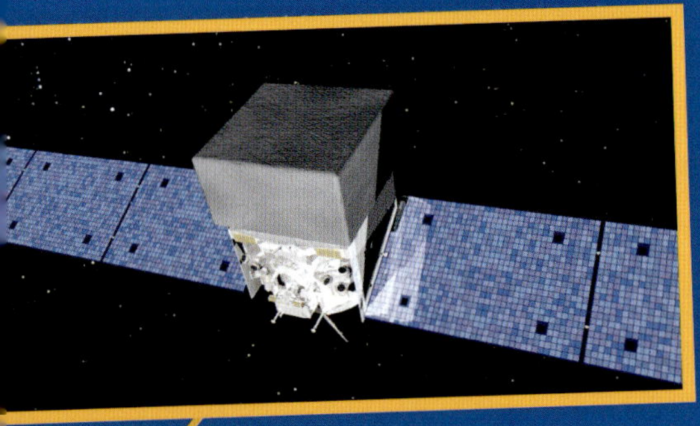

Gammastrahlen

Gammastrahlen besitzen die kürzesten Wellenlängen. Das Weltraumteleskop Fermi hält unter anderem Ausschau nach den besonders energiereichen kurzen Gammastrahlenausbrüchen.

Ultraviolettes Licht

Das Sonnenobservatorium SOHO beobachtet die Sonnenaktivität unter anderem auch im ultravioletten Bereich des Spektrums.

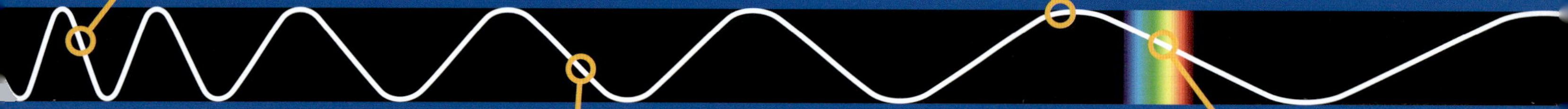

Röntgenstrahlen

Das Röntgenteleskop Chandra beobachtet diese energiereichen Strahlen, die zum Beispiel von explodierenden Sternen und der Umgebung Schwarzer Löcher ausgehen.

Sichtbares Licht

Das sichtbare Licht ist nur ein winzig kleiner Teil der Energie, die die Sonne und andere Sterne abstrahlen. Viele Teleskope, die im sichtbaren Licht arbeiten, sehen auch im benachbarten nahen Infrarot- oder nahen Ultraviolettbereich.

Spiegelteleskop

Der nach innen gewölbte, konkave Hauptspiegel leitet das Licht zu einem Fangspiegel, der es weiter zum Okular lenkt.

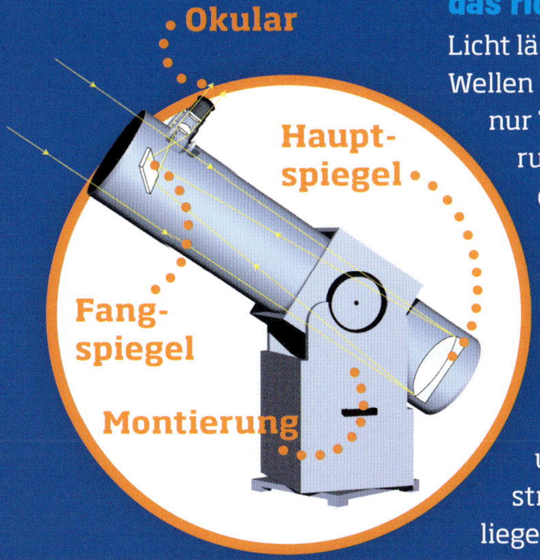

Infrarotes Licht

Das Weltraumteleskop Herschel sieht Wärmestrahlung und kann so durch die Staubwolken der Milchstraße hindurchsehen – in die Gebiete, wo Sterne geboren werden.

Für jedes Licht das richtige Teleskop

Licht lässt sich als elektromagnetische Wellen beschreiben. Das sichtbare Licht ist nur Teil eines sehr viel größeren Spektrums. Die unterschiedlichen Farben des Lichts entstehen durch unterschiedliche Wellenlängen beziehungsweise Energie, wobei blaues Licht eine kürzere Wellenlänge hat als rotes Licht. An das sichtbare Licht schließt mit kürzeren Wellenlängen die Ultraviolett-, Röntgen- und die hochenergetische Gammastrahlung an. Jenseits des roten Lichts liegen infrarotes Licht, Mikrowellen und Radiowellen mit extrem großen Wellenlängen. Für jeden Bereich gibt es eigene Teleskope.

Radioteleskope

Viele astronomische Objekte, darunter interstellare Gaswolken, senden Radiowellen aus. Ein großer Teil der Radiowellen gelangt durch die Erdatmosphäre bis zur Erdoberfläche, wo sie mit großen Radioempfangsantennen in Schüsselform aufgefangen werden. Weil Radiowellen jedoch sehr große Wellenlängen haben, sind die Strahlungsquellen nur schwer zu orten. Um die Auflösung zu erhöhen, werden deshalb verschiedene Radioantennen zusammengeschaltet, so beim Very Large Array, was so viel bedeutet wie Sehr Große Anordnung. Nicht schwenkbar, dafür aber 300 Meter groß, ist das Radioteleskop von Arecibo auf der Karibikinsel Puerto Rico. Es wurde in eine Talmulde hineingebaut. Mit dieser Riesenschüssel wurde schon nach außerirdischen Zivilisationen gelauscht. Bisher erfolglos.

Mikrowellenteleskope

Mikrowellen sind besonders kurze Radiowellen, die zum Beispiel Sterne bei ihrer Entstehung oder kalte Gas- und Staubwolken ausstrahlen. ALMA ist ein modernes Teleskop, das aus 66 Teleskopschüsseln mit jeweils 13 Metern Durchmesser besteht und wie ein einziges Riesenteleskop wirkt. ALMA kann im Mikrowellenbereich des Spektrums in die Sternbildungsregionen hineinschauen. Allerdings stört Wasserdampf, der in der Erdatmosphäre vorhanden ist; deshalb wurde die hoch gelegene, trockene Atacamawüste in Chile als Standort gewählt. Diese internationale Forschungseinrichtung kostete über eine Milliarde Euro.

Infrarotteleskope

Infrarotteleskope messen die Wärmestrahlung von Himmelsobjekten. Dabei stört der Wassergehalt der Erdatmosphäre. Deshalb werden die Teleskope bevorzugt auf hohen Berggipfeln gebaut oder als Weltraumteleskop ins All geschossen.

Mikrowellen

Das Weltraumteleskop Planck hat eine genaue Karte der kosmischen Hintergrundstrahlung erstellt und so das Echo des Urknalls vermessen. Mit dem Urknall begann das Universum.

Radiowellen

Radiowellen haben die längsten Wellenlängen. Die 27 beweglichen Antennen des Very Large Array (VLA) haben einen Durchmesser von jeweils 25 Metern und wirken zusammen wie eine einzige riesige Radioschüssel.

Hoch oben

Ein Laserstrahl lässt Natrium-Atome in 95 km Höhe leuchten. Mit diesem künstlichen Leitstern gleicht eine adaptive Optik die Luftunruhe beim VLT aus.

Die Großteleskope, mit denen Berufsastronomen arbeiten, sind meist auf hohen Bergen errichtet. Dort ist die Luft klarer und dünner und weniger turbulent als weiter unten. Hier herrscht auch fast keine Lichtverschmutzung, wie etwa in der Nähe von größeren Städten, die nachts hell erleuchtet sind.

Europas Auge ins All

Die hoch gelegene Atacamawüste in Chile zählt zu den trockensten Plätzen der Welt und bietet so perfekte Bedingungen für astronomische Beobachtungen. Deswegen stehen dort auch die Teleskope der Europäischen Südsternwarte (European Southern Observatory, kurz ESO).

Weil Großteleskope teuer im Bau und Unterhalt sind, schließen sich meist mehrere Forschungsinstitute und Universitäten aus verschiedenen Ländern zusammen und betreiben ein Observatorium gemeinsam. Besonders beeindruckend ist das europäische Very Large Telescope, was Sehr Großes Teleskop bedeutet. Das VLT, so wird dieses Teleskop abgekürzt, besteht genau genommen aus vier 8,2 Meter großen Spiegeln in vier Kuppeln.

Der Spiegeltrick

Diese großen gläsernen Hauptspiegel müssen möglichst leicht sein und haben deswegen an der Unterseite eine Wabenstruktur,

Im Observatorium

Eine der beiden Kuppeln des Keck-Observatoriums auf Hawaii. So ähnlich sieht es in vielen anderen Großteleskopen der Welt auch aus.

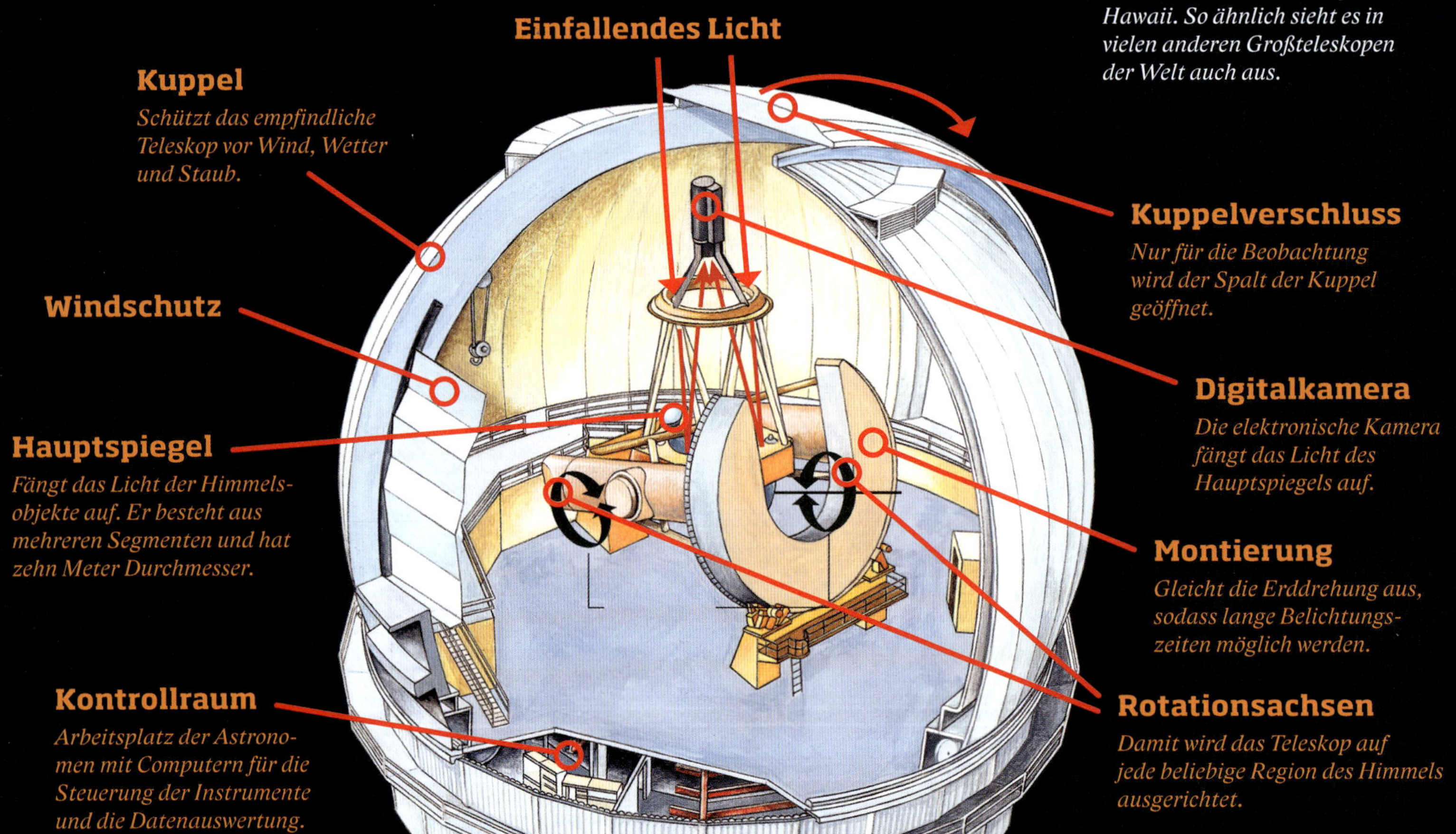

Ohne Computer geht gar nichts. Sie steuern Teleskope und Instrumente, speichern die Daten …

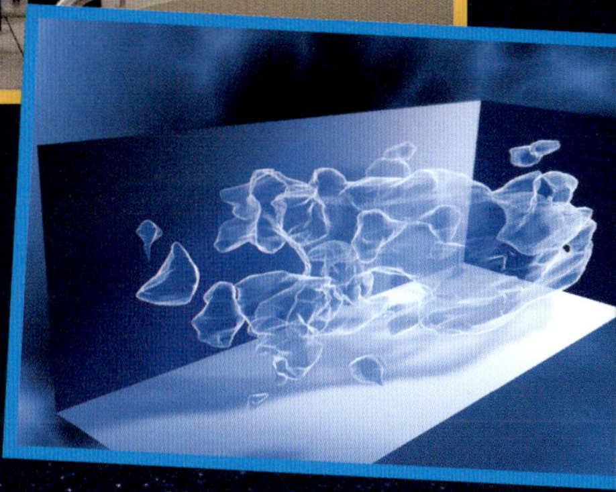

… und helfen Astrophysikern und Kosmologen, die Vorgänge im Universum zu simulieren. Hier die Verteilung der geheimnisvollen dunklen Materie im Universum.

die weniger Material erfordert. Dennoch sind die Spiegel immer noch so schwer, dass sie sich je nach Blickrichtung unterschiedlich durchbiegen. Durchgebogene Spiegel aber führen zu verzerrten Bildern. Deswegen wird ein Teil des Spiegels ständig automatisch nachgebogen. Dazu befinden sich Motoren auf der Rückseite, die die Verformungen ausgleichen. Durch diese adaptive Optik wird das Bild schärfer.

Vier Augen sehen mehr als eines

Man kann mit jedem der vier Teleskope des VLT in jede beliebige Richtung tief ins Universum blicken. Außerdem besteht die Möglichkeit, die Teleskope zusammenzuschalten. Dazu wird das Licht durch ein unterirdisches Tunnelsystem über Spiegel zusammengeführt. Die vier Teleskope können dann kleinste Details auflösen, wie sonst nur ein Teleskop mit 200 Meter Spiegeldurchmesser. Diese Methode des Zusammenschaltens und Überlagerns von Licht heißt Interferometrie.

Was das Licht erzählt

Mit Zusatzgeräten am Teleskop können Astronomen das Licht von Himmelsobjekten analysieren. Ein Glasprisma oder Beugungsgitter zerlegt dabei das Licht in die Farben des Regenbogens. Man erhält ein sogenanntes Spektrum, das verrät, aus welchen chemischen Elementen ein Stern besteht, wie heiß dessen Oberfläche ist und wie schnell sich ein astronomisches Objekt von uns weg oder auf uns zu bewegt. Die Astronomen nehmen die Spektren mit hochpräzisen Spektrographen auf und werten diese dann per Computer aus.

Das elektronische Auge

Berufsastronomen blicken heute nur noch selten mit dem Auge durch ein Okular. Früher wurden fotografische Platten belichtet und das Licht durch lange Belichtungszeiten gesammelt. Heute zeichnen lichtempfindliche Sensoren die Bilder auf. Diese astronomischen Kameras funktionieren ähnlich wie eine Smartphone-Kamera, sind aber sehr viel größer und empfindlicher. Für Aufnahmen besonders lichtschwacher Objekte werden oft Einzelbilder aufaddiert, die über mehrere Nächte hinweg aufgenommen wurden. Die Bilder werden digital abgespeichert und mit dem Computer weiter analysiert. Da bei astronomischen Beobachtungen sehr große Datenmengen anfallen, sind leistungsfähige Computer wichtige Werkzeuge der Astronomen. Theoretische Astrophysiker stellen mit Supercomputern auch Berechnungen und Simulationen über die Vorgänge im Innern von Sternen an oder wie sich Galaxien bilden. Sie können sogar bis zum Anfang des Universums gehen und simulieren, wie sich die Strukturen im Universum gebildet haben.

Very Large Telescope

In der trockenen Atacamawüste im südamerikanischen Chile gibt es fast keine Wolken, die Atmosphäre ist sauber und dünn und es gibt kaum störende Luftturbulenzen. Deswegen steht das Very Large Telescope (VLT) der Europäischen Südsternwarte auf dem 5 000 Meter hohen Berg Paranal. Dieser Ort ist ideal, um den südlichen Sternenhimmel zu beobachten. Vor den vier großen Hauptkuppeln stehen die Kuppeln kleinerer Hilfsteleskope.

Großteleskope der Welt

Die Astronomen sind oft sehr einfallslos, wenn es um die Namen für Teleskope geht. Sie nennen ein großes Teleskop einfach Großes Teleskop und ein sehr großes Teleskop Sehr Großes Teleskop. Mit solchen Großteleskopen wurden in den letzten Jahren fantastische Entdeckungen gemacht. Deshalb sind für die Zukunft noch größere und leistungsfähigere Teleskope geplant.

Noch größer, noch besser

Die USA und Kanada wollen auf dem Mauna Kea auf der Hauptinsel von Hawaii ein Riesenteleskop bauen, dessen Hauptspiegel 30 Meter Durchmesser haben wird. Europa will sogar ein noch größeres Teleskop bauen. Das E-ELT, das European Extremely Large Telescope, das Europäische Extrem Große Teleskop, wird einen Spiegel von 39 Meter Durchmesser haben. Doch der wird dann nicht mehr aus einem Stück bestehen, sondern aus kleineren, wabenartigen Spiegeln zusammengesetzt sein. Ursprünglich war ein 100-m-Teleskop geplant und sollte den Namen OWL tragen, Overwhelmingly Large Telescope. Auf Deutsch: Über Alle Maßen Großes Teleskop. Doch der Bau wäre zu teuer gewesen und hätte zu lange gedauert. Deshalb baut man nun die schneller zu realisierende, kleinere Version.

Astronomie der Zukunft

Mit den neu geplanten Riesenteleskopen könnten erdähnliche Planeten in fernen Planetensystemen erforscht und die Oberfläche von Sternen beobachtet werden. Außerdem könnten die Astronomen weit entfernte Galaxien aus der Frühzeit des Universums sehr viel besser untersuchen.

LIGO-Observatorium

Mit zwei Gravitationswellen-Observatorien in Hanford, Washington und Livingstone, Louisiana (Bild) wurden erstmals Gravitationswellen nachgewiesen. Sie entstehen, wenn Schwarze Löcher oder Neutronensterne kollidieren und miteinander verschmelzen.

Keck-Observatorium

Die Teleskope Keck I und Keck II auf dem Mauna Kea, Hawaii haben 10-m-Hauptspiegel, die jeweils aus 36 sechseckigen Segmenten bestehen.

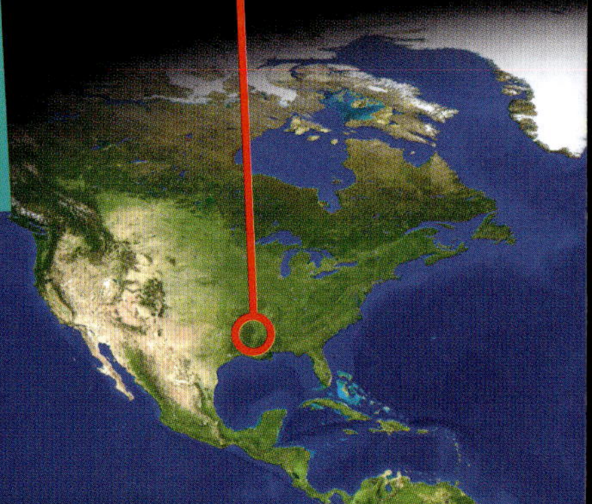

Very Large Telescope

Das VLT der europäischen Südsternwarte ESO besteht aus vier großen Teleskopen mit jeweils einem 8,2-m-Hauptspiegel.

European Extremely Large Telescope

Europäisch und extrem groß: Das E-ELT wird in der Nähe des VLT errichtet und soll 2022 betriebsbereit sein. Der Hauptspiegel wird aus 798 Spiegelsegmenten bestehen und 39 Meter Durchmesser haben.

James-Webb-Weltraumteleskop

Der Nachfolger des Hubble-Weltraumteleskops. Der Hauptspiegel besteht nicht aus einem Stück, sondern aus 18 sechseckigen Teilspiegeln. Zusammen bilden diese einen Hauptspiegel von über 6 Meter Durchmesser.

Planck-Weltraumteleskop

Planck vermaß von 2009 bis 2013 die kosmische Hintergrundstrahlung (Echo des Urknalls) und fand dabei heraus, dass das Universum 13,82 Milliarden Jahre alt ist.

Hubble-Weltraumteleskop

Das wohl berühmteste Weltraumteleskop ist Hubble (Hubble Space Telescope HST). Es umkreist seit 1990 die Erde in etwa 575 Kilometer Höhe. In der Röhre befindet sich ein Hauptspiegel von 2,4 Metern Durchmesser.

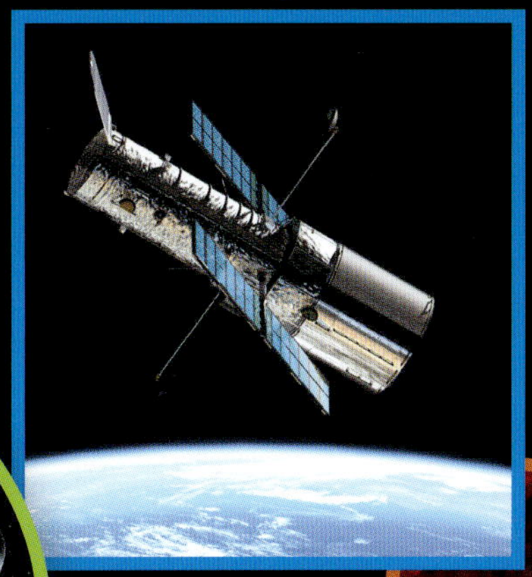

Herschel-Weltraumteleskop

Herschel ist ein Infrarotobservatorium mit einem 3,5 Meter großen Einzelspiegel: der größte Spiegel, der jemals für ein Satellitenobservatorium gebaut wurde.

Anglo-Australian Telescope

Das Teleskop mit einem 3,9-m-Spiegel ging 1974 in Betrieb und war das erste Großteleskop, das Objekte am Südhimmel beobachten konnte.

GTC

Das Gran Telescopio Canarias auf der Kanareninsel La Palma besteht aus 36 sechseckigen Spiegeln, die zu einem 10,4-m-Spiegel zusammengefügt sind. Mit empfindlichen Infrarotdetektoren beobachtet es chemische Vorgänge im All.

SALT

Das South African Large Telescope hat einen 9,2-m-Spiegel, der aus 91 Einzelspiegeln besteht. SALTs Stärke sind spektroskopische Beobachtungen, bei denen das Sternenlicht in sein Spektrum zerlegt wird. Daraus lassen sich zum Beispiel Temperatur und chemische Zusammensetzung eines Sterns bestimmen.

Sternkarte lesen

Der nördliche Sternenhimmel

Diese Karte stellt den nördlichen Sternenhimmel dar, so wie man ihn vom Nordpol aus sieht. In mittleren Breiten, etwa in Europa, sehen wir manche Sternbilder nur im Sommer, so Herkules. Andere Sternbilder sind typische Wintersternbilder, so das Sternbild Orion, der Himmelsjäger. Die Sommersternbilder stehen im Winter nahe bei der Sonne am Taghimmel.

Das Wintersternbild Orion

In der griechischen Mythologie ist Orion der Himmelsjäger. Man erkennt ihn leicht an den drei Gürtelsternen und dem Schwert, das schräg nach unten hängt. Unten sind die Fußsterne mit dem bläulichen Rigel, oben die Schultersterne mit dem roten Beteigeuze.

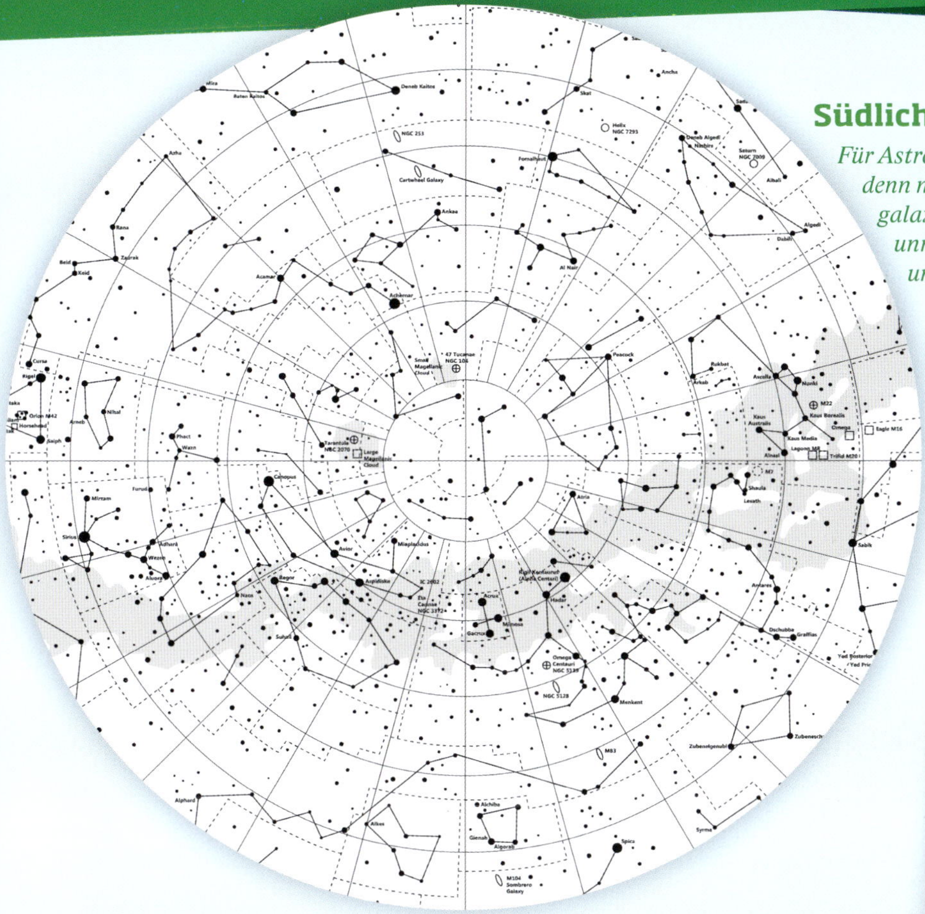

Südlicher Sternenhimmel

Für Astronomen ist der südliche Sternenhimmel besonders interessant, denn nur von hier aus können sie ins Zentrum der Milchstraßengalaxie blicken. Außerdem sieht man am Südhimmel zwei unregelmäßige Nachbargalaxien der Milchstraße: die Kleine und die Große Magellansche Wolke.

Sternkarten helfen uns, uns am Nachthimmel zurechtzufinden. In diesen Karten sind die genauen Positionen der Sterne und anderer Himmelsobjekte zu einem ganz bestimmten Zeitpunkt verzeichnet. Für das bloße Auge scheinen die Positionen der Sterne unveränderlich (Fixsterne). Einige nahe und schnelle Sterne verändern jedoch ihre Position geringfügig, was Astronomen auch messen können. Gedachte Linien zwischen den helleren Sternen bilden ein Sternbild. Diese Linien dienen aber nur zur Orientierung am Nachthimmel. Meist sind scheinbar nahe zueinander stehende Sterne durch riesige Entfernungen voneinander getrennt. Da sich der Sternenhimmel im Laufe eines Jahres verändert – die Erde bewegt sich in einem Jahr einmal um die Sonne –, sieht man je nach Jahreszeit auch andere Teile des Himmels. Auf der Sternkarte sind die hellen Sterne als große, die schwächeren als kleinere Scheibchen eingezeichnet. Die Astronomen bezeichnen die scheinbare Helligkeit eines Sterns mit einer Zahl, der Größenklasse oder Magnitude. Je kleiner die Zahl, umso heller die Sterne. Die hellsten sind von der Größenklasse null oder haben sogar ein Minuszeichen vor der Zahl stehen. Lichtschwächere Sterne, die man gerade noch mit bloßem Auge sehen kann, haben Magnitude +5 oder +6. Welche Sterne gerade noch zu sehen sind, hängt von der Sehkraft der Augen und der Lichtverschmutzung der Umgebung ab. Die scheinbare Helligkeit sagt nichts darüber aus, wie hell ein Stern wirklich leuchtet. Ein schwach leuchtender Stern, der nahe bei der Erde steht, kann scheinbar heller sein als ein extrem heller Stern, der dafür sehr viel weiter entfernt ist.
Viele Sterne verändern ihre Helligkeit mit der Zeit. Diese veränderlichen Sterne sind als Scheibe mit einem umgebenden Kreis dargestellt. Dieses Symbol zeigt, dass dieser Stern mal heller und mal dunkler leuchtet. Beteigeuze ist ein solcher Stern. Seine scheinbare Helligkeit verändert sich zwischen 0,3 und 0,6 Magnituden.

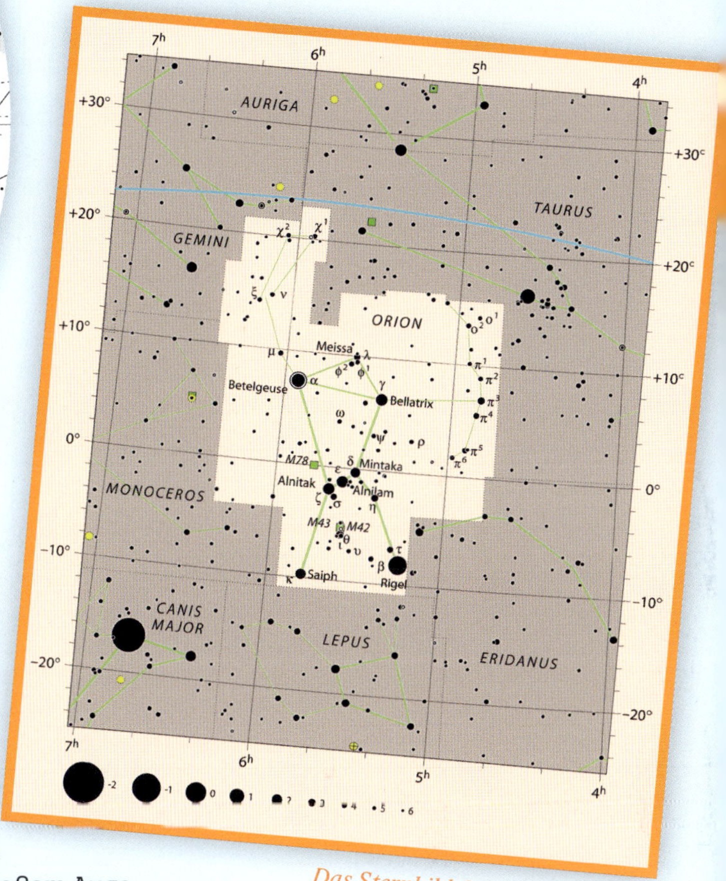

Das Sternbild des Orion mit Sternen bis zur 6. Größenklasse, die man bei guter Sicht alle mit bloßem Auge sehen kann.

Im Sternbild Monoceros (Einhorn) liegt der Rosettennebel (NGC 2237). Die Sterne des offenen Sternhaufens NGC 2244 regen den Gasnebel zum Leuchten an.

Was fliegt da im All?

Auf dem Schießstand

Um zu erfahren, was Weltraumschrott bei einem Raumschiff anrichtet, wird hier ein Projektil mit 27 000 Stundenkilometer auf eine feste Oberfläche geschossen.

Von Weltraumbahnhöfen starten Raketen und bringen Raumsonden ins All. Manche Raumsonden fliegen an den Planeten und deren Monden vorbei, andere schwenken in eine Umlaufbahn ein. Wieder andere landen auf Himmelskörpern. Rover können ferngesteuert oder sogar selbstständig die Oberfläche eines Planeten oder Mondes erkunden. Ausgerüstet mit Messinstrumenten, senden Raumsonden Daten zur Erde.

So viele Satelliten

Die meisten Raketenstarts bringen Satelliten ins Weltall, die in unterschiedlichen Entfernungen die Erde umkreisen. Darunter sind Erderkundungs- oder Wettersatelliten. Um über andere Staaten Informationen zu sammeln, schicken einige Länder militärische Spionagesatelliten in eine Erdumlaufbahn. Ein Netz von Navigationssatelliten wie das Global Positioning System (GPS) ermöglicht es Flugzeugpiloten, Autofahrern oder Wanderern, ihre Position exakt zu bestimmen. Kommunikationssatelliten übertragen Telefongespräche, Fernsehsendungen und Daten über Kontinente hinweg. Einige Kommunikationssatelliten sorgen dafür, dass die Besatzung der ISS nahezu jederzeit mit den Bodenstationen in Verbindung steht. Über solche Satelliten wird die ISS vom Boden aus gesteuert.

Altes Eisen

Satelliten haben nur eine begrenzte Lebensdauer, wobei höher fliegende länger überleben als niedriger fliegende. In 200 Kilometer Höhe ist die Reibung durch die Atmosphäre bereits so hoch, dass sich Satelliten nur wenige Tage dort oben halten können. Sie verlieren schnell an Höhe und tauchen schließlich in tiefere Atmosphärenschichten ein, wo sie verglühen. So geht man auch bei nicht mehr benötigten Satelliten oder Raumstationen vor: Man bringt sie kontrolliert zum Absturz, sodass sie verglühen.
Selbst die ISS, die etwa 400 Kilometer hoch fliegt, verliert jeden Tag 50 bis 150 Meter an Höhe. Daher wird sie regelmäßig mithilfe eigener Triebwerke oder den Raketenmotoren angedockter Raumfrachter angehoben.

Müll im All

Der erdnahe Weltraum ist voller Weltraummüll. Dieser besteht aus ausgebrannten Raketenstufen, defekten Satelliten, verlorenem Werkzeug oder Lackpartikeln, die von Raumfahrzeugen abgesplittert sind. Besonders viel Weltraumschrott entsteht, wenn zwei Satelliten zusammenstoßen. Dabei können die beiden durch die Wucht des Aufpralls in schätzungsweise 100 000 Teile von einem Zentimeter oder größer zerbersten. Weil der Schrott mit Geschwindigkeiten von einigen Zehntausend Kilometern pro Stunde unterwegs ist, setzt er bei einer Kollision mit anderen Objekten zerstörerische Energien frei. Somit kann auch ein kleines Stück

Angeberwissen

- Low Earth Orbit (LEO): Erdnahe Umlaufbahn, meist zwischen 200 und 2 000 Kilometer Höhe. LEOs sind am leichtesten und mit wenig Treibstoff zu erreichen.
- Medium Earth Orbit (MEO): Auf diesen mittleren Erdumlaufbahnen in Höhen von 2 000 bis knapp 36 000 Kilometern kreisen Kommunikationssatelliten und Navigationssatelliten um die Erde.
- Geostationärer Orbit (GEO): Geostationäre Satelliten

Weltraumschrott eine Gefahr für die ISS und die Sicherheit der Besatzung darstellen. Oftmals muss die Station größeren Brocken ausweichen. Kleinere Teile werden durch eine spezielle Schutzhülle aufgefangen. Droht der Vorbeiflug eines größeren Objekts, begibt sich die ISS-Besatzung zur Sicherheit in ihre Sojus-Kapsel.

Müllabfuhr

Experten überlegen sich, Weltraumschrott mit sehr starkem Laserlicht abzubremsen, sodass dieser in die Erdatmosphäre absinken kann, wo die Brocken dann verglühen. Auch will man ausgemusterte Satelliten und Überreste von Raumfahrzeugen und Raketen mit einem Greifarm oder mit Netzen einsammeln, um diese dann gezielt zum Absturz zu bringen.

Weltraumschrott im Visier

Das amerikanische Space Surveillance Network beobachtet den Weltraumschrott mit Teleskopen und Radaranlagen ganz genau – jedenfalls Objekte von einer Größe ab etwa zehn Zentimetern. Schätzungsweise dürften sich fast 30 000 solcher Objekte im Erdorbit befinden. Kommen Weltraummüll oder andere Objekte der ISS zu nahe, werden Warnungen ausgesprochen und die Raumstation kann auf eine höhere Bahn ausweichen. Russland und Europa unterhalten ähnliche Beobachtungsprogramme zur Überwachung des Mülls.

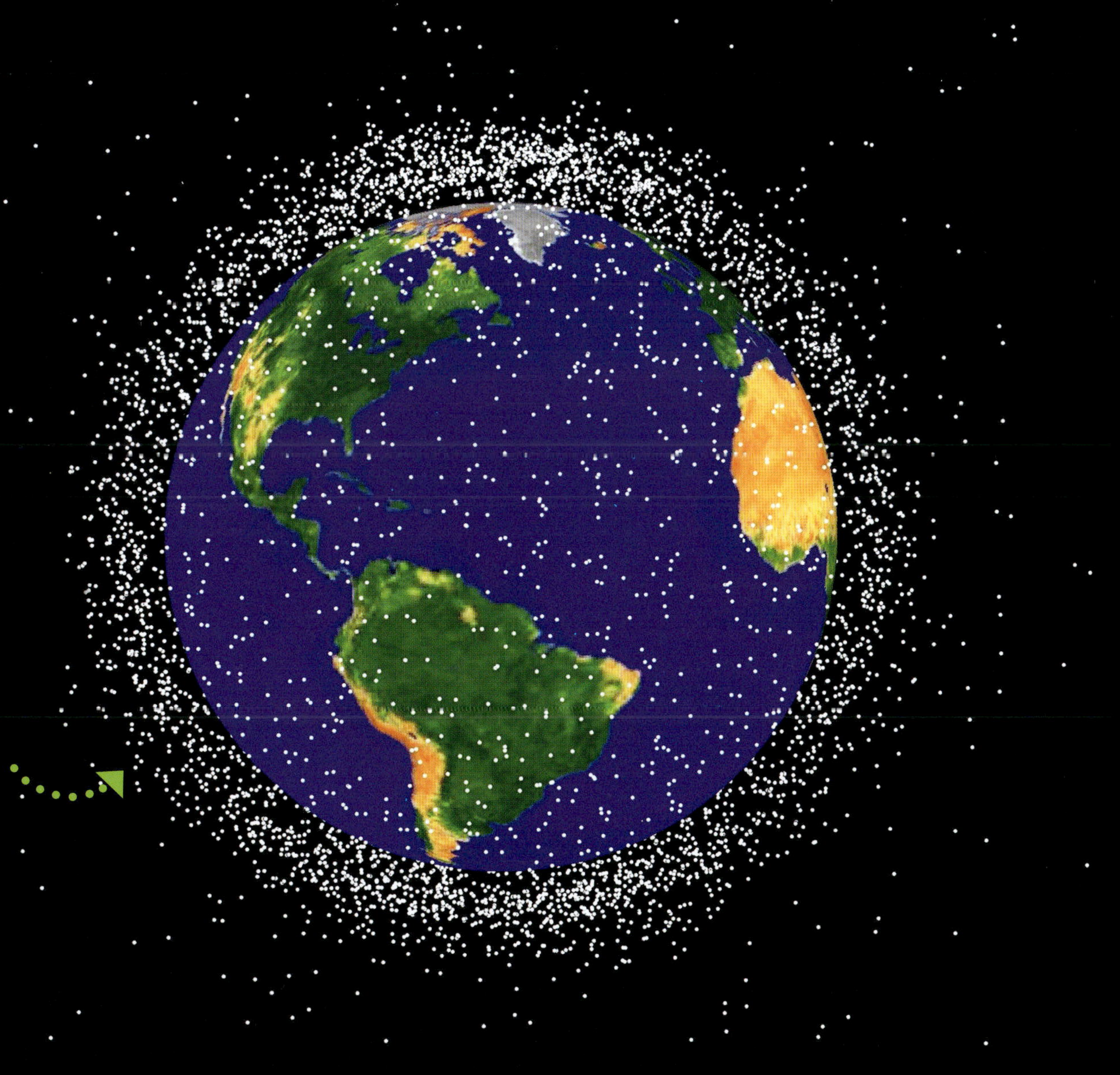

So viel Müll

Je mehr Raumfahrt betrieben wird und je mehr Satelliten im Orbit sind, umso größer ist die Gefahr einer Kollision. Mit zunehmender Dichte des Weltraumschrotts wird die bemannte Raumfahrt in Erdnähe immer schwieriger.

Sonne, Planeten und Asteroiden

Unser Zuhause im unendlichen Universum ist das Sonnensystem. Im Zentrum steht die Sonne, ein heißer, leuchtender Stern. Die Schwerkraft der Sonne ist so groß, dass sie die Planeten gefangen hält. Die Planeten kreisen auf großen elliptischen Bahnen um die Sonne. Die Sonne versorgt uns Erdbewohner mit Wärme und Licht. Die vier inneren Planeten – Merkur, Venus, Erde und Mars – sind vergleichsweise klein und bestehen aus Gestein und Metall. Die vier äußeren Planeten – Jupiter, Saturn, Uranus und Neptun – sind deutlich größer und bestehen hauptsächlich aus Gas und Flüssigkeit. Wir wissen bis heute nicht, wie es im Innern dieser Planeten aussieht und ob sie einen festen Kern mit einer Oberfläche haben. Früher war Pluto der neunte Planet des Sonnensystems. Seit 2006 gilt er nur noch als Zwergplanet. Die Astronomen haben nämlich festgestellt, dass sich jenseits des Neptuns eine Reihe weiterer Gesteinsbrocken und Zwergplaneten befinden. Pluto hat somit Gesellschaft dort draußen.

Planeten und ihre Äquatordurchmesser

➜ Rekord

99,9 %

der gesamten Masse des Sonnensystems sind in der Sonne enthalten. Sie ist ein Riese mit 1 391 900 km Durchmesser.

Botschaft ins All

Die Sonde Voyager 1 erkundet seit 1977 das Sonnensystem und ist nun auf dem Weg zu fremden Sternen. An Bord ist eine vergoldete Datenplatte mit Nachrichten von der Erde. Wer sie wohl erhalten wird?

Die Sonne – ein heißer Stern

Das Licht wird im Zentrum der Sonne erzeugt. Es vergehen 30 000 lange Jahre, bis es im Zickzackkurs an die Oberfläche gelangt. Von dort braucht es dann nur noch acht Minuten bis zur Erde.

➔ Schon gewusst?

Die Sonne ist riesig. Ihr Durchmesser beträgt fast 1,4 Millionen Kilometer. Die Erde passt über eine Million Mal in die Kugel der Sonne hinein.

Die Sonne scheint tagsüber so hell, dass du alle anderen Sterne nicht mehr sehen kannst. Aber die Sonne ist nur ein Stern unter vielen. Sie ist »nur« 150 Millionen Kilometer von der Erde entfernt und damit der uns am nächsten gelegene Stern. Während andere Sterne für uns nur winzige Punkte sind, können Astronomen die Sonne als einzigen Stern »aus der Nähe« erforschen.

Woher bezieht die Sonne ihre Energie?

Die Sonne besteht hauptsächlich aus Wasserstoff und Helium. Im Zentrum der Sonne herrschen ein enormer Druck und Temperaturen von 15 Millionen Grad. Unter diesen extremen Bedingungen liegen die Atome »zerfetzt« vor: Atomkerne und Elektronen schwirren wild durcheinander. Man nennt diesen Zustand »Plasma«. Die Atomkerne haben in diesem Plasma so viel Energie, dass sie sogar miteinander verschmelzen. So entstehen aus den kleinen Wasserstoffkernen die größeren Heliumkerne. Dabei wird jedes Mal Energie frei, die als Wärmestrahlung, Licht und andere Strahlung ins Weltall abstrahlt.

Wie lange reicht der Brennstoff der Sonne?

Die Sonne scheint schon seit fünf Milliarden Jahren und hat genügend Brennstoff für weitere fünf. Danach wird sie sich zu einem »Roten Riesen« aufblähen und dabei sogar die Erde verschlucken. Zuvor werden durch die Hitze alle Ozeane verdampfen. Doch keine Angst: Das wird erst in unvorstellbar ferner Zukunft passieren.

Die Sonne im Visier

Spezielle Raumsonden haben unser Zentralgestirn ständig im Blick, so das Sonnen- und Heliosphären-Observatorium SOHO. Dessen Kameras nehmen regelmäßig Fotos der Sonnenoberfläche auf. Darauf zu erkennen sind dunkle Sonnenflecken, die manchmal über Wochen bestehen bleiben. Obwohl sie klein aussehen, sind sie oft größer als die Erde.

Brodelnde Gase

Die Sonnenoberfläche ist ein brodelndes Meer aus heißen Gasen. Daraus steigen Gasfontänen auf, die vom Magnetfeld der Sonne zu Bögen geformt werden. Brechen sie zusammen, schleudern riesige Gasmassen als Sturm ins All. Bei besonders heftigen Sonnenstürmen sind die empfindlichen Satelliten und vor allem Astronauten bei Weltraumspaziergängen gefährdet. Werden starke Sonnenaktivitäten beobachtet, werden entsprechende »Wetterwarnungen« ausgegeben.

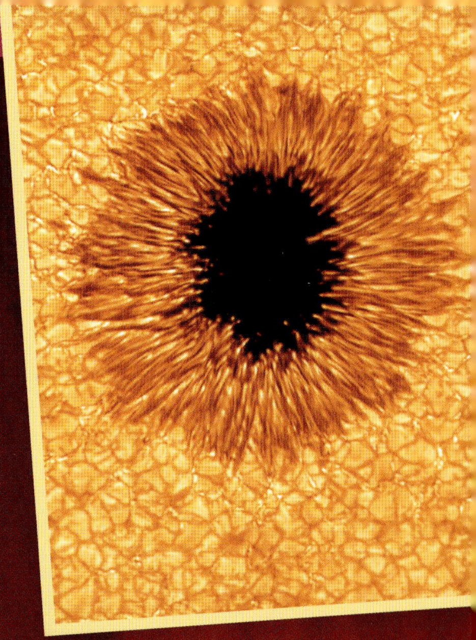

Sonnenflecken: Die Sonnenoberfläche ist etwa 5 500 Grad Celsius heiß. Die schwarzen Flecken sind etwa 1 000 Grad kälter. Sonnenflecken entstehen und vergehen. Manche halten sich nur wenige Stunden, andere sind wochenlang sichtbar.

Die Sonde SOHO funkt laufend aktuelle Daten über die Sonnenaktivität zur Erde.

Sonnenprotuberanzen können über eine Million Kilometer ins Weltall hinausragen. Manchmal heben solche Bögen auch ab.

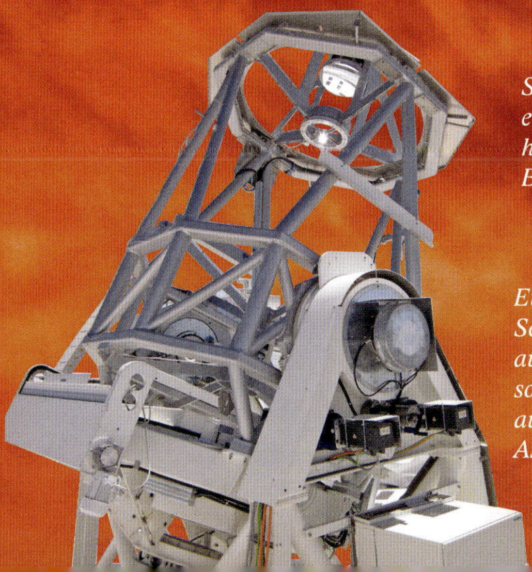

Europas größtes und modernstes Sonnenteleskop GREGOR steht auf der Insel Teneriffa und kann sogar Störungen der Atmosphäre ausgleichen. So erhalten die Astronomen scharfe Bilder der Sonne.

Aufbau der Sonne

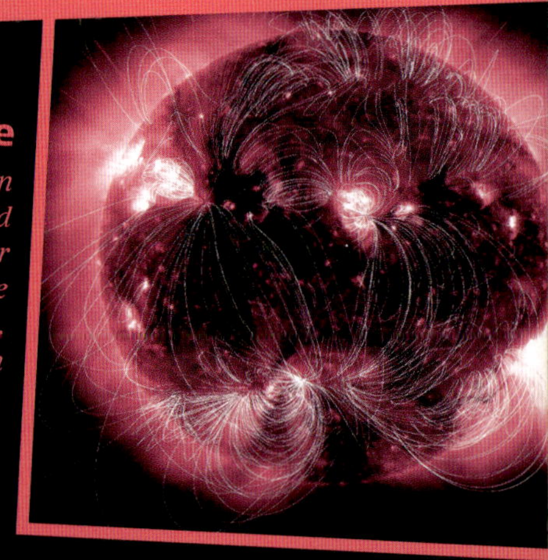

Magnetfeld der Sonne

Die weißen Magnetfeldlinien treten an besonders aktiven Orten aus und sind oft über weite Strecken untereinander verbunden. Violett dargestellt ist die äußere Atmosphäre der Sonne, die Korona. Aus den Löchern der Korona treten schnelle Sonnenwinde aus.

An der Sonnenoberfläche ereignen sich gewaltige Vorgänge. Dunkle Sonnenflecken entstehen und vergehen und bei Eruptionen wird Sonnenmaterie ins All geschleudert. Die Energie dafür wird im Kern der Sonne erzeugt. Der Kern macht ein Viertel des Sonnenradius aus. Als Radius bezeichnet man die Strecke vom Mittelpunkt einer Kugel bis zu einem Punkt auf ihrer Oberfläche. Die Gravitation drückt die Materie im Inneren der Sonne so dicht zusammen, dass der Kern 150-mal dichter ist als Wasser. Ein Kubikzentimeter Wasser wiegt ein Gramm. Ein Kubikzentimeter Sonnenmaterie aus dem Kern würde auf einer Waage auf der Erde 150 Gramm wiegen. Die Energie, die im Kern durch Verschmelzung von Wasserstoffkernen entsteht, gelangt in Form von hochenergetischen Photonen (Lichtteilchen) über die Strahlungszone und die Konvektionszone an die Oberfläche, von wo aus sie als Licht und Wärme ins All strahlt. In der Konvektionszone wird das heiße Plasma wie auf einem riesigen Fließband laufend umgewälzt. Dabei entstehen Schallwellen, die die Gasmassen der Sonne in Schwingung versetzen. Auf der Oberfläche bilden sich so Schwingungsmuster, aus denen die Sonnenforscher auf den Aufbau des Sonneninneren schließen können. Diese Methode heißt Helioseismologie und funktioniert entfernt wie die Seismologie auf der Erde, bei der Geophysiker aus der Ausbreitung von Erdbebenwellen auf den Aufbau des Erdinneren schließen können.

Magnetische Kräfte

Die Sonne ist stets in Bewegung. Das heiße Plasma in der Konvektionsschicht der Sonne steigt zur Oberfläche auf und strahlt Energie ab. Das Plasma kühlt ab und sinkt wieder in die Tiefe. Solchermaßen bewegtes Plasma bedeutet bewegte elektrische Ladungen. Wo aber elektrische Ladungen fließen, entstehen auch Magnetfelder. Außerdem dreht sich die Sonne um ihre Achse. Weil sie jedoch kein fester Körper ist, dreht sie sich je nach Breitengrad mit unterschiedlichen Geschwindigkeiten, wobei sich die Magnetfelder verdrehen. Das Magnetfeld der Sonne ist somit sehr viel komplexer als das der Erde und verändert sich ständig. Magnetfeldlinien treten an einer Stelle aus der Sonnenoberfläche heraus und treten an einer anderen Stelle wieder in die Oberfläche ein. An den Ein- und Austrittsstellen ist der Wärmestrom aus dem Inneren behindert. Es bilden sich dunkle Sonnenflecken. Auch bei explosiven Ausbrüchen wie Flares und Protuberanzen spielen Magnetfelder eine Rolle.

Schon gewusst?

Die Sonne gibt ständig elektrisch geladene Gasteilchen ins All ab: den Sonnenwind. Die elektrisch geladenen Teilchen werden in der Regel vom Erdmagnetfeld abgehalten. Doch an den Polen, wo die Magnetfeldlinien zusammenlaufen, dringen die Teilchen tiefer in die Erdatmosphäre vor und bringen diese zum Leuchten. So entstehen Polarlichter.

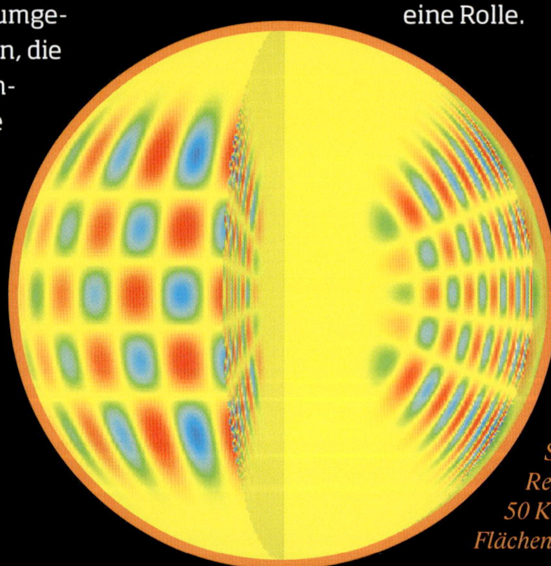

Tönende Sonne

Die Sonne schwingt wie ein dreidimensionaler Riesengong. Die Helioseismologie erfasst diese Schwingungszustände. Das Blau zeigt die Regionen, wo Schallwellen das Plasma um bis zu 50 Kilometer nach außen drücken. Bei den roten Flächen schwingt die Oberfläche gerade nach innen.

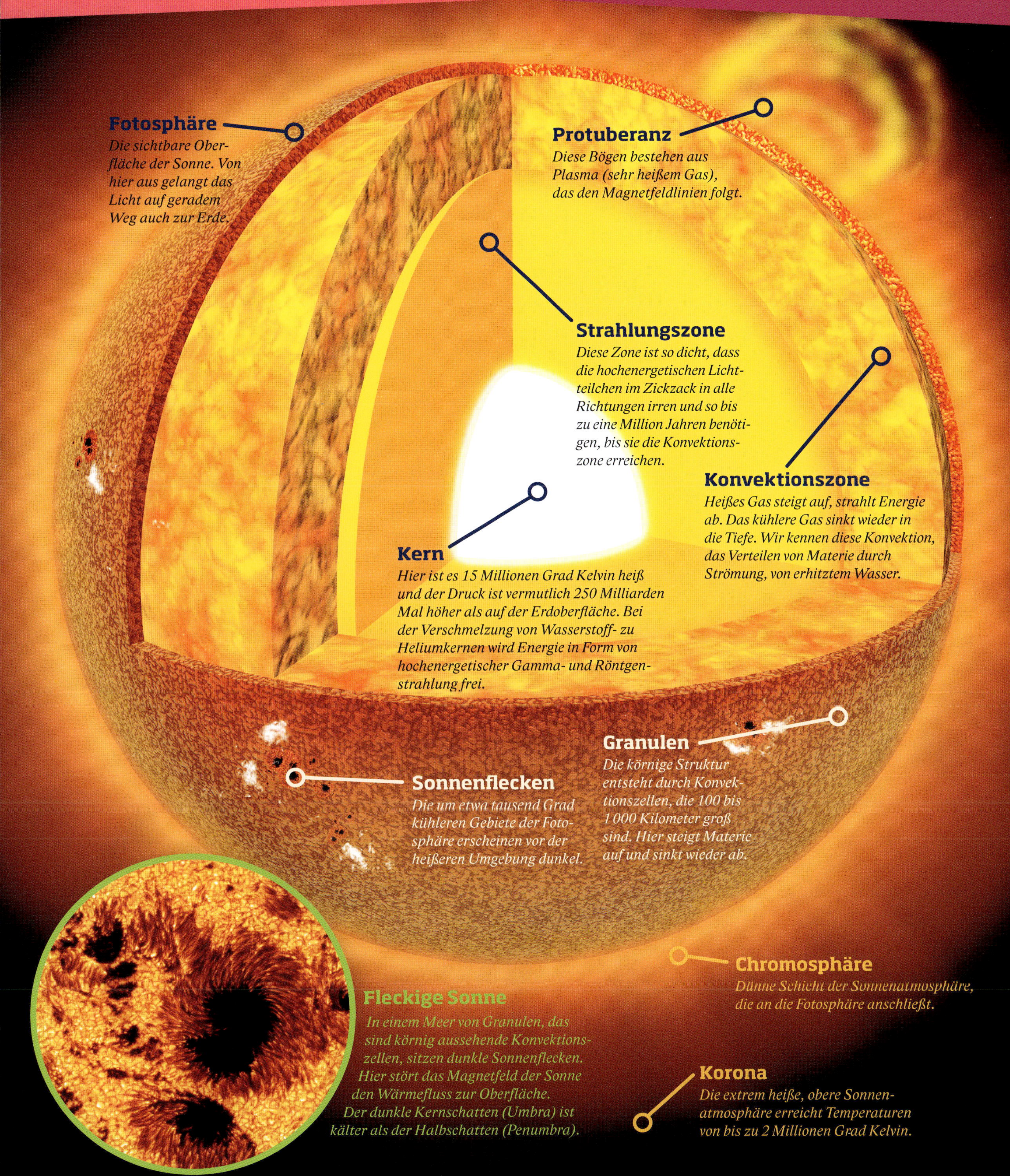
Fotosphäre
Die sichtbare Oberfläche der Sonne. Von hier aus gelangt das Licht auf geradem Weg auch zur Erde.
Protuberanz
Diese Bögen bestehen aus Plasma (sehr heißem Gas), das den Magnetfeldlinien folgt.
Strahlungszone
Diese Zone ist so dicht, dass die hochenergetischen Lichtteilchen im Zickzack in alle Richtungen irren und so bis zu eine Million Jahren benötigen, bis sie die Konvektionszone erreichen.
Konvektionszone
Heißes Gas steigt auf, strahlt Energie ab. Das kühlere Gas sinkt wieder in die Tiefe. Wir kennen diese Konvektion, das Verteilen von Materie durch Strömung, von erhitztem Wasser.
Kern
Hier ist es 15 Millionen Grad Kelvin heiß und der Druck ist vermutlich 250 Milliarden Mal höher als auf der Erdoberfläche. Bei der Verschmelzung von Wasserstoff- zu Heliumkernen wird Energie in Form von hochenergetischer Gamma- und Röntgenstrahlung frei.
Granulen
Die körnige Struktur entsteht durch Konvektionszellen, die 100 bis 1 000 Kilometer groß sind. Hier steigt Materie auf und sinkt wieder ab.
Sonnenflecken
Die um etwa tausend Grad kühleren Gebiete der Fotosphäre erscheinen vor der heißeren Umgebung dunkel.
Chromosphäre
Dünne Schicht der Sonnenatmosphäre, die an die Fotosphäre anschließt.
Fleckige Sonne
In einem Meer von Granulen, das sind körnig aussehende Konvektionszellen, sitzen dunkle Sonnenflecken. Hier stört das Magnetfeld der Sonne den Wärmefluss zur Oberfläche. Der dunkle Kernschatten (Umbra) ist kälter als der Halbschatten (Penumbra).
Korona
Die extrem heiße, obere Sonnenatmosphäre erreicht Temperaturen von bis zu 2 Millionen Grad Kelvin.

Der Merkur – mit Kratern übersät

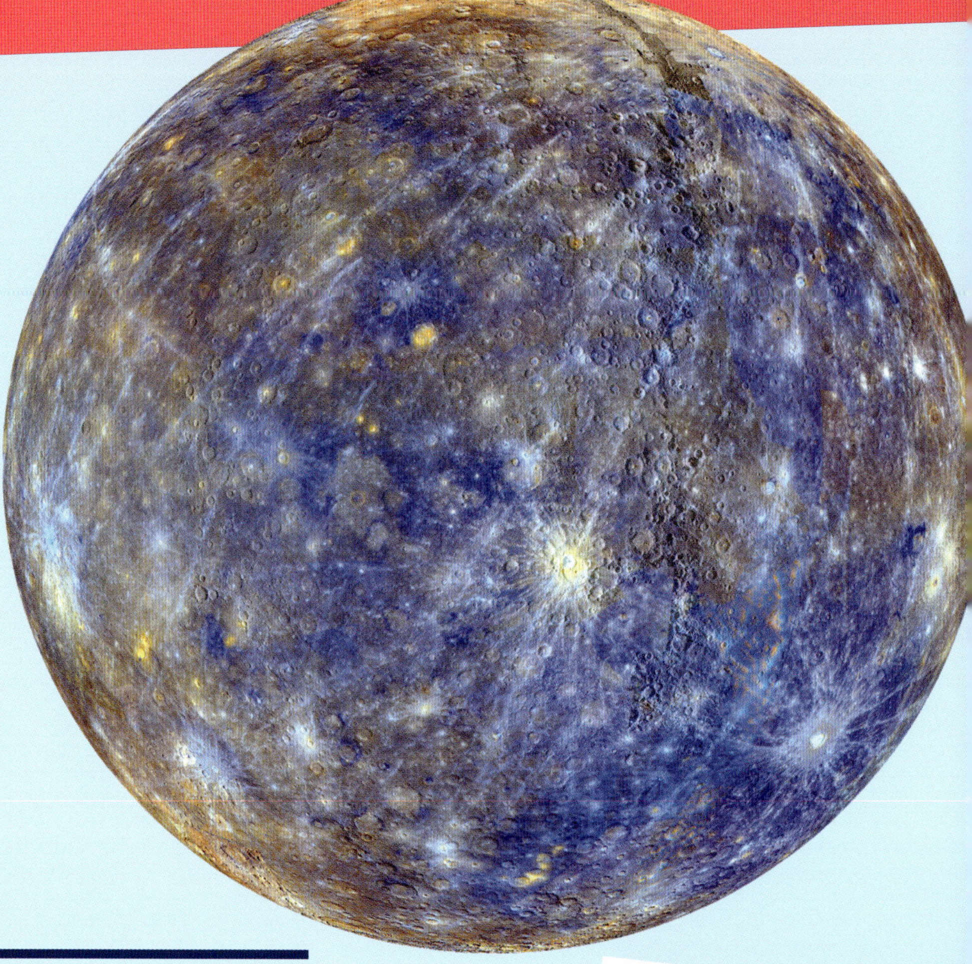

Der Merkur ist der kleinste der acht Planeten und steht der Sonne am nächsten. Tagsüber ist es auf ihm so heiß wie in einem Pizzaofen, nachts hingegen eisig kalt. Die großen Temperaturunterschiede kommen dadurch zustande, dass dem Merkur Atmosphäre und Meere fehlen, die die Wärme speichern könnten. Könntest du auf dem Merkur landen, dann erschiene dir die Sonne zweieinhalbmal größer als auf der Erde. Dennoch wäre der Himmel auch tagsüber pechschwarz, denn der Merkur hat keine Gashülle, die das Licht streuen könnte. Da der Planet so klein ist, besitzt er nur eine sehr geringe Anziehungskraft und so konnte der Sonnenwind fast alle Gase seiner Atmosphäre ins All hinausblasen. Die Erde würdest du in der Merkurnacht nur als kleinen bläulichen »Stern« wahrnehmen.

Schon gewusst?

Merkur ist ein Gesteinsplanet, so wie Venus, Erde und Mars. Einschläge von Meteoriten und Kometen haben in der Oberfläche Krater hinterlassen. Am Nordpol gibt es sogar Krater, in die nie ein Sonnenstrahl fällt. Dort könnte es im ewigen Schatten Eis geben.

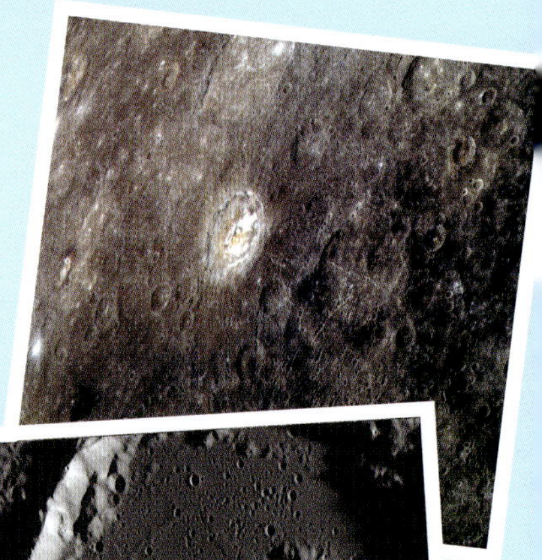

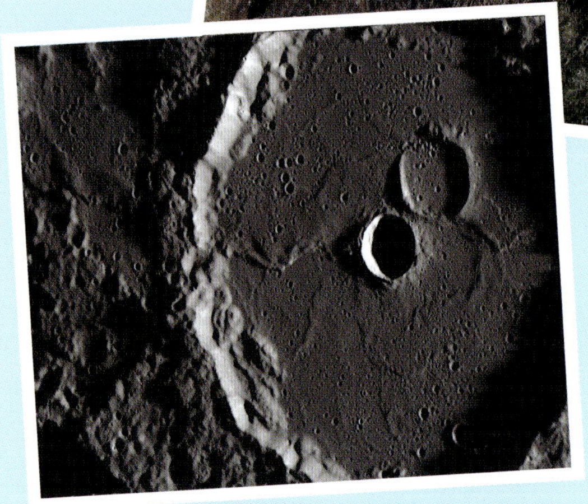

Der kleine und heiße Merkur besitzt so gut wie keine Atmosphäre und auch kein flüssiges Wasser. Ohne Wettereinflüsse verwittern die Einschlagskrater nicht.

Mariner 10

Bereits 1974 erreichte die Raumsonde Mariner 10 den Merkur und umkreiste ihn dreimal. Unglücklicherweise überflog sie dabei jedes Mal das gleiche Gebiet. Dann ging der Sonde der Treibstoff aus.

Die Venus – tödlicher Zwilling der Erde

Die Radarmessungen der Magellan-Sonde (1990–94) offenbarten, dass die Venus ein Vulkanplanet ist. 50 000 Vulkane speien Schwefeldioxid und Kohlendioxid aus. Wahrscheinlich hat die Venus eine extrem dünne Gesteinskruste, die leicht von Magma durchstoßen wird.

Die Venus ist der »Höllenplanet« des Sonnensystems. Wolken aus Schwefelsäure verhüllen die extrem heiße Oberfläche, auf der sogar Blei schmelzen würde. Die Atmosphäre ist hundertmal dichter als auf der Erde. Ungeschützt würdest du in Sekundenbruchteilen zerquetscht, von Schwefelsäure zerfressen und in der glühenden Hitze gebacken werden. Dabei gilt die Venus als Zwillingsplanet der Erde, zumindest was Aufbau und chemische Zusammensetzung angeht. Dennoch ist die Venus extrem lebensfeindlich. Sie ist der Sonne so nah, dass fast ihr ganzes Wasser verdampft ist. Stattdessen bildete sich eine Atmosphäre aus Kohlendioxid und anderen vulkanischen Gasen, die zu einem katastrophalen Treibhauseffekt geführt haben. Und der hat die Venusatmosphäre stark aufgeheizt.

Vorsicht, heiß!

Diese »Pfannkuchen« sind Vulkane. Diese für die Venus typischen Bergkuppen haben einen Durchmesser von 25 km und sind 750 m hoch. Die zähflüssige Lava erstarrte, bevor sie abfließen konnte. Beim Abkühlen schrumpfte die Oberfläche der Kuppeln und es bildeten sich Risse.

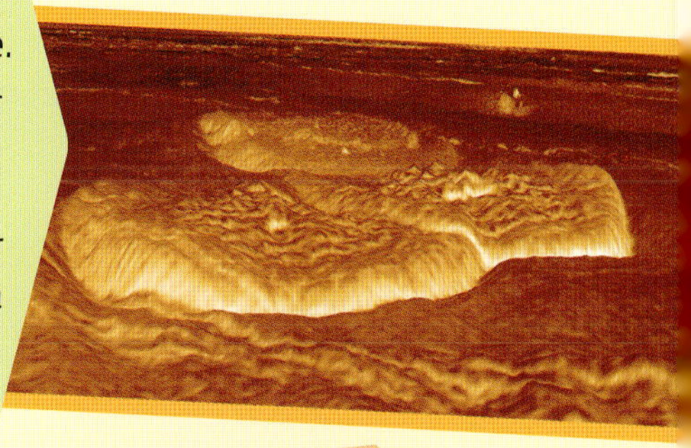

Fotogrüße aus der Hölle. 1982 landete die russische Raumsonde Venera 13 mit dem Fallschirm auf der Venus. Die Fotos der Oberfläche zeigen eine orangefarbene Ödnis mit Felsbrocken und Überresten eines Lavaflusses. Die Sonde gab bereits nach zwei Stunden ihren Dienst auf.

➡ Rekord

464 °C

heiß ist es durchschnittlich auf der Venus – die ideale Temperatur zum Bleigießen.

Die Erde – ein Wasserplanet

71% der Erdoberfläche sind mit Wasser bedeckt.

Erdatmosphäre
Sie ist etwa zehn Kilometer dick. In dieser hauchdünnen Hülle spielt sich das Wetter ab.

Die Erde ist ein Wasserplanet. Sie besitzt als einziger Planet unseres Sonnensystems flüssiges Wasser auf der Oberfläche. Wasser fällt als Regen und Schnee, Wasser fließt in Bächen, Flüssen und gewaltigen Strömen in die Ozeane. Die Eismassen der Arktis und Antarktis und die Gletscher in den Bergen bestehen aus jahrtausendealtem Wasser. Auch in der Atmosphäre ist viel Wasser gespeichert, einen Teil davon sehen wir als Wolken.

Leben auf dünner Kruste

Die Erde ist auch der einzige Planet mit einer Gesteinskruste, die aus mehreren Platten besteht. Die Kruste ist verhältnismäßig dünn und durchschnittlich nur 35 Kilometer dick. Wenn die Platten der Erdkruste aneinander reiben oder wenn sie sich untereinander schieben, führt dies zu Erdbeben und Vulkanausbrüchen. Prallen zwei Platten aufeinander, falten sich ganze Gebirge auf. So sind gewaltige Gebirgszüge wie der Himalaja, die Anden oder die europäischen Alpen entstanden.

Einzigartig – aber warum?

Die Erde hat die optimale Entfernung zur Sonne, denn sie zieht ihre Bahn genau in der Mitte der bewohnbaren Zone. Dort ist es nicht zu heiß und auch nicht zu kalt. Deshalb liegt Wasser in flüssiger Form vor. Zusätzlich besitzt die Erde gerade die richtige Masse und damit die richtige Anziehungskraft, um ihre Atmosphäre festhalten zu können. Die Atmosphäre enthält Sauerstoff, der für uns lebenswichtig ist. Eine besondere Form von Sauerstoff, das Ozon, bildet einen Schutzmantel gegen schädliche, ultraviolette Strahlung. Und schließlich besitzt die Erde ein Magnetfeld, das tödliche, kosmische Strahlung und elektrisch geladene Teilchen um die Erde herumleitet. Der Riesenplanet Jupiter hingegen stabilisiert unser Klima. Seine gewaltige Gravitation verhindert nämlich, dass die Erdachse ständig umkippt. Die dadurch stabilen Jahreszeiten und Klimazonen waren für die Entwicklung des Lebens auf der Erde eine wichtige Voraussetzung.

Solche Satelliten überwachen die Kontinente, die Ozeane und das Wettergeschehen.

Millionenstadt Kairo

Weil fast ganz Ägypten aus Wüste besteht, sind nur die fruchtbaren Nilufer und das Nildelta dicht besiedelt.

Die Nachtsicht auf die Erde

Planet mit Zivilisation. Der Mensch hat fast den ganzen Planeten besiedelt. Ein Lichtermeer zeigt Städte und wo Küsten verlaufen.

Schon gewusst?

Eine Gashülle, Wasser und Sonnenlicht: das alles musste zusammenkommen, damit das Wunder des Lebens auf der Erde entstehen konnte. Aus einfachen Bakterien bildeten sich mehrzellige Lebewesen und am Ende einer langen Entwicklung schließlich auch der Mensch. In unserem Sonnensystem gibt es kein anderes intelligentes Leben. Doch könnten möglicherweise Zivilisationen in fernen Sonnensystemen entstanden sein, auf Planeten, die um andere Sterne kreisen.

Vorsicht, Vulkane!

Die Erde ist ein Vulkanplanet, doch bei Weitem nicht so extrem wie die Venus. Vor allem an den Rändern der Kontinentalplatten dringt flüssiges Gestein an die Oberfläche. Bei Eruptionen verteilt sich feinste Vulkanasche über weite Gebiete. Aschewolken wie die des Vulkans Cleveland auf den Aleuten in Alaska sieht man sogar aus dem All.

Der Mond – unser Begleiter

Auf der für uns sichtbaren Vorderseite befinden sich viele dunkle Mare, die aus erstarrter Lava bestehen.

Der Mond ist im Vergleich zur Erde recht groß, sodass Erde und Mond eigentlich ein Doppelplanetensystem bilden. In einem Monat umrundet der Mond die Erde einmal. Dabei dreht er sich genauso schnell um sich selbst wie er um die Erde kreist. Deshalb sehen wir ihn auch immer von der gleichen Seite. Der Mond besteht aus Gestein, aber auch Eisen, Aluminium und Magnesium sind vorhanden. Die dunklen Flecken auf dem Mond sind Tiefebenen, auch Mare genannt, während die hellen Flächen von Hochebenen gebildet werden. Da es auf dem Mond keine Atmosphäre gibt, schlagen Meteoriten ungehindert auf seiner Oberfläche ein und haben sie im Laufe der Zeit pulverisiert. Grauer Mondstaub bedeckt die Mondoberfläche meterdick. Das Innere des Mondes ist teils fest und teils flüssig. Unseren Mond verdanken wir übrigens einem gewaltigen Zusammenstoß der Erde mit einem anderen Planeten. Dabei wäre die Erde beinahe vernichtet worden.

Der Mann auf dem Mond

12 Männer haben den Mond bisher betreten und ein 13. Mann liegt dort sogar begraben. Der Wissenschaftler Gene Shoemaker hatte den Astronauten beigebracht, wie man Gesteine bestimmt. Nach seinem Tod nahm die Raumsonde »Lunar Prospector« einen Teil seiner Asche mit zum Mond. Die NASA ehrte ihn so für seinen Beitrag zum Apollo-Programm. Shoemaker ist bis heute der einzige Mensch, der auf dem Mond begraben liegt.

Apollo-Programm

Der Mond ist bis jetzt der einzige Himmelskörper, auf dem Menschen gelandet sind. Die Astronauten des amerikanischen Apollo-Programms haben Mondspaziergänge unternommen, dabei Mondgestein eingesammelt und mit zur Erde gebracht.

Menschen auf dem Mond

Apollo 11. Im Jahr 1969 betreten Menschen den Mond. Weil es auf dem Mond keine Atmosphäre oder Wettereinflüsse gibt, wird dieser Stiefelabdruck noch in Jahrmillionen zu sehen sein.

Kosmischer Crash: Vor etwa 4,5 Milliarden Jahren stieß die Ur-Erde mit einem etwa marsgroßen Planeten zusammen. Er wurde bei dem Aufprall zertrümmert und mit einem Teil der Erde in den Weltraum geschleudert. Die Trümmer begannen sich zu drehen und klumpten mit der Zeit zu unserem Mond zusammen, der uns seitdem umkreist. Für eine Umrundung braucht der Mond einen Monat.

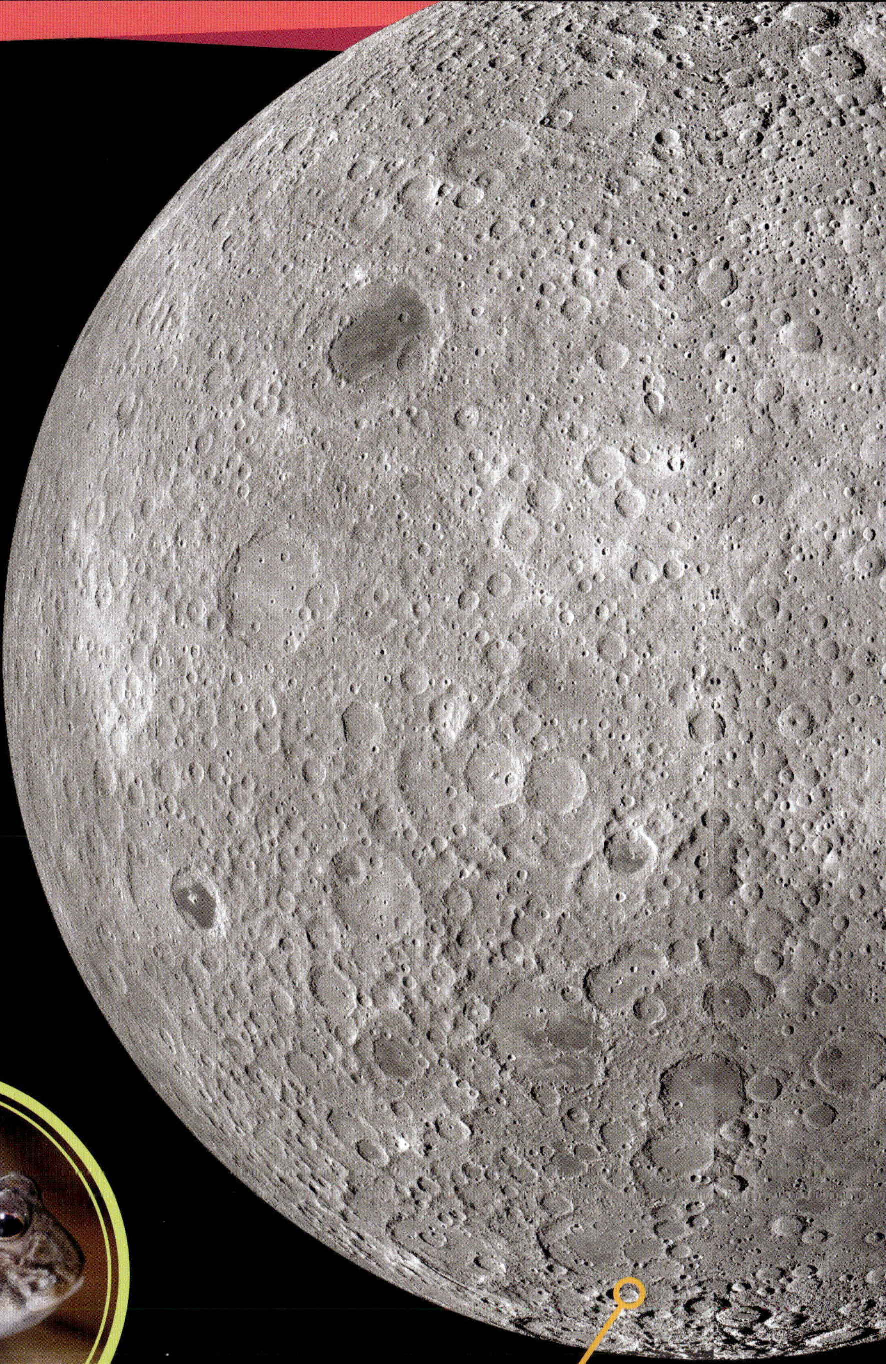

Die Rückseite des Mondes ist dicht mit Meteoritenkratern aller Größen übersät.

Funny Fact

Landlebewesen durch den Mond

Der Mond verursacht Ebbe und Flut, sodass sich an vielen Meeresküsten zweimal täglich das Wasser zurückzieht. Möglicherweise hat das vor Jahrmillionen die Besiedlung des Festlandes vorangetrieben. Gestrandete Fische entwickelten über Generationen Lungen und formten ihre Flossen zu Gliedmaßen um. So konnten sie sich immer besser auf dem Trockenen fortbewegen, so ähnlich wie diese Schlammspringer.

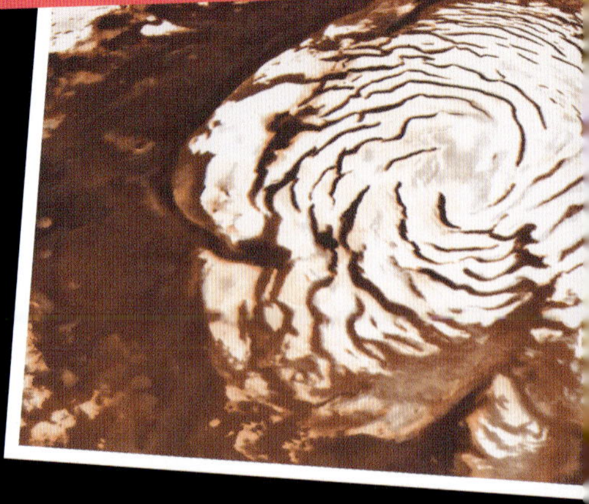

Mars – der rostige Planet

Der Mars wird häufig als der »rote Planet« bezeichnet, weil er am Nachthimmel auffallend blutrot leuchtet. Die alten Römer gaben ihm deshalb den Namen ihres Kriegsgottes Mars. Heute wissen wir, dass Rost im Marsgestein für die rote Farbe des Planeten verantwortlich ist.

Bitterkalte Nächte

Der Mars ist der vierte Planet im Sonnensystem. Er umkreist die Sonne in einer durchschnittlichen Entfernung von 228 Millionen Kilometern. Er ist somit eineinhalbmal weiter von der Sonne entfernt als die Erde. Deshalb ist es auf dem Mars kälter als bei uns auf der Erde. Der Sommer in Äquatornähe kann zwar recht warm sein, aber die Durchschnittstemperatur liegt bei 63 Grad Celsius unter Null und ist somit mit dem Winter in der Antarktis vergleichbar. Besonders die Nächte sind bitterkalt. Die Luft ist hundertmal dünner als auf der Erde und besteht größtenteils aus Kohlendioxid. Doch die dünne Atmosphäre ist stürmisch und wirbelt rote Staubwolken auf. Manchmal fegen diese mit großer Geschwindigkeit über den Planeten hinweg und versperren den Astronomen die Sicht auf die Oberfläche.

Gibt es Wasser auf dem Mars?

In vielen Punkten ist der Mars der erdähnlichste aller Planeten. Ein Mars-Tag dauert 24 Stunden und 37 Minuten und damit nur wenig länger als ein Tag auf der Erde. Die Rotationsachse des Mars ist ähnlich geneigt wie die der Erde. So gibt es auch auf dem Mars Jahreszeiten. Sowohl auf dem Mars als auch auf der Erde sind die Pole mit weißen Kappen bedeckt. Allerdings sind die Eiskappen auf dem Mars kleiner und dünner. Sie dehnen sich im Winter schnell aus und verschwinden im Sommer beinahe vollständig. An den Mars-Polen ist es so kalt, dass die Eiskappen neben Wasser auch gefrorenes Kohlendioxid enthalten. Auf dem Mars finden wir kein flüssiges Wasser: keine Flüsse, keine Seen, auch keine Meere! Es gibt aber Anzeichen dafür, dass der Mars in früheren Zeiten wärmer und feuchter war. Sich durch den Marsboden schlängelnde Rinnen könnten ausgetrocknete Flussbetten sein. Wahrscheinlich regnete und schneite es damals auch. Einigen Wissenschaftlern zufolge war die nördliche Marshälfte damals von einem großen Ozean bedeckt. Wo aber ist dieses Wasser geblieben? Ein Teil davon könnte in den Weltraum verloren gegangen sein. Vielleicht befindet sich der Rest in Form von Eis im Boden.

Gibt es Leben auf dem Mars?

Es gibt keine Kühe, keine Schafe und keine Menschen auf dem Mars, und auch keine Grünen Männchen. Aber es könnten sich früher einmal einfache Lebensformen gebildet haben. Vielleicht verbergen sich diese Mikroorganismen auch heute noch im Marsboden. Die Marssonden suchen fieberhaft danach. Sollten sie auf solches Leben auf dem Mars stoßen, so wäre dies der erste Beweis dafür, dass wir nicht allein sind im Universum.

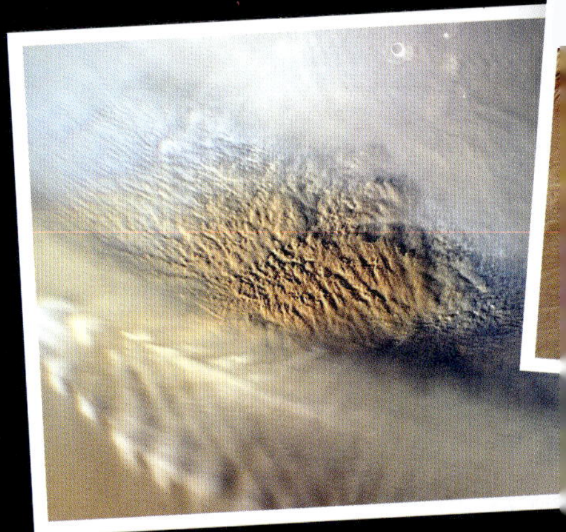

In der dünnen Atmosphäre des Mars toben häufig Sandstürme.

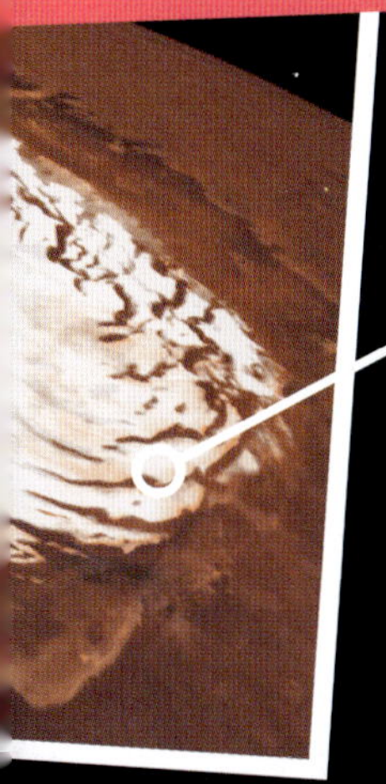

Der eisige Nordpol des Mars

Eis und Staub bilden diese kilometerdicke Eisspirale. Forscher vermuten, dass sie große Wasservorkommen in Form von Eis enthält. Eine Sensation auf dem ansonsten staubtrockenen Wüstenplaneten.

Narbengesicht

Das Valles Marineris ist ein riesiges Grabensystem. Die Täler sind wahrscheinlich entstanden, als sich die Oberfläche des Mars ausdehnte und dabei auseinanderbrach. Die Canyons sind 5 000 Kilometer lang und so breit, dass du von einer Seite nicht zur anderen sehen kannst.

Die Flanke von Olympus Mons, dem größten Vulkan im ganzen Sonnensystem. Er ist größer als England und dreimal höher als der Mount Everest, der höchste Berg der Erde.

Die Raumsonde Mars Reconaissance Orbiter erstellt genaue Karten der Marsoberfläche.

Zäher Kämpfer

Marsrover Spirit mit Solarzellen zur Stromerzeugung. Spirit sollte nur drei Monate arbeiten, hat dann aber sechs Jahre lang Proben analysiert und fantastische Panoramafotos geknipst. 2010 sandte Spirit die letzte Nachricht zur Erde.

Einmal Mars, bitte!

Der Mars ist ein harter Brocken. Mehr als 50 Raumsonden wurden bereits zum Mars geschickt, darunter waren ungewöhnlich viele Fehlschläge. Sonden haben den Mars verfehlt oder sind auf ihm zerschellt, in anderen Fällen herrschte einfach nur Funkstille. Doch einigen Sonden gelang es, den Mars zu umkreisen, und manche setzten Landeeinheiten ab.

Auf der Suche nach Wasser

Bei den jüngsten Marsmissionen wurden sogar Rover auf die Marsoberfläche gebracht. Das sind selbstständige Fahrzeuge, die den Mars fotografieren, Atmosphäre und Bodenproben chemisch analysieren und die Ergebnisse an die Kontrollstation auf der Erde senden. Raumsonden sind genügsam und bestehen nicht auf ein Rückflugticket. Das macht unbemannte Marsmissionen billiger als bemannte Missionen. Die Marsrover sollen auch herausfinden, ob der Mars in der Vergangenheit einmal feucht war und ob es dort Flüsse und Meere gab. Tatsächlich haben die Rover Sedimentgesteine entdeckt, die darauf hindeuten, dass es auf dem Mars einmal flüssiges Wasser gegeben hat. Abgeschliffene Steine auf dem Mars sehen aus wie Flusskiesel.
Die Instrumente des Orbiter haben am Marssüdpol sogar gefrorenes Wasser entdeckt. Der Orbiter ist der Teil der Raumsonde, der den Mars umkreist und nicht auf ihm landet.

Einige Raumsonden erforschen Planeten im Vorbeiflug, andere treten in eine Umlaufbahn um den Planeten ein. Die europäische Raumsonde Mars Express beobachtet den Mars aus einem solchen Orbit heraus und erstellt eine Karte der Marsoberfläche. Sie nähert sich dabei der Oberfläche bis auf 300 km.

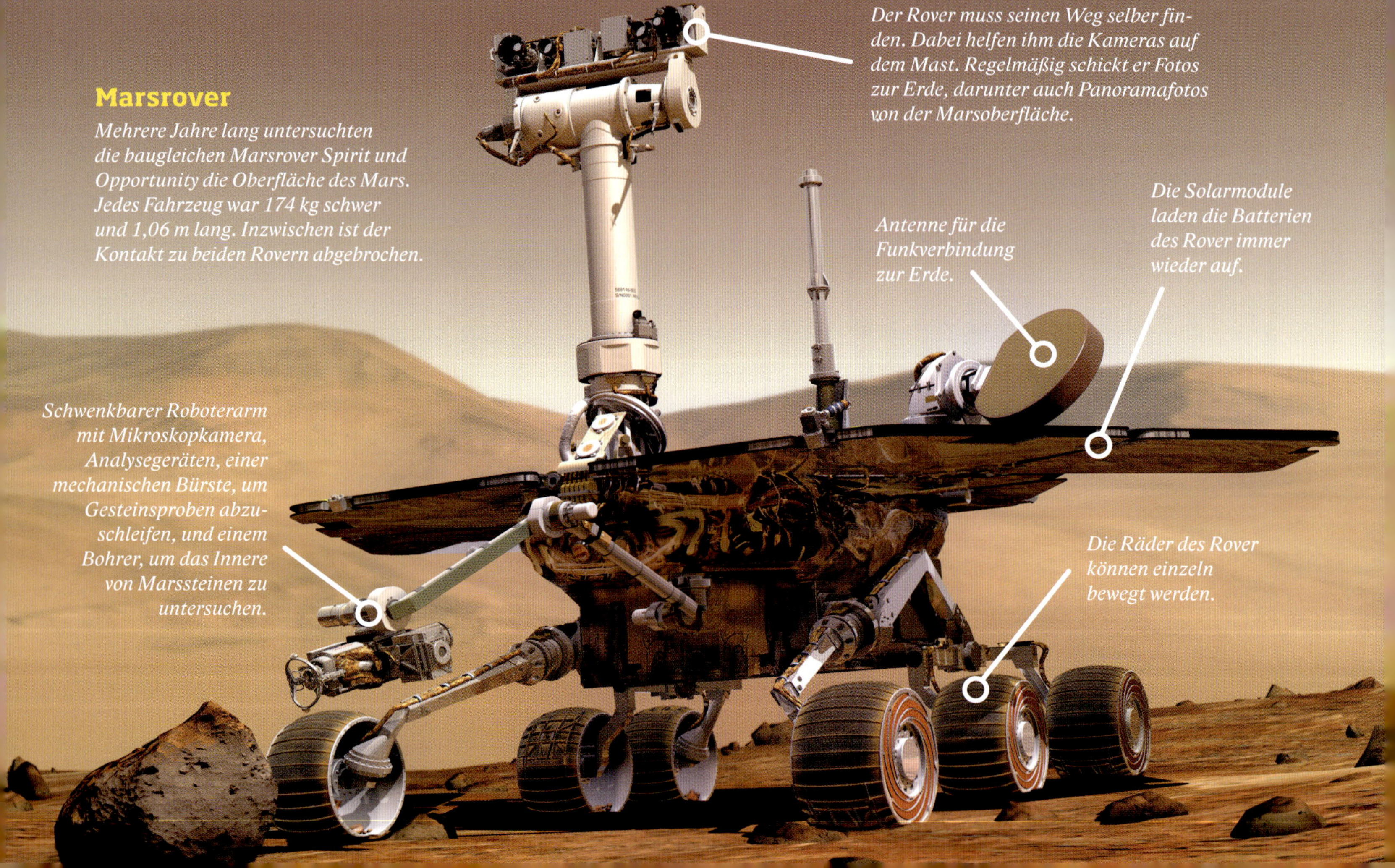

Marsrover

Mehrere Jahre lang untersuchten die baugleichen Marsrover Spirit und Opportunity die Oberfläche des Mars. Jedes Fahrzeug war 174 kg schwer und 1,06 m lang. Inzwischen ist der Kontakt zu beiden Rovern abgebrochen.

Der Rover muss seinen Weg selber finden. Dabei helfen ihm die Kameras auf dem Mast. Regelmäßig schickt er Fotos zur Erde, darunter auch Panoramafotos von der Marsoberfläche.

Antenne für die Funkverbindung zur Erde.

Die Solarmodule laden die Batterien des Rover immer wieder auf.

Schwenkbarer Roboterarm mit Mikroskopkamera, Analysegeräten, einer mechanischen Bürste, um Gesteinsproben abzuschleifen, und einem Bohrer, um das Innere von Marssteinen zu untersuchen.

Die Räder des Rover können einzeln bewegt werden.

Letzte Phase der eigentlichen Landung: Ein raketenbetriebener Kran setzt den Marsrover Curiosity sanft auf der Oberfläche ab.

Nach der Landung untersucht Curiosity zunächst seine Umgebung, später macht er sich auf den Weg. Mit 150 Metern in der Stunde ist er nicht allzu schnell.

Curiosity nimmt den Marsboden unter die Lupe. Wird er Wasser finden?

Die Sonde Maven untersucht seit 2014 die Atmosphäre des Mars. Mit an Bord sind drei Gedichte von der Erde.

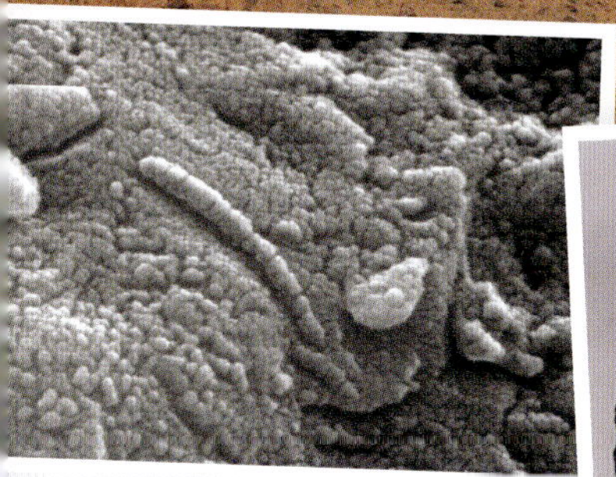

Mikroskopische Aufnahme: Könnten hier versteinerte Marsbakterien zu sehen sein?

Bakterienfossil

Dieses Marsgestein wurde nicht auf dem Mars, sondern bei uns auf der Erde im Eis der Antarktis gefunden.
Es handelt sich um einen Meteoriten, der vom Mars stammt. Für Aufregung sorgte dieser Stein 1996, als die Forscher unter dem Mikroskop Strukturen entdeckten, die sie für versteinerte Bakterien hielten.
Die Behauptung war höchst umstritten, belebte aber die Marsforschung ungemein.

Techniker bauen den Marsrover Sojourner im Reinraum zusammen. Sie tragen Schutzanzüge, damit ja kein Fussel in den Rover gelangt.

Spuren von Leben?

Keine der vielen Sonden hat bislang Marsgestein zur Erde zurückgebracht. Sie führen aber Geräte mit, um die Untersuchungen vor Ort durchzuführen. So konnte Spirit mit einer Mikroskopkamera die Gesteine genau untersuchen. Die Sonden haben bei ihren Ausflügen vulkanische Lava gefunden und Eisen-Meteoriten, die aus dem All auf den Mars gelangt sind. Sie haben auch Sedimentgestein entdeckt, das vor Urzeiten unter Wasser gelegen haben muss. Das Vorkommen von Wasser ist eine Grundvoraussetzung für die Entwicklung von Leben. Wissenschaftler fragen sich daher, ob sich vielleicht einfache Lebensformen tiefer im Boden aus früherer Zeit erhalten haben. Doch selbst wenn es heute kein Leben mehr auf dem Mars gibt, könnte es früher anders gewesen sein.

Menschen zum Mars

Sieht so die Zukunft aus? *Eine Familie geht mit ihren Kindern spazieren.*

Marskolonisten könnten auch Bergbau betreiben.

Der Mensch hat bislang nur einen einzigen Himmelskörper betreten: den Mond. Weil er nur etwa 380 000 km entfernt ist, haben die Apollo-Astronauten hin und zurück nur eine Woche gebraucht, dennoch war der Aufwand gigantisch. Bis zu 400 000 Menschen haben zeitweise am Apollo-Programm mitgearbeitet. Es musste erst die größte Rakete der Welt gebaut werden. Wie groß muss erst der Aufwand sein, um Astronauten zu dem sehr viel weiter entfernten Mars zu schicken? Dabei ist es von allen Planeten der Mars, der am leichtesten zu erreichen ist und auf dem Astronauten auch überleben könnten.

Das nächste Ziel wird also der Mars sein. Doch für den Weg zum Mars und wieder zurück zur Erde werden die Astronauten zwei lange Jahre benötigen.

Teures Ticket zum Mars

Das Apollo-Programm hat 12 Astronauten auf den Mond gebracht. Das hat damals 25 Milliarden Dollar gekostet. Wie teuer die Reise zum Mars ist, kann niemand genau sagen. Eine Schätzung geht von 500 Milliarden Dollar aus.

Essen, Trinken, Atmen

Die Astronauten müssen genügend Nahrungsmittel, Wasser und Sauerstoff mitführen. Während des Flugs können sich die Marsreisenden noch von Astronautennahrung aus Tuben und Dosen ernähren. Wasser wird aus der Atemluft und aus dem Urin der Astronauten zurückgewonnen. Der Sauerstoff zum Atmen wird durch Zersetzen von Wasser hergestellt. Auf dem Mars werden die Astronauten wahrscheinlich zu Kleingärtnern und werden dort in Gewächshäusern ihr eigenes Gemüse anbauen.

Mit solchen Fahrzeugen könnten die Astronauten den Mars erkunden.

Eingraben und gärtnern. Die Mars-Atmosphäre ist dünn. Zum Schutz vor kosmischer Strahlung könnten die Astronauten unterirdische Unterkünfte anlegen. In den Gewächshäusern wachsen Obst und Gemüse.

➔ Schon gewusst?

Ein Startfenster zum Mars öffnet sich nur alle 26 Monate, nämlich dann, wenn der Mars der Erde am nächsten steht. Aus dem gleichen Grund ist eine Rückkehr vom Mars zur Erde ebenfalls nur alle 26 Monate möglich.

Interplanetare Reise

Einige Probleme einer bemannten Marsmission sind heute noch nicht gelöst. Wir auf der Erde haben eine dichte Atmosphäre und genügend Sauerstoff zum Atmen. Eine solche Atmosphäre fehlt auf dem Mars. Die Lufthülle der Erde schützt uns außerdem vor den meisten Meteoriten. Diese verglühen beim Eintritt in die Atmosphäre und erreichen nie die Erdoberfläche. Im All und auf dem Mars können sogar winzige Steinchen tödlich sein, denn sie können die Außenwand des Raumschiffs durchschlagen.
Besonders gefährlich ist die zwar unsichtbare, aber energiereiche, kosmische Strahlung. Die Sonne schleudert unentwegt elektrisch geladene Teilchen ins All. Bei manchen Sonneneruptionen besteht sogar Lebensgefahr für die Astronauten.
Wir auf der Erde haben Glück, denn unser Planet ist von einem schützenden Magnetfeld umgeben, das die Strahlung um die Erde herum leitet. Bis zur Marsexpedition sind noch viele Probleme zu lösen.

Leben auf engstem Raum

Auf der langen Reise leben die Astronauten auf engstem Raum zusammen. Weil nur Routinearbeiten anfallen, ist Langeweile ein großes Problem. Es kann leicht zu Spannungen und Streit unter den Astronauten kommen, denn bei einem Marsflug kann man nicht einfach vor die Tür gehen. Wer zu den ersten Menschen auf dem Mars gehören will, muss starke Nerven haben und besondere psychologische Auswahltests bestehen. In dem Experiment Mars-500 haben sich sechs Freiwillige in der Nähe von Moskau 520 Tage lang einer simulierten Mars-Expedition unterzogen. Aufgrund der großen Entfernung ist die Kommunikation zwischen Raumschiff und der Bodenstation auf der Erde stark eingeschränkt. Bei Problemen kann zwischen Frage und Antwort eine halbe Stunde vergehen.
Die Astronauten sind also auf sich gestellt.

Der Jupiter – keiner ist größer

Durch das Teleskop betrachtet, sieht Jupiter wie ein riesiger, gestreifter Ball aus. Doch das, was wir sehen, ist keine feste Oberfläche, sondern die Atmosphäre des Jupiter, die aus Wasserstoff und Helium besteht. Die dunklen und hellen Streifen sind breite Wolkenbänder, die sich um den ganzen Planeten ziehen. Während die Erde nur einen einzigen Mond hat, umkreisen Jupiter mindestens 79 Monde. Das Ringsystem des Jupiters kann man selbst mit den größten Teleskopen der Erde nicht erkennen. Die Ringe sind so dunkel und dünn, dass man sie nur mit Raumsonden und aus der Nähe beobachten kann.

Rekord

1300-mal

passt die Erde in den Jupiter hinein. Der Jupiter ist der größte Planet des Sonnensystems.

Lichtspektakel: Über den Polen des Jupiters leuchten manchmal Polarlichter.

Urlaub auf dem Jupiter?

Von einer Landung auf dem Jupiter wird dringend abgeraten. Zuerst müsstest du seine dichte und stürmische Gashülle durchdringen. Je tiefer du gehst, umso höher wird der Druck. Wahrscheinlich befindet sich unter der Jupiteratmosphäre eine Schicht mit flüssigem Wasserstoff, und darunter eine Schicht aus festem, metallischen Wasserstoff. Der Kern des Jupiter ist fest und besteht aus Metallen, metallischem Wasserstoff und Gestein.
Du würdest mit Sicherheit in deiner Landefähre zermalmt, noch bevor du festen Boden unter den Füßen hast.

Todesstrahlung

Das Magnetfeld des Jupiters ist nicht nur sehr stark, es ist auch sehr launisch und verändert sich häufig. Dieses Magnetfeld beschleunigt Elektronen – das sind negativ

Angeberwissen

Was nur wenige wissen: Der Jupiter hat ein Ringsystem aus feinem Staub, das jedoch nur wenig Licht reflektiert. Deshalb sind die Ringe bei Weitem nicht so beeindruckend wie die des Saturn.

Mond Io

ist gelb wie der Schwefel, der aus seinen Vulkanen strömt.

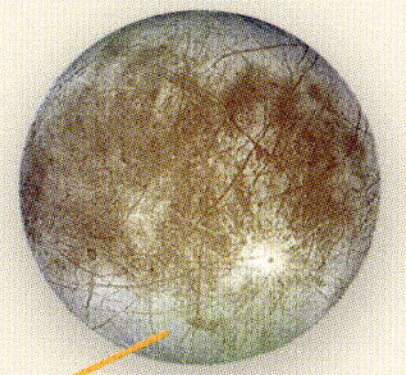

Mond Europa

ist mit Eis überzogen. Darunter vermuten die Forscher einen riesigen Ozean.

Mond Ganymed

besitzt einen Kern aus Metall und Gestein.

Mond Kallisto

zeigt helle Einschlagskrater auf der ansonsten dunklen Eisschicht.

geladene Elementarteilchen – auf beinahe Lichtgeschwindigkeit. Dabei entsteht eine enorm gefährliche Strahlung, die die Physiker Synchrotronstrahlung nennen. 1995 schickte die NASA eine Tochtersonde der Raumsonde Galileo in die Jupiteratmosphäre hinein. Am Fallschirm hängend, sandte die Sonde nur rund eine Stunde lang Daten zur Erde. Kurz bevor sie den Geist aufgab, war der Druck 22-mal so stark wie auf der Erde, und die Temperatur betrug 150 Grad Celsius.

Explosive Aussicht

Vom Mond Io mit seinen Vulkanen könnte der Blick auf Jupiter so aussehen wie es diese 3-D-Simulation zeigt.

Die Sonde Galileo hat Jupiter und seine Monde erforscht. Damit keine irdischen Bakterien auf die Monde gelangen, ließ man die Sonde 2003 in der Jupiteratmosphäre verglühen.

Der Saturn – Planet mit den schönsten Ringen

Der Saturn ist von der Sonne doppelt so weit entfernt wie der Jupiter. Wie beim Jupiter kann man auch beim Saturn keine Landung empfehlen. Seine dichte Atmosphäre aus Wasserstoff und Helium umgibt einen festen Gesteinskern. Der Saturn ist zwar 95-mal so schwer wie die Erde. Weil er aber gewaltig groß ist, ist er so leicht, dass er sogar auf Wasser schwimmen würde.

Statt Flecken Ringe

Der Saturn zählt wie der Jupiter zu den Gasriesen. Mit dem Teleskop sehen wir seine gelbliche Atmosphäre mit dunklen und etwas helleren Wolkenbändern. Mit Wirbelstürmen, wie auf dem Jupiter, kann der Saturn nicht aufwarten. Dafür aber besitzt er ein sehr beeindruckendes Ringsystem. Die Forscher schätzen die Zahl der Ringe auf 100 000. Die Ringe bestehen aus Gesteinsbrocken, Eisklumpen und Staub und sind zum Teil nur einige Meter dick. Auch die anderen drei Gasplaneten Jupiter, Uranus und Neptun haben Ringe, die man jedoch nur aus der Nähe erkennen kann. Mindestens 62 Monde umkreisen den Saturn. Die inneren Monde befinden sich im Ringsystem. Sie sausen mit den Ringen zusammen um den Saturn und halten die Ringe in ihrer Position. Man nennt sie auch »Hirtenmonde«. Die Monde drehen sich in Rotationsrichtung des Saturn um ihn herum. Nur der Mond Phoebe kreist entgegengesetzt. Wahrscheinlich ist er ein Planetoid, der von der Schwerkraft des Saturn eingefangen wurde.

Zum Eismondozean

Noch hat kein Mensch je einen Eismondozean gesehen. Eismondozeane existieren bisher nur in der Vorstellung der Wissenschaftler. Sie verstehen darunter ein riesiges, zugefrorenes Meer auf einem Mond. Einen solchen Eismondozean könnte es auf den Jupitermonden Europa, Ganymed, Kallisto oder Enceladus geben. Auf Enceladus wurden bereits aktive Geysire beobachtet. Mit Sonden soll weiter geforscht werden. Ein Kryobot könnte auf Enceladus landen und sich durch eine 80 km dicke Eisschicht schmelzen. Im Ozean angelangt, würde er einen Hydrobot freisetzen, der eigenständig den Ozean durchtaucht und mit seinen Instrumenten erforscht.

Mond Enceladus

Seine von Eis und Schnee bedeckte Oberfläche glänzt strahlend weiß.

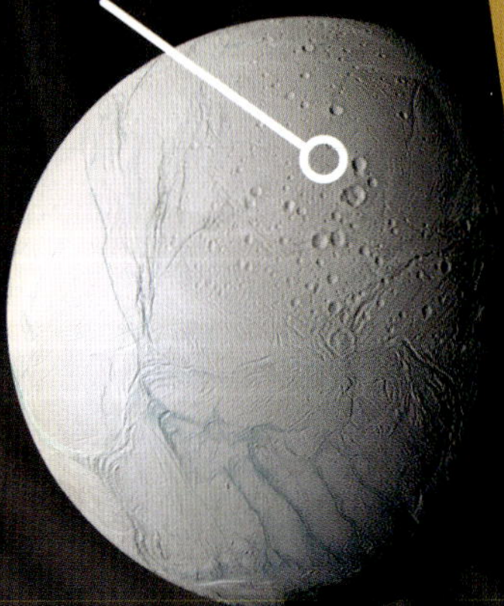

Der Uranus – gekippter Eisplanet

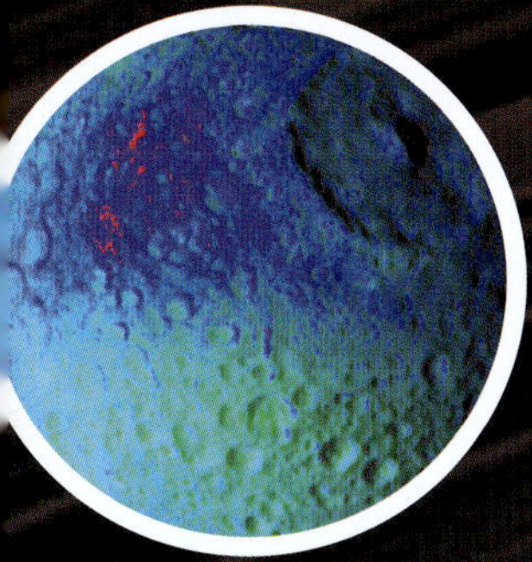

Saturnmond Mimas ähnelt mit seinem riesigen Krater einem angebissenen Apfel. Mimas muss in der Vergangenheit einen gewaltigen Metoritentreffer eingesteckt haben.

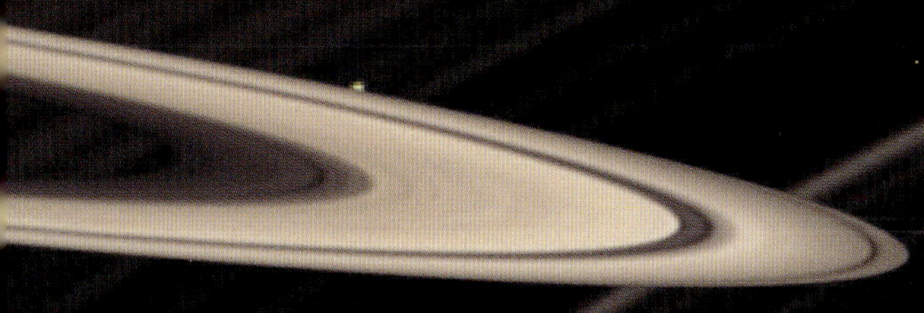

Raumsonde Cassini: so scharf wurden die Saturnringe noch nie fotografiert.

Der Kryobot hat unter der Eisdecke einen Erkundungsroboter freigesetzt, der nun nach Leben sucht.

Der Uranus scheint in der Vergangenheit einen gewaltigen Schubs abbekommen zu haben, denn die Achse, um die er sich heute dreht, liegt ganz flach. So wird immer einer seiner Pole direkt von der Sonne beschienen. Weil der Uranus 84 Jahre für eine Umrundung der Sonne benötigt, wird jeder Pol 42 Jahre lang von der Sonne angestrahlt, die anderen 42 Jahre herrscht dort Finsternis. Die Astronomen rätseln immer noch, warum der Uranus derart gekippt auf der Seite liegt.

Die Oberfläche des Uranusmondes Ariel ist mit Rissen, Tälern und Kratern übersät.

Warum ist der Uranus blau?

Der Uranus erscheint blaugrün, weil seine Atmosphäre, die aus Wasserstoff, Helium und Methan besteht, das rote Licht absorbiert und nur den blauen Anteil des Lichts reflektiert. In den Wolken des Uranus ist es bitterkalt, nämlich minus 210 Grad Celsius. Die Atmosphäre zeigt, anders als bei Jupiter und Saturn, kaum Streifen und Wirbel. Der Uranus hat wie alle vier Gasplaneten Ringe. Mindestens 27 Monde aus Gestein und Eis umkreisen ihn.

Der Mond Miranda sieht mitgenommen aus. Forscher vermuten, dass der Mond schon einmal auseinandergebrochen und dann wieder zusammengewachsen ist.

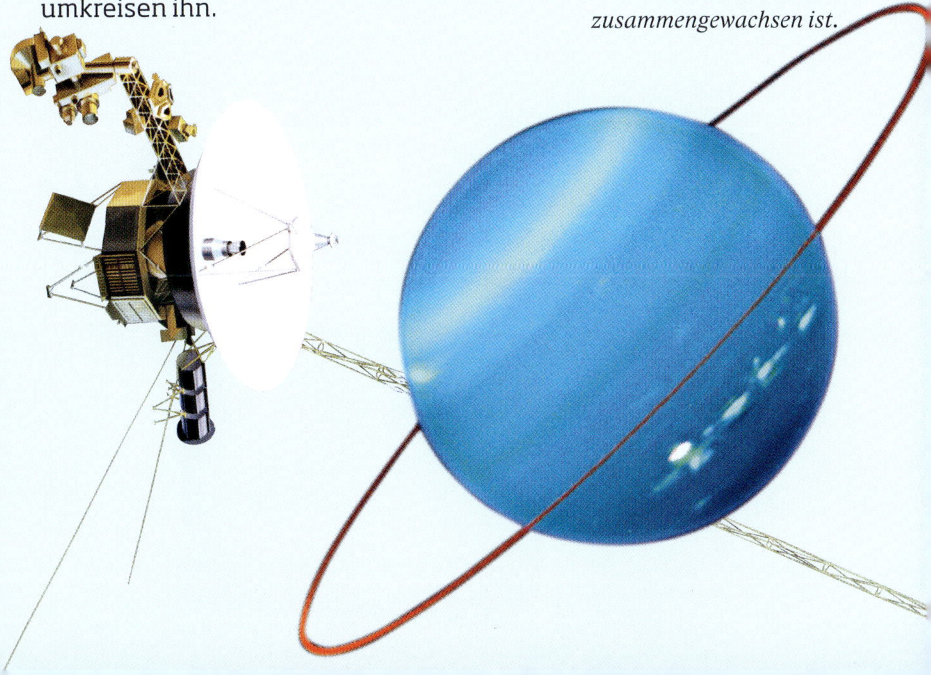

Die Raumsonde Voyager 2 startete 1977 zu einer langen Reise. Sie passierte Jupiter, Saturn und Uranus. 1989 erreichte sie Neptun. In 12 Jahren hatte die Sonde sieben Milliarden Kilometer zurückgelegt. Mit dem Auto hätte das 8 000 Jahre gedauert.

Der Neptun – blauer Sturmplanet

Neptun ist der äußerste Planet unseres Sonnensystems. Neptun ist ähnlich groß wie Uranus. Doch während Uranus die Sonne fast liegend umkreist, steht der Neptun nahezu aufrecht. Auch erscheint er deutlich blauer als Uranus, denn die Atmosphäre enthält mehr Methan. Das Neptunjahr dauert 165 Jahre. So lange braucht Neptun, um einmal die Sonne zu umkreisen. Weil der Planet erst 1846 entdeckt wurde, konnten die Astronomen bis zum Jahr 2011 nur einen einzigen Umlauf des Neptuns um die Sonne mitverfolgen. Mindestens 13 Monde umkreisen Neptun.

Der tiefblaue Neptun ist nach dem römischen Meeresgott benannt. Tief unter der dichten Atmosphäre liegt vermutlich ein Kern aus festem Eis und Fels verborgen.

Hurrikans und Wolkenmeere

Der Neptun hat hoch oben in der Atmosphäre weiße Wolkenbänder. Manchmal zeigen sich ovale, dunkle Sturmgebiete. Auf dem tiefblauen Planeten toben unglaubliche Stürme mit einer Geschwindigkeit von rund 2 000 km/h, zehnmal heftiger als die Windgeschwindigkeiten in einem Hurrikan auf der Erde. Auf keinem anderen Planeten gibt es mehr und stärkere Stürme als auf dem Neptun.

Kalter Vulkanismus. Auf dem Neptunmond Triton schießen Geysire durch eine Eiskruste hindurch bis zu 8 km hohe Fontänen aus flüssigem Stickstoff und Gesteinsstaub ins All.

➜ Schon gewusst?

Früher war der Pluto der äußerste und neunte Planet unseres Sonnensystems. Er war zugleich der kleinste Planet. Doch dann entdeckten die Astronomen noch weitere, ähnlich kleine Himmelskörper außerhalb der Neptun-Bahn. Es schien unmöglich, dass dies alles ebenfalls Planeten sein sollten. Seit dem Jahr 2006 bezeichnet man Pluto und all diese kleineren Himmelskörper als Zwergplaneten. Plutos Zuhause ist der Kuipergürtel.

Angeberwissen

- Ist der Brocken im All, heißt er Meteoroid.
- Das Leuchten, das wir sehen, wenn ein solcher Brocken in die Atmosphäre eintritt, heißt Meteor.
- Das, was am Boden ankommt, heißt Meteorit.

Besucher aus dem All! Dieser Meteorit ist vor langer Zeit in der Wüste gelandet.

Asteroiden, Zwergplaneten und Planeten

In unserem Sonnensystem tummeln sich außer den Planeten noch zahlreiche kleinere Objekte aus Gestein, Metall oder Eis. Diese können so winzig wie Staubkörner sein, aber auch so groß wie Häuser. Solche Brocken nennt man Meteoroide. Täglich prasseln unzählige solcher Brocken auf die Erde nieder. Die meisten sind klein und verglühen vollständig in der Atmosphäre. Wir sehen sie als Sternschnuppen oder, wenn sie heller leuchten, als Meteore. Größere Brocken aber verglühen nicht ganz und fliegen zum Erdboden. Solche Meteorite findet man besonders leicht in Sandwüsten oder im Eis der Antarktis, weil sie auf dem unbewachsenen Boden gut sichtbar sind.

Zwerge und Kleinkram

Große Felsbrocken heißen dagegen Asteroiden. Sie reflektieren wie die Planeten das Sonnenlicht und wie diese verändern sie auch ihre Position. Von der Erde aus erscheinen sie als winzige Pünktchen und sind meist nur im Fernrohr zu sehen. Raumsonden haben einige von ihnen besucht und fotografiert. Die Asteroiden bestehen aus Gestein, Metall oder einer Mischung aus beidem. Die meisten kreisen zwischen den Bahnen von Mars und Jupiter. Diese Region heißt auch Asteroidengürtel. Außerhalb der Neptunbahn erstreckt sich ein zweiter Asteroidengürtel, der sogenannte Kuipergürtel. Manche dieser Himmelskörper sind so groß, dass sie Kugelform angenommen haben. Weil sie aber kleiner sind als die Planeten, werden diese Objekte einfach Zwergplaneten genannt.

Kosmische Vagabunden

Kometen bestehen aus Staub und Eis. Kommen sie auf ihrer Bahn der Sonne nahe, verdampft ein Teil des Kometen und es bildet sich ein Schweif aus Gas und Staub. Dieser kann 250 Millionen Kilometer lang sein. Meist sieht man zwei Schweife. Der eine besteht aus Staub und reflektiert einfach nur das Sonnenlicht, der andere aus leuchtendem Gas, ähnlich wie in einer Neonröhre. Manche Kometen kehren regelmäßig wieder, so der berühmte Halleysche Komet, der alle 76 Jahre in die Nähe der Sonne kommt, sodass wir ihn sehen können. Diese periodischen Kometen stammen wahrscheinlich aus der Oortschen Wolke, die unser Sonnensystem wie eine riesige Kugelschale umhüllt. Dort könnten sich eine Billion Kometen befinden. Das sind eine Million mal eine Million Kometen.

Der Komet Shoemaker-Levy-9 zerbrach in über 20 Teile. Diese stürzten im Jahr 1994 nacheinander in die Atmosphäre des Jupiter, wo sie zu gewaltigen Explosionen führten. Die Raumsonde Galileo war zu dieser Zeit auf dem Weg zum Jupiter und konnte den sensationellen Absturz fotografieren.

Unglaublich!

Im Jahr 2005 landete die japanische Sonde Falcon als erste Raumsonde auf einem Asteroiden und konnte auch wieder von ihm starten. Wissenschaftler denken darüber nach, größere Asteroiden, die auf Kollisionskurs mit der Erde sind, mit einer Raumsonde an der Erde vorbeizulenken.

Suche nach einer zweiten Erde

Lange Zeit wusste niemand, ob es außer den Planeten unseres Sonnensystems auch Planeten gibt, die um andere Sterne kreisen, sogenannte extrasolare Planeten oder kurz Exoplaneten. Im Jahr 1992 wurde dann der erste Exoplanet entdeckt. Die Nachweismethoden wurden empfindlicher, sodass seitdem einige Hundert weiterer Exoplaneten entdeckt werden konnten. Die beiden ersten Planeten, die nachgewiesen wurden, kreisen um einen Pulsar mit Namen B1257+12. Der Pulsar ist das Ergebnis einer Supernova-Explosion: ein schnell rotierender Neutronenstern, von dem starke Strahlung ausgeht. Es dürfte sich daher um einen eher lebensfeindlichen Ort handeln.

Der erste Planet, der einen sonnenähnlichen Stern umkreist, wurde 1995 entdeckt: 51 Pegasi.

Planeten finden

Exoplaneten sind schwierig zu finden. Sie sind klein und weil sie sich so nahe am Stern befinden, werden sie von diesem extrem überstrahlt. Nur in einigen wenigen Fällen konnten Exoplaneten direkt fotografiert werden. Viele Exoplaneten wurden aber durch die wiederholte Analyse der Sternenspektren entdeckt. Denn Planeten und

Mini-Finsternis

Exoplanet HAT-P-7b ist ein Gasplanet und schiebt sich alle 2,2 Tage vor seinen Stern HAT-P-7a, sodass weniger Licht zur Erde gelangt. Er ist knapp doppelt so massereich wie der Jupiter und an der Oberfläche über 2 000 Kelvin heiß. Dieser Planet ist somit kein guter Platz zum Leben.

Planetenjäger

Das Weltraumteleskop Kepler machte von 2009 bis 2013 Jagd auf Exoplaneten. Es hatte etwa 190 000 Sterne im Blick. Wenn ein Planet vor seinem Stern vorbeizieht, kommt es zu minimalen Lichtschwankungen, die Kepler registrierte. So konnte Kepler mehr als 900 Exoplaneten entdecken. Darunter einige wenige, die ihren Stern in der bewohnbaren Zone umkreisen.

HR 8799b

So sieht ein Künstler den Planeten HR 8799b von einem Mond aus. Sowohl den Mond als auch den Planeten mit seinen Ringen hat sich der Künstler ausgedacht. Doch suchen Astronomen heute bereits nach solchen Exo-Monden. Auch Monde könnten Leben hervorgebracht haben!

Sterne umkreisen einen gemeinsamen Schwerpunkt, sodass sich der Stern mal vom Beobachter auf der Erde weg, mal zu ihm hin bewegt. Das macht sich im Sternenspektrum bemerkbar. Die typischen Absorptionslinien werden periodisch zu niedrigeren, mal zu höheren Wellenlängen verschoben. Mit diesem sogenannten Doppler-Effekt lassen sich indirekt auch Exoplaneten nachweisen. Exoplaneten verraten sich manchmal als kleine, aber regelmäßige Helligkeitsschwankungen eines Sterns. Jedes Mal wenn sich ein Planet vor den Stern schiebt, nimmt die Helligkeit geringfügig ab.

Die zweite Erde

Die meisten bislang entdeckten Exoplaneten waren entweder Gasriesen oder ihrem Zentralstern so nahe, dass auf diesen Planeten kein Leben zu erwarten ist. Nur wenige der bisher entdeckten Exoplaneten sind ähnlich groß wie die Erde und kreisen in einem Abstand um ihren Stern, den die Astrobiologen habitable Zone nennen, also bewohnbare Zone. Auf diesen Planeten kann Wasser in flüssiger Form bestehen und es könnte Leben geben, so wie wir es kennen – vielleicht sogar intelligentes Leben. Voraussichtlich 2026 wird die europäische Raumsonde »PLATO« ins All starten, um dort nach weiteren Exoplaneten Ausschau zu halten. Ihre Instrumente sollen insbesondere erdähnliche Gesteinsplaneten aufspüren.

HD 95086 b ist einer der seltenen Fälle, bei denen ein Exoplanet direkt fotografiert werden konnte. Da ein benachbarter Stern sehr hell leuchtet und den Planeten (blauer unscharfer Fleck) überstrahlen würde, wurde er mit einer Maske abgedeckt.

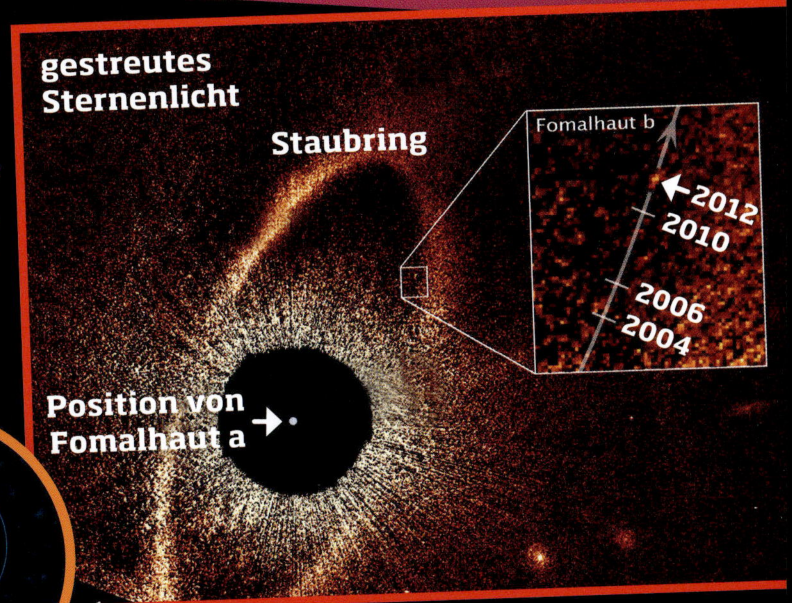

Für diese Aufnahme wurde der Stern Fomalhaut a mit einer Maske abgedeckt, sodass er seine Umgebung nicht überstrahlt. So sieht man den Staubring, der den Stern umgibt, und ein kleines Pünktchen, das von Jahr zu Jahr seine Position verändert. Lange Zeit hielt man Fomalhaut b für einen Exoplaneten. Tatsächlich dürfte es sich um eine Gesteins- und Staubwolke handeln, die durch den Zusammenstoß zweier Asteroiden entstanden ist. Mittlerweile hat sich diese Wolke aufgelöst.

Gibt es Leben auf Kepler-186f?

Der Exoplanet Kepler-186f ist etwa so groß wie die Erde. Er wurde 2014 entdeckt und ist der fünfte bekannte und äußerste Planet im Planetensystem um den Roten Zwerg Kepler-186a. Er ist der 186. Stern mit Exoplaneten, der mit dem Weltraumteleskop Kepler entdeckt wurde. Mit a wird jeweils der Stern selbst benannt, die Planeten werden alphabetisch mit b, c, d … bezeichnet.

Nun wollen die Astronomen mit empfindlicheren Teleskopen auch die Atmosphären von Exoplaneten untersuchen. Vielleicht stoßen sie dann auf chemische Spuren von Leben auf Exoplaneten.

Der Planet Kepler-186f, von einem Künstler gesehen, bewegt sich in der habitablen Zone des Kepler-186-Systems. Dort könnte es wie auf der Erde flüssiges Wasser geben und möglicherweise auch Leben.

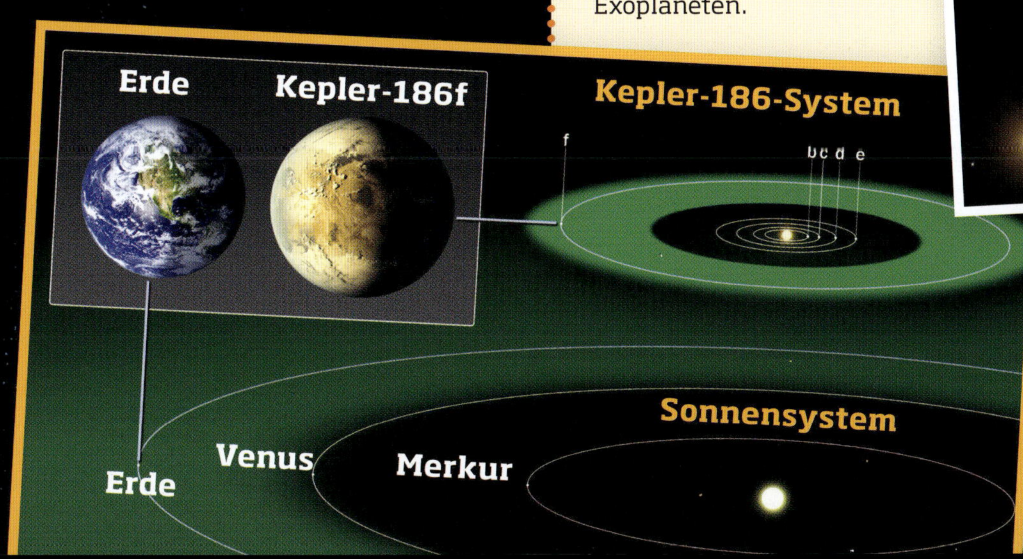

Die Milchstraße und andere Galaxien

Unsere Heimatgalaxie, die Milchstraßengalaxie, ist nur eine von mindestens 100 Milliarden Galaxien im beobachtbaren Teil des Universums. Manche Astronomen gehen sogar von mindestens 125 Milliarden Galaxien aus. Die Milchstraßengalaxie ist eine Spiralgalaxie und besteht aus unvorstellbaren 200, vielleicht sogar aus 400 Milliarden Sternen. Dabei ist sie mit einem Durchmesser von 100 000 Lichtjahren nur eine durchschnittlich große Galaxie. Andere Galaxien sind deutlich größer.

Zwerge und Riesen

Zwerggalaxien sind nur wenige Tausend Lichtjahre groß und enthalten manchmal nur zehn Millionen oder noch weniger Sterne. Große Galaxien hingegen können einen Durchmesser von 300 000 Lichtjahren haben und eine Billion Sterne enthalten. Eine Billion, das sind eine Million Millionen

M102
M102 ist eine linsenförmige Galaxie. Dunkle Staubwolken umgeben den leicht gewölbten Kern.

Die Whirlpool-Galaxie M51 ist eine Spiralgalaxie. Die kleinere Nachbargalaxie ist wahrscheinlich durch sie hindurchgezogen. Bei solchen Galaxien-Kollisionen werden in Gas- und Staubwolken neue Sterne geboren.

M87
M87 ist eine elliptische Galaxie, die durch den Kontakt mit der Nachbargalaxie M81 aus der Form geraten ist.

M104
Der Sombreronebel ist eine Spiralgalaxie, die von mehr als 2 000 Kugelsternhaufen umgeben ist.

Auffallend ist der zentrale lange Balken von NGC 7479. Er besteht aus Gas und Staub. Zusammen mit den gebogenen Armen erinnert die Galaxie an ein Fragezeichen.

oder ausgeschrieben eine Eins gefolgt von zwölf Nullen: 1 000 000 000 000.
Im Zentrum der meisten Spiralgalaxien – wahrscheinlich sogar in allen – sitzt jeweils ein supermassereiches Schwarzes Loch. Das Schwarze Loch im Zentrum der Milchstraßengalaxie hat drei bis vier Millionen Sonnenmassen.

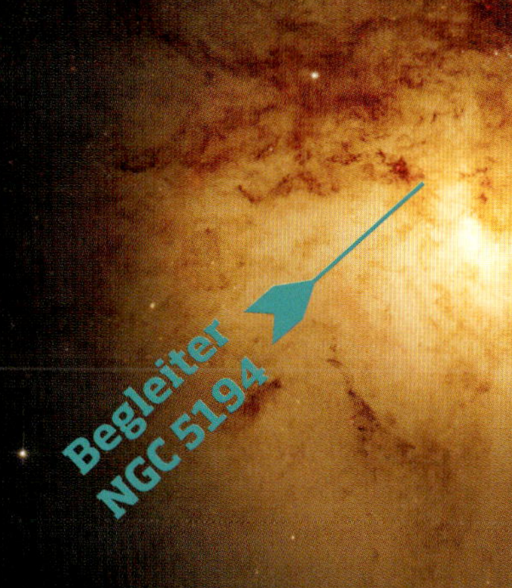

Irreguläre Galaxien

Etwa ein Viertel aller Galaxien hat keine besondere, erkennbare Form. Diese irregulären Galaxien sind ein ungeordneter Haufen von Sternen. Sie sind klein und enthalten vergleichsweise wenige Sterne, dafür aber größere Mengen an Gas- und Staubwolken. Diese Galaxien entstehen häufig durch die Kollision zweier Galaxien. Dabei leidet die Form darunter. Bei solchen Galaxien-Begegnungen werden Sternentstehungen ausgelöst und so finden sich in diesen Galaxien auch junge, heiße, blau leuchtende Sterne.

Elliptische Galaxien

Manche Galaxien sind perfekte Kugeln, andere flache Ovale. Diese elliptischen Galaxien haben jedoch kaum Strukturmerkmale. Sie bestehen aus vergleichsweise alten Sternen und enthalten nur wenig Gas und Staub, sodass in diesen Galaxien seltener Sterne geboren werden.

Spiralgalaxien mit und ohne Balken

Die Spiralgalaxien ähneln den Feuerrädern eines Feuerwerks. Sie bestehen aus einem hellen Kern aus Sternen, der von einer flachen Scheibe aus Sternen, Gas- und Staubwolken umgeben ist. Vom Galaxienkern gehen scheinbar Spiralarme ab. Doch auch die dunkleren Bereiche zwischen den Spiralarmen enthalten Sterne. Die Spiralarme sind nur deshalb so gut zu erkennen, weil es in diesen dichteren Gebieten sehr viel Gas gibt und ständig neue Sterne entstehen. Diese jungen Sterne strahlen besonders hell. Die Spiralgalaxien sind von einem Halo aus alten Sternen umgeben. Halo nennt man die kugelförmige Region um eine Galaxie aus weit verstreuten Sternen sowie Sternen, die gehäuft in Kugelsternhaufen auftreten.
Bei den Balkenspiralgalaxien gehen die Spiralarme von einem balkenförmigen Zentrum ab.

Linsenförmige Galaxien

Die linsenförmigen Galaxien werden auch Spindelgalaxien genannt. Sie haben keine Spiralarme und bestehen aus einer zentralen Ausbuchtung mit älteren Sternen und einer Scheibe mit jüngeren Sternen.

Kugelsternhaufen M13

Der Kugelsternhaufen M13 ist ein Begleiter unserer Milchstraßengalaxie und besteht aus vier Millionen Sternen. Er ist 25 000 Lichtjahre entfernt und hat einen Durchmesser von 170 Lichtjahren. M13 umkreist den Kern der Milchstraße einmal in 100 Millionen Jahren. Die Milchstraßengalaxie besitzt etwa 180 solcher Kugelsternhaufen.

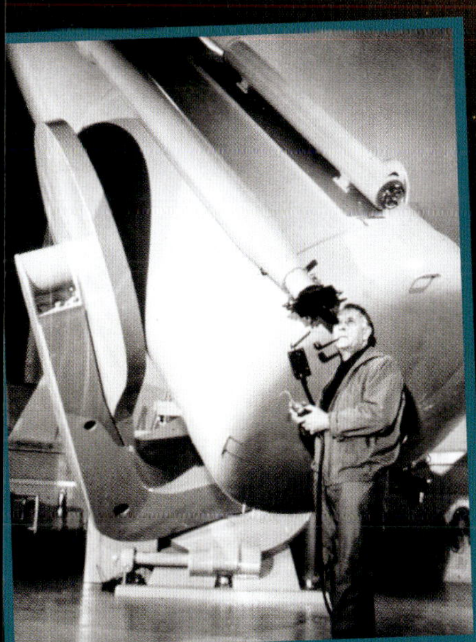

Edwin Hubble (1889-1953)

Edwin Hubble untersuchte in den 1920er-Jahren Galaxien in den Tiefen des Universums. Er erkannte erstmals, dass die diffusen Nebelflecken Galaxien ähnlich unserer Milchstraßengalaxie sind. 1929 entdeckte er, dass sich die Galaxien voneinander wegbewegen, weil sich das Universum ausdehnt. Das Hubble-Weltraumteleskop trägt seinen Namen.

Kosmische Kollision

Die Galaxien trennen oft viele Millionen Lichtjahre voneinander. Doch manchmal kommen sie sich gefährlich nahe, durchdringen sich und verschmelzen sogar miteinander. Die Galaxien verändern Größe, Masse und Form und wechseln auch den Galaxientyp. Ein solcher Zusammenstoß hört sich gewaltig an, doch nur selten dürften dabei auch Sterne miteinander kollidieren, denn der Abstand zwischen den Sternen ist enorm groß. Meist überwiegt die Gravitation der massereicheren Galaxie und zerstört die massearmere. Dabei werden die Spiralarme auseinandergerissen. Gleichzeitig können sich Gas- und Staubwolken verdichten, sodass diese kollabieren und die Geburt vieler neuer Sterne auslösen.

Schlapphut oder was?!

Die Spiralgalaxie ESO 510-G13: von der Seite gesehen, doch die Kante scheint verbogen. Eine »kürzlich vorbeigeflogene« Galaxie könnte zur Verbiegung geführt haben. Eine andere Erklärung: Eine größere Galaxie hat eben erst eine kleinere quasi aufgefressen. Bei solchen Kollisionen oder Verschmelzungen werden Gaswolken komprimiert und neue Sterne bilden sich, sodass sich in den Außenbezirken der Scheibe zahlreiche große, junge, blaue Sterne befinden.

1 Wir werden Zeuge, wie in der Computersimulation zwei Spiralgalaxien aufeinander zutreiben.

2 Ihre Schwerkraft zerrt aneinander und rupft die Spiralarme auseinander.

Galaktische Begegnung

NGC 2207 (links) fängt die kleinere IC 2163 ein. Es wird noch eine Milliarde Jahre dauern, bis beide Galaxien zu einer einzigen größeren verschmolzen sind. Ein ähnliches Schicksal könnte unserer Milchstraßengalaxie in drei bis vier Milliarden Jahren bevorstehen. Dann wird sie sich mit der benachbarten Andromedagalaxie vereinigen. Die Schwerkraft wird beide Galaxien verzerren, bis sie zu einer elliptischen Galaxie verschmelzen. Diese hat heute schon einen Spitznamen: Milkomeda. Bei dem Zusammenstoß könnte unsere Sonne mit vielen anderen Sternen als Sternenstrom ins All geschleudert werden, wo sie auf einer weitläufigen Umlaufbahn den Kern von Milkomeda umkreist.

Folgenschwerer Vorbeiflug

An der »Zigarrengalaxie« M82, einer irregulären Galaxie, ist vor etwa 500 Millionen Jahren die Spiralgalaxie M81 (nicht im Bild) vorbeigeflogen. Diese Begegnung hat dazu geführt, dass sich in Gaswolken von M82 vermehrt neue Sterne gebildet haben. Die beiden Galaxien sind durch ihre Gravitation aneinandergebunden und werden sich in einigen Milliarden Jahren zu einer großen Galaxie vereinen.

3 Die Galaxien umkreisen sich mehrmals und sind mal weiter, mal näher voneinander entfernt. Bei diesem Tanz der Galaxien lösen sich die Spiralarme allmählich auf.

4 Die Galaxien kommen sich immer näher.

5 Die beiden Galaxienkerne vereinigen sich zu einem einzigen großen Kern. Aus zwei Spiralgalaxien ist eine einzige Galaxie geworden.

Die Zukunft der Milchstraße

Galaxien scheinen wie weit entfernte Inseln in einem riesigen, ansonsten aber leeren Ozean. Dennoch bewegen sich benachbarte Galaxien nicht unabhängig voneinander, denn sie sind durch die Gravitation aneinander gebunden. So ist unsere Milchstraße von einigen kleineren Galaxien umgeben. Sogar die 2,5 Millionen Lichtjahre entfernte Andromedagalaxie wirkt auf die Milchstraße ein und umgekehrt. Die beiden bewegen sich derzeit unter dem Einfluss ihrer Schwerkraft aufeinander zu und werden in ferner Zukunft sogar zusammenstoßen.

Galaxienkollision

Solche Kollisionen sind recht häufig im Universum und können von den Astronomen in verschiedenen Stadien beobachtet werden. Weil Galaxienkollisionen Milliarden Jahre dauern, werden diese gewaltigen Begegnungen virtuell, das heißt mithilfe von Computern, nachgestellt. Nähern sich zwei Spiralgalaxien einander an, so reißt deren Schwerkraft die Spiralarme zu langen Schweifen aus. Die Galaxien treiben so lange aufeinander zu und entfernen sich wieder voneinander, bis schließlich die Zentren der Galaxien zusammenfallen und zu einem einzigen Kern verschmelzen. So entsteht aus zwei Spiralgalaxien eine einzige große elliptische Galaxie.

Aus zwei wird eins

So wird es wohl auch einmal unserer Milchstraßengalaxie ergehen. Zusammen mit dem Andromedanebel könnte auch sie in Zukunft eine elliptische Galaxie bilden. Dabei werden wahrscheinlich keine Sterne zusammenstoßen, denn der Abstand zwischen ihnen ist sehr groß. Allerdings werden sich dabei Gas- und Staubwolken verdichten, sodass daraus neue Sterne entstehen können. Wir Menschen werden dieses dramatische Ereignis wohl aber gar nicht mehr erleben. Denn schon lange zuvor wird sich die Sonne aufblähen und das Wasser auf der Erde vollständig verdampfen lassen. Die Erde wird als Folge davon unbewohnbar werden. Was bis dahin aus den Menschen geworden sein wird, wissen wir nicht. Vielleicht werden sie ja woanders im All eine neue Heimat finden oder als Mensch-Roboter-Wesen mit unvorstellbaren Raumschiffen durchs Universum gleiten.

Galaxien-Rose

Wenn zwei Galaxien sich zu nahe kommen, dann zerren sie aneinander und verformen sich gegenseitig. Die größere der Galaxien (UGC 1810) ähnelt einer Rosenblüte, während die Begleitergalaxie darunter (UGC 1813) den Stängel bildet.

Mäuse im All

Diese beiden Galaxien (NGC 4676A+B) werden wegen ihres langen Schweifs aus Sternen auch »die Mäuse« genannt. Sie werden in Zukunft noch mehrmals umeinander herumtanzen und auch zusammenstoßen, bis sie schließlich miteinander zu einer einzigen elliptischen Riesengalaxie verschmelzen.

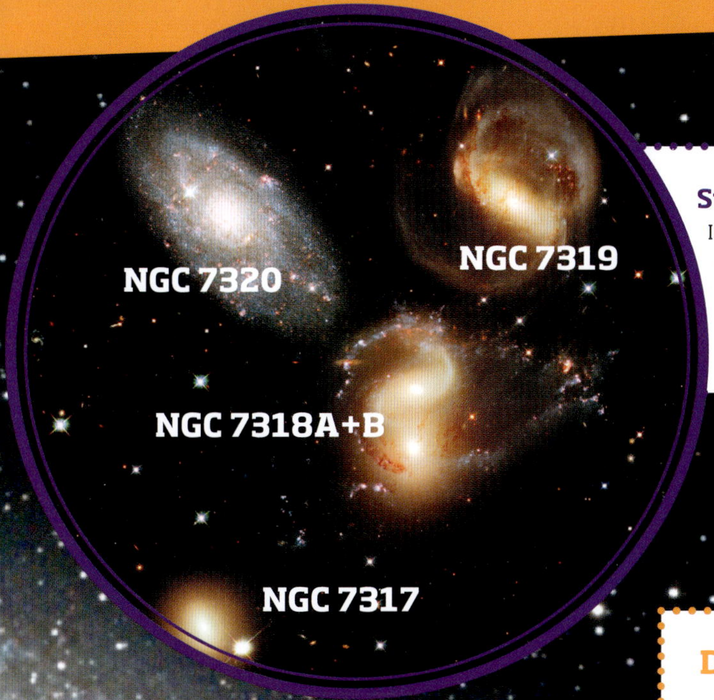

Stephans Quintett

In der Galaxiengruppe mit dem Namen »Stephans Quintett« sind vier der fünf Galaxien in Kollisionen verwickelt. Man erkennt die beteiligten Galaxien (NGC 7319, 7318A, 7318B und 7317) an ihrem gelblichen Schimmer und den verzerrten Armen und Schweifen. NGC 7320 ist daran unbeteiligt, denn diese Galaxie liegt erheblich näher zur Erde.

Das Schicksal der Milchstraße

Alles läuft auf eine unausweichliche Kollision mit der Andromedagalaxie hinaus. Doch es wird noch einige Milliarden Jahre dauern, bis aus den beiden schließlich eine gemeinsame Galaxie namens Milkomeda wird. Um nicht so lange warten zu müssen, simulieren Astronomen heute schon diesen Zusammenstoß am Supercomputer.

1

Milchstraße und Andromedanebel heute. Wir sehen unsere eigene Galaxie als milchiges Band. Links davon ist die 2,5 Millionen Lichtjahre entfernte Andromedagalaxie zu erkennen.

2

In 3,75 Milliarden Jahren wird die Andromedagalaxie deutlich näher und damit größer erscheinen. Dann werden wir sogar mit bloßem Auge ihre Spiralstruktur sehen können.

3

In 3,9 Milliarden Jahren wird es zu vermehrter Sternbildung kommen. Vielleicht wird unser Sonnensystem etwas durch die Galaxie geschleudert, aber dabei nicht zerstört werden.

4

In sieben Milliarden Jahren wird sich eine gigantische elliptische Galaxie gebildet haben, deren Kern hell am Nachthimmel erstrahlt. Die Astronomen nennen sie heute schon Milkomeda.

Die Lokale Gruppe

Die große Andromedagalaxie M31 und auch unsere Galaxie, die Milchstraße, sind Teil der Lokalen Gruppe, zu der mehr als 30 Galaxien zählen. Dieser Galaxienhaufen wird allein durch die Schwerkraft zusammengehalten.

Was sind Sterne?

Wie die Sonne sind andere Sterne helle, leuchtende Gaskugeln, die ihre Energie über Kernfusion selbst erzeugen. Die Sterne unterscheiden sich in Größe, Temperatur, Farbe und chemischer Zusammensetzung.

Sterne sortieren

Astronomen und Astrophysiker können Sterne nicht ins Labor holen und mit ihnen experimentieren. Alles, was sie über Sterne wissen, verrät ihnen das Licht, das sie aussenden. Vor mehr als 100 Jahren haben zwei Astronomen unabhängig voneinander die Sterne sortiert und sie in ein Diagramm eingetragen. Der eine Forscher war Henry Norris Russel, der andere Einar Hertzsprung. Die beiden haben die Sterne nach Leuchtkraft und Farbe geordnet. Die Farbe ist dabei ein Maß für die Oberflächentemperatur eines Sterns.

Hertzsprung-Russel-Diagramm

Es war eine mühsame Aufgabe, möglichst viele Sterne in ein Diagramm einzutragen. Die heißen Sterne standen links, die kälteren rechts, die helleren oben und die schwächer leuchtenden unten. Jeder Stern hatte seinen Platz in diesem Diagramm. Am Ende zeigte sich, dass die Sterne nicht gleichmäßig verteilt sind, sondern einem Muster folgten. Von links oben nach rechts unten erstreckte sich die Hauptreihe. Darüber und darunter gab es Inseln von anderen Sternen: den Roten Riesen sowie den Roten und Blauen Überriesen. Unterhalb der Hauptreihe lagen die Weißen Zwerge. Das Hertzsprung-Russel-Diagramm (HRD) ist ein wichtiges Werkzeug der Astronomen. Das Diagramm zeigt Sterne in unterschiedlichen Lebensstadien und hilft zu verstehen, wie sich ein Stern entwickelt.

Roter Überriese

Wenn das Wasserstoffbrennen endet und das Heliumbrennen einsetzt, blähen sich besonders massereiche Sterne zu Roten Überriesen auf. Die Hülle kann sich auf über 1 000-fachen Sonnendurchmesser ausdehnen.

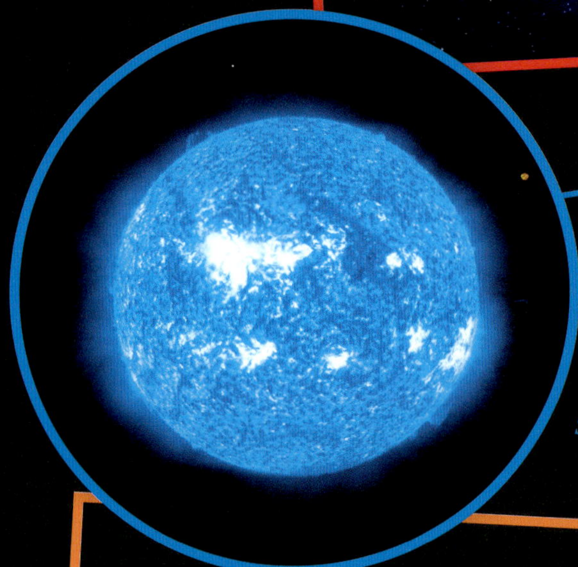

Blauer Überriese

Die massereichen Blauen Überriesen wie der Stern Rigel im Sternbild Orion brennen extrem heiß. Sie gehören zu den hellsten Sternen im Universum.

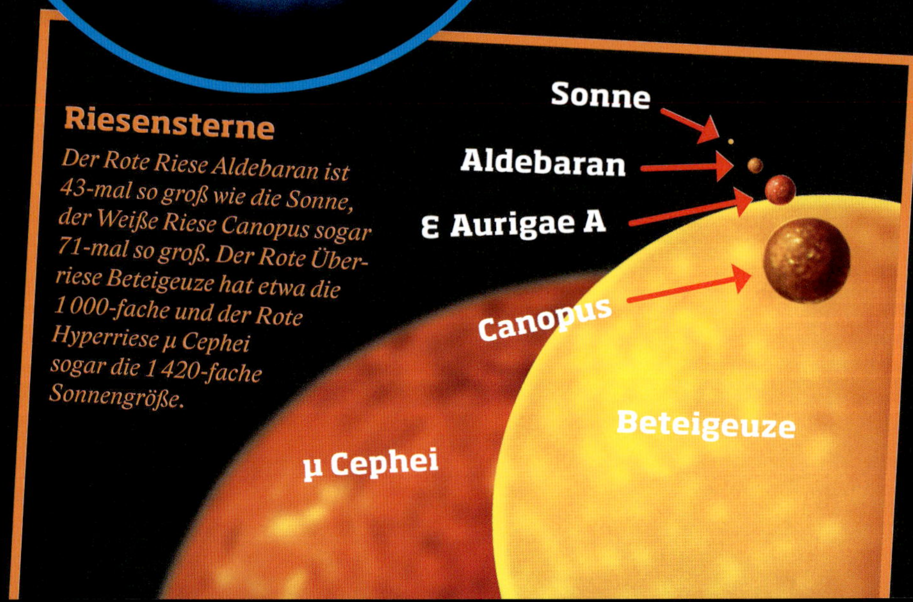

Riesensterne

Der Rote Riese Aldebaran ist 43-mal so groß wie die Sonne, der Weiße Riese Canopus sogar 71-mal so groß. Der Rote Überriese Beteigeuze hat etwa die 1 000-fache und der Rote Hyperriese μ Cephei sogar die 1 420-fache Sonnengröße.

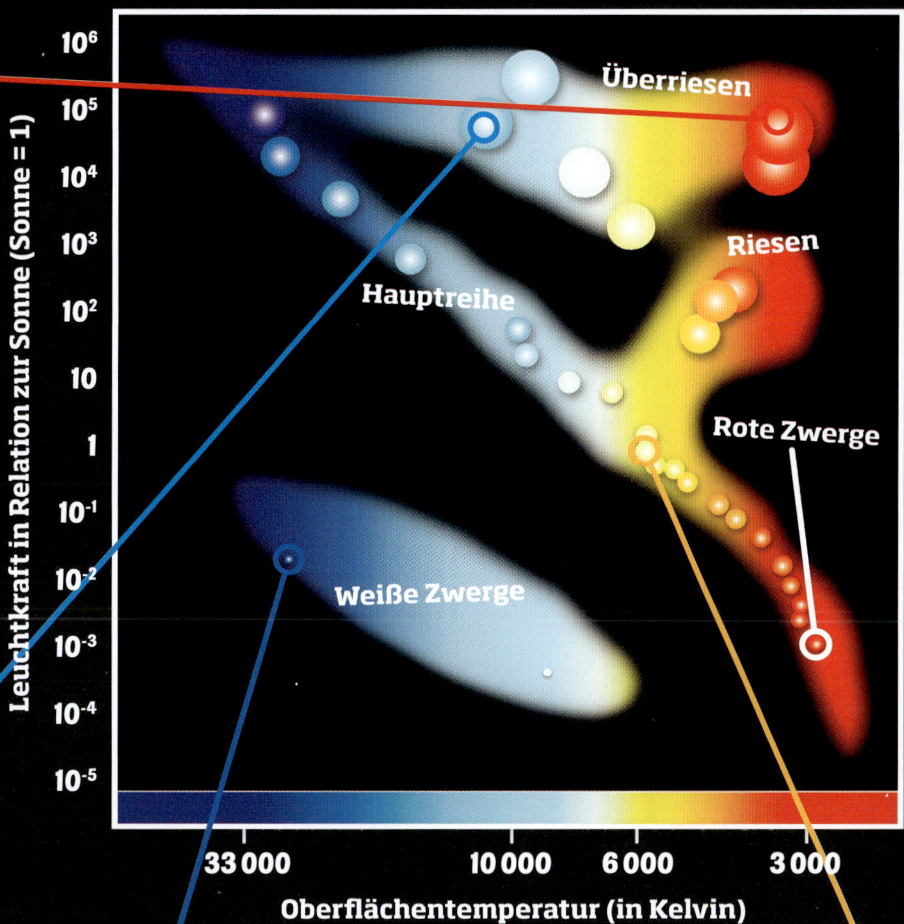

Von Riesen und Zwergen

Als Astroexperte bist du mit dem Hertzsprung-Russel-Diagramm (HRD) vertraut. Darin sind die Sterne nach Oberflächentemperatur (Farbe) und Leuchtkraft relativ zur Sonne angeordnet. Kältere Sterne strahlen rot, heißere Sterne bläulich-weiß. Die Sterne, die in ihrem Kern Wasserstoff verschmelzen, liegen meist auf einem diagonalen Ast, der Hauptreihe. Zu diesen Hauptreihen-Sternen gehört auch die Sonne. Hauptreihen-Sterne brennen relativ gleichmäßig, denn es besteht ein Gleichgewicht zwischen dem inneren Druck und der Gravitation. Die massearmen Roten Zwerge haben eine geringe Oberflächentemperatur und verbrauchen ihren Brennstoff nur langsam. Am blauen Ende der Hauptreihe sitzen massereiche Sterne mit hoher Oberflächentemperatur. Ist der Brennstoff verbraucht, verlassen die Sterne die Hauptreihe und werden je nach Masse zu Riesen oder Überriesen. Unterhalb der Hauptreihe befinden sich die Weißen Zwerge. Sie sind das Endstadium von mittelgroßen Sternen, ähnlich wie unsere Sonne. Die Sterne im HRD befinden sich in unterschiedlichen Stadien ihres Sternenlebens.

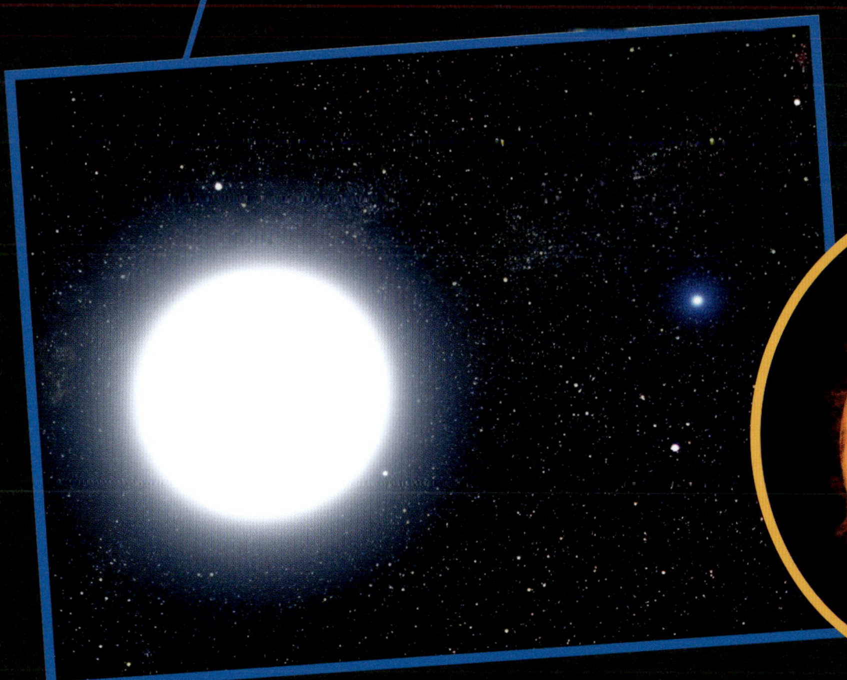

Weißer Zwerg

Weiße Zwerge haben ihr Leben hinter sich und kühlen ganz langsam ab. Sie entstehen, wenn Rote Riesen kollabieren.

Gelber Zwerg

Die Sonne ist ein eher kleiner und massearmer Hauptreihen-Stern von mittlerer Leuchtkraft, in dessen Zentrum Wasserstoffkerne zu Heliumkernen verschmelzen. Manche Sterne haben mehr als die 100-fache Sonnenmasse, andere nur ein Zehntel der Sonnenmasse.

So könnte ein Stern der ersten Generation ausgesehen haben: Sie waren extrem massereich und brannten heiß und schnell, sodass wir sie heute leider nicht mehr beobachten können.

Die ersten Sterne

Etwa 100 Millionen Jahre nach dem Urknall verdichteten sich die Gaswolken des jungen Universums. Doch das war nur möglich, weil es neben der normalen uns bekannten Materie, die aus Protonen, Neutronen und Elektronen besteht, noch eine weitere Materieart gibt, die für die nötige Schwerkraft sorgt: die Dunkle Materie. Sie ist so geheimnisvoll und dunkel, dass wir von ihr nur wissen, dass es sie gibt. Ihr verdanken wir jedoch die Entstehung von Sternen und Galaxien.

Dunkler Geburtshelfer

Tatsächlich verklumpte die für uns unsichtbare Dunkle Materie zu großen Halos; so nennt man die kugelförmigen Ansammlungen, in die später die Galaxien eingebettet wurden. Die enorme Schwerkraft großer Mengen Dunkler Materie wirkt nämlich auch auf die gewöhnliche Materie. An einigen Stellen verdichteten sich daher Wasserstoff, Helium und etwas Lithium zu großen Gaskugeln. Schwerere chemische Elemente gab es zu jener Zeit noch nicht. Diese Gasanhäufungen heizten sich umso mehr auf, je dichter sie wurden. Sie begannen zu leuchten. Zunächst allerdings nur im infraroten Bereich, das heißt, sie strahlten Wärme ab. So entstanden in den Gaswolken zahlreiche Protosterne. Das sind die Vorgänger der eigentlichen Sterne. Die Protosterne zogen weiter Material an und wurden so immer massereicher.

Das Feuer zündet

Mit der Masse nahmen auch Druck und Temperatur im Zentrum der Protosterne zu. Das kann man sich ähnlich wie bei einer Fahrradpumpe vorstellen. Drückt man die

So begann alles

Um die Entstehung der Sterne nachvollziehen zu können, werden die Prozesse am Computer simuliert: Wo sich Dunkle Materie konzentriert, bilden sich Bereiche, in denen sich jene Elemente ansammeln, die beim Urknall gebildet wurden: Wasserstoff, Helium und Lithium.

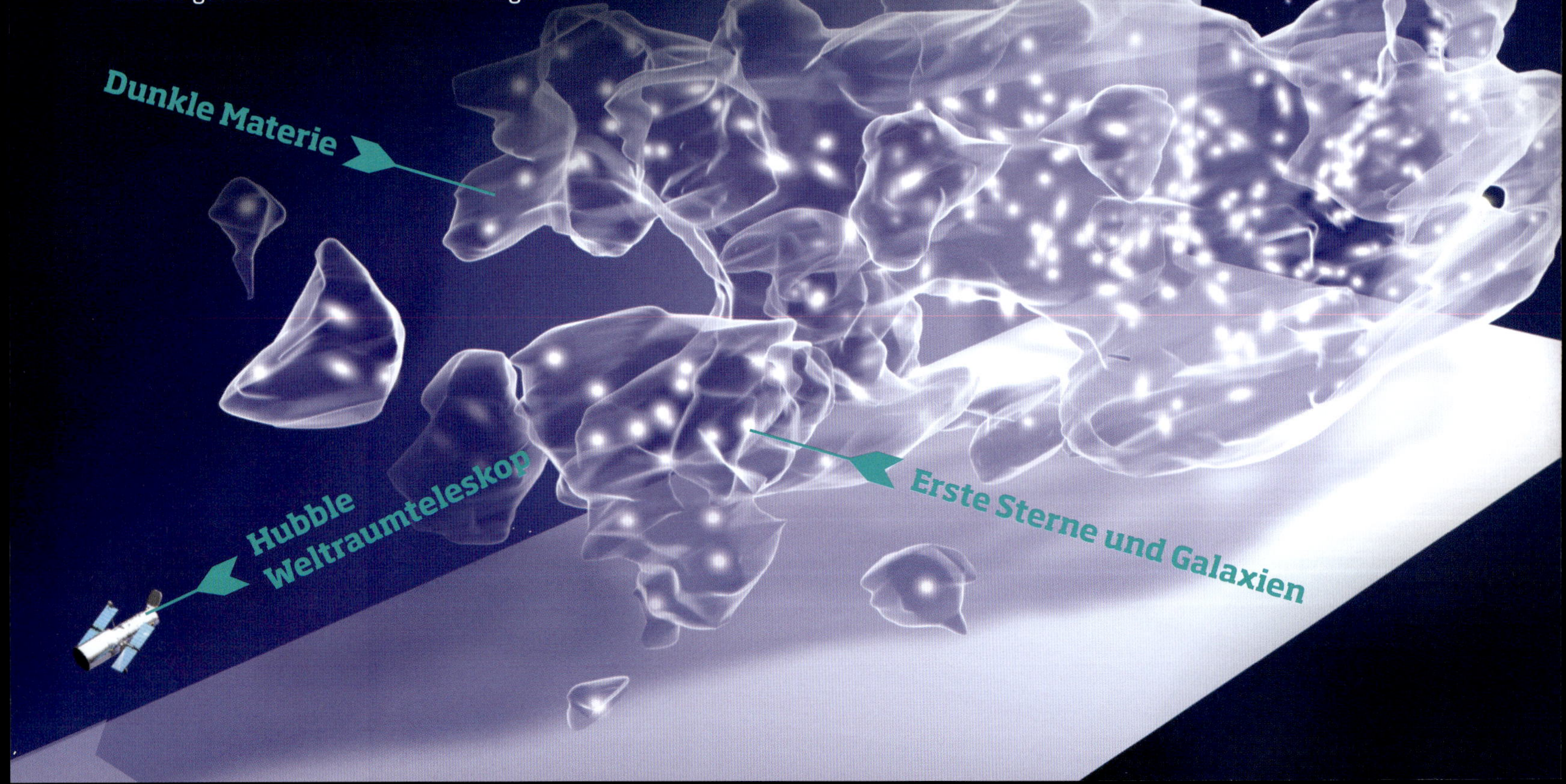

Luft in der Pumpe zusammen, so erwärmt sie sich spürbar. Bei einem heranwachsenden Stern wird der Druck im Innern so hoch, dass sich das Sterneninnere auf viele Millionen Kelvin aufheizt. Sind Temperatur und Druck hoch genug, setzt schließlich die Kernfusion ein. Dabei verschmelzen Wasserstoffkerne zu schwereren Heliumkernen. Ein kleiner Teil der Masse wird in Energie umgewandelt und abgestrahlt. So zündeten etwa 200 Millionen Jahre nach dem Urknall die ersten Sterne und erleuchteten das Universum.

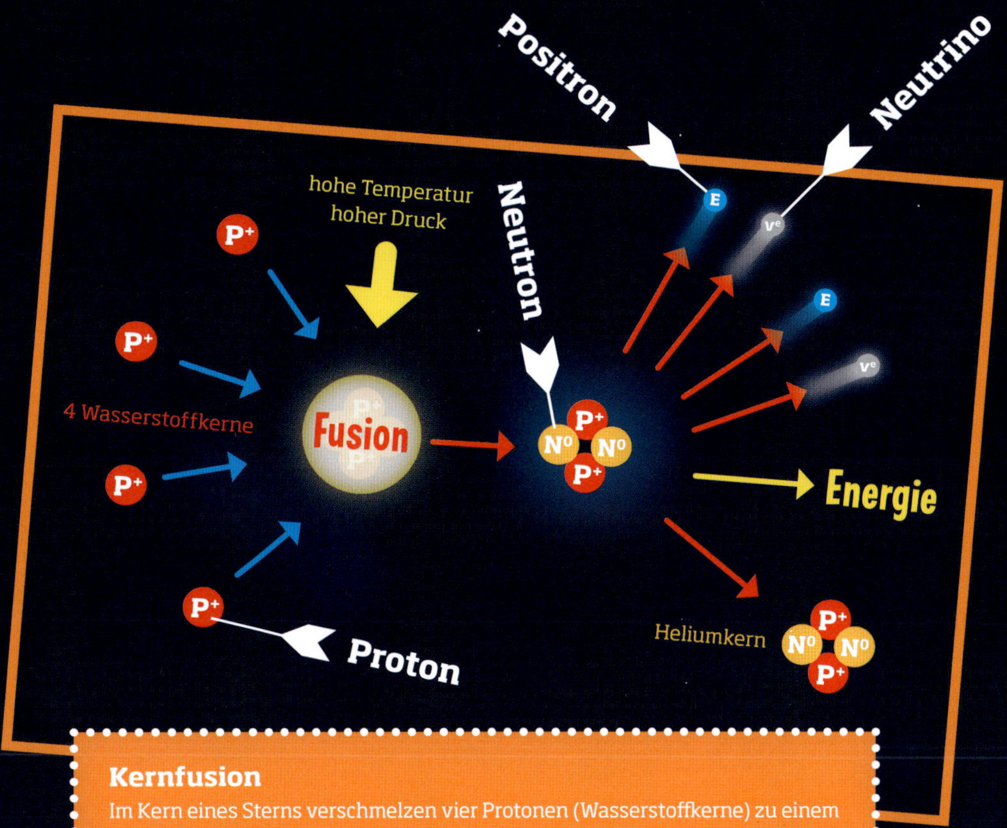

Kernfusion
Im Kern eines Sterns verschmelzen vier Protonen (Wasserstoffkerne) zu einem Heliumkern. Ein Teil der ursprünglichen Masse wird in Energie umgewandelt und lässt die Sterne leuchten. Die Kernfusion setzt nur ein, wenn ein ausreichend hoher Druck und eine genügend hohe Temperatur vorliegen. Nur dann kommen sich die positiv geladenen Protonen nahe genug.

Extreme Sonnen

Diese ersten Sterne hatten deutlich mehr Masse als unsere Sonne – ein eher durchschnittlicher Stern. Einige davon waren sogar mehr als hundertmal massereicher. Der Grund dafür: Die erste Sternengeneration hatte als Baustoffe nur Wasserstoff, Helium und Lithium zur Verfügung. Schwerere Elemente, wie Kohlenstoff und Sauerstoff, gab es noch nicht. Doch diese wirken als eine Art Kühlmittel in einer sich verdichtenden Gaswolke. Schwere Elemente können die Energie von zusammenstoßenden Teilchen besser aufnehmen als die leichteren Elemente Wasserstoff und Helium. So können bereits masseärmere Sterne das Fusionsfeuer zünden. Im frühen Universum mussten die heranwachsenden Protosterne daher mehr Masse ansammeln, bevor sie überhaupt zünden und zu einem echten, leuchtenden Stern werden konnten.
Diese massereichen Sterne der ersten Generation sind in jeder Hinsicht extrem: Im Zentrum sind Druck und Temperatur enorm hoch und auch die Oberfläche ist 100 000 Kelvin heiß; das ist fast 18-mal heißer als die Oberfläche unserer Sonne.

Verschwenderische Sterne

In kosmischen Zeitmaßstäben gesehen, existierten diese ersten Sterne nur kurz. Schon nach wenigen Millionen Jahren war ihr Brennstoff aufgebraucht und das Fusionsfeuer erloschen. Bis dahin hatte der Strahlungsdruck der Kernfusion der Gravitation entgegengewirkt und den Stern im Gleichgewicht gehalten. Als allerdings der Brennstoff verbraucht war, übernahm die Schwerkraft das Kommando und der Stern kollabierte. Er fiel in Sekundenbruchteilen in sich zusammen. Wenn so etwas passiert, steigt der Druck derart an, dass alle Materie zu einer kompakten Masse aus Neutronen zusammengequetscht wird. An der Oberfläche dieses Neutronenkerns kommt es dann zu einer Schockwelle, die die Hülle des Sterns explodieren lässt. Dabei wird Materie ins All geschleudert. Gleichzeitig werden auch schwerere Elemente gebildet; darunter Silber und Palladium. Die ins All geschleuderten Gas- und Staubmassen bildeten das Baumaterial für eine neue Art von Sternen, die länger und weniger verschwenderisch brannten.

Schon gewusst?

Weil die Sterne der ersten Generation nur einige Millionen Jahre alt wurden, existieren sie heute nicht mehr. Doch im Jahr 2015 wurden in CR7, einer der ersten gebildeten Galaxien am Rande des sichtbaren Universums, Hinweise auf die ersten Sterne gefunden.

Ein Stern wird geboren

Sternengeburt

Die drei »Säulen der Schöpfung« sind Gas- und Staubwolken, die etliche Lichtjahre groß sind. Sie sind nur ein kleiner Teil des sehr viel größeren Adlernebels und liegen in einem Spiralarm unserer Milchstraßengalaxie. Der Adlernebel ist ein Sternentstehungsgebiet und die »Säulen der Schöpfung« sind besonders dichte Gebiete, in denen sich neue Sterne bilden.

Sterne scheinen unvergänglich, doch haben sie alle ein endliches Leben. Sterne werden geboren, sie leuchten und wenn ihr Brennstoff zu Ende geht, sterben sie auch. Geburt und Tod eines Sterns sind gewaltige Vorgänge.

Sterne entstehen aus großen Gas- und Staubwolken, die zum größten Teil aus Wasserstoff und Helium und zum kleineren Teil aus Kohlenstoff und noch einigen Elementen bestehen. Die eigene Schwerkraft lässt die Wolken kollabieren, also in sich zusammenfallen. Aus feinen Staubkörnchen werden immer größere Körner und Brocken, bis sich ein riesiger Materieball gebildet hat. In dessen Zentrum herrschen hoher Druck und Temperaturen von mehreren Millionen Kelvin, sodass sich die negativ geladenen Elektronen von den positiv geladenen Atomkernen lösen. Man nennt diesen besonderen Zustand der Materie auch Plasma.

Der Babystern

Die Masse der Materiekugel wächst an und mit ihr nehmen Druck und Temperatur im Zentrum weiter zu. Bei etwa 10 Millionen Grad Kelvin zündet ein nukleares Feuer.

Die positiv geladenen Wasserstoffkerne, die Protonen, sausen bei diesen hohen Temperaturen besonders schnell umher. Normalerweise stoßen sich die gleich geladenen

Sternengeburt

Gas- und Staubmassen verdichten sich zu einem neuen Sternsystem. Die weitaus meiste Masse wird vom neuen Stern aufgenommen. Aus einem sehr viel kleineren Teil bildet sich um den jungen Stern eine protoplanetare Scheibe, in der sich die Materie zu größeren Körpern und schließlich zu Planeten und Monden zusammenballt.

Kein Stern, aber auch kein Planet! Ein Brauner Zwerg hat zu wenig Masse, sodass keine Verschmelzung von Wasserstoffkernen stattfinden kann.

Protonen ab. Sie sind nun aber so schnell und energiereich, dass sie sich bei Zusammenstößen immer näher kommen und schließlich sogar miteinander verschmelzen können. Das atomare Fusionsfeuer beginnt mit der stufenweisen Verschmelzung (Fusion) von Wasserstoffkernen (Protonen) zu Heliumkernen. Bei dieser Verschmelzung wird ein winziger Teil der Masse in Energie umgewandelt, in sichtbares Licht und andere elektromagnetische Strahlung. Erst ab dem Zeitpunkt, da das Fusionsfeuer zündet und Energie produziert, spricht man von einem Stern.

Schon gewusst?

Zwei Kräfte entscheiden über den Verlauf eines Sternenlebens: Gravitation und innerer Druck. Die Gravitations- oder Schwerkraft versucht, den Stern in sich zusammenfallen zu lassen. Der innere Druck, eine Folge des Fusionsfeuers, würde den Stern aufblähen oder sogar explodieren lassen. Sind beide Kräfte im Gleichgewicht, brennt der Stern gleichmäßig. Erst wenn dem Stern der Brennstoff ausgeht, wird es kritisch!

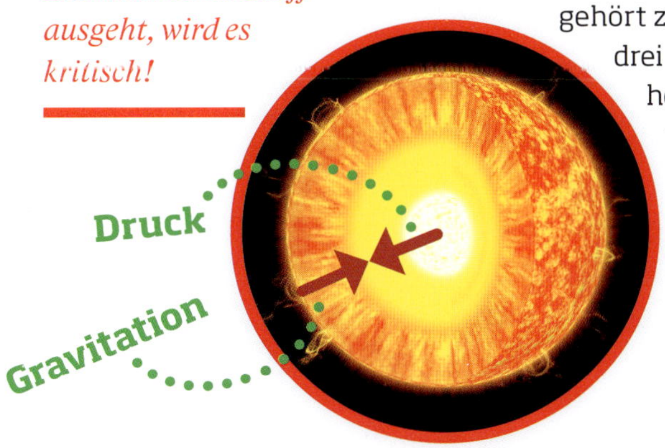

Die Masse machts

Neugeborene Sterne gibt es in vielen Farben. Ihre Oberflächen können blau, weiß, gelb oder rot scheinen, wobei ein roter Stern kälter ist als ein weißer Stern. Ein blauer Stern ist besonders heiß. Wie heiß die Oberfläche eines Sterns ist und in welcher Farbe sie leuchtet, hängt davon ab, wie viel Masse sich zu dem Stern verdichtet hat. Je mehr Masse ein Stern hat, umso heller und heißer strahlt er.

Doppelt und mehr

Die Sonne ist ein einzelner Stern, ohne Begleitstern. Doch die Mehrzahl der Sterne gehört zu Systemen, die aus zwei, drei oder mehr Sternen bestehen. Die Sterne dieser Mehrfachsterne haben sich zur gleichen Zeit aus derselben Gaswolke gebildet und umkreisen einander. Am häufigsten sind Doppelsternsysteme.

Bedeckungsveränderliche. Die Sterne eines Doppelsternsystems umkreisen sich gegenseitig. Wenn sie sich verdecken, gelangt weniger Licht zu uns.

Braune Zwerge

Sterne sind Himmelskörper, die durch Verschmelzung von kleineren Atomkernen zu größeren einen Teil der Masse in Energie umwandeln. Sterne leuchten also aus sich heraus. Die sehr viel kleineren und masseärmeren Planeten sind Himmelskörper, die um einen Stern kreisen, kein eigenes Licht erzeugen und nur das Licht des Zentralsterns reflektieren.

Braune Zwerge hingegen sind verhinderte Sterne. Sie haben zwischen 13 und 80 Jupitermassen und sind damit sehr viel massereicher als die größten Planeten. Dennoch reicht die Masse nicht, um in ihrem Zentrum Protonen zu Helium verschmelzen zu lassen. Jedoch findet in ihrem Inneren eine andere, aber sehr viel seltenere und daher schwächere Fusionsreaktion statt, an der Kerne des seltenen Wasserstoffisotops Deuterium beteiligt sind. Isotope sind verschiedene Arten eines chemischen Elements, die sich voneinander durch ihre Anzahl von Neutronen unterscheiden. Im Vergleich zum Wasserstoff ist im Deuterium zusätzlich zu dem Proton noch ein Neutron im Atomkern vorhanden.

Da Braune Zwerge äußerst schwach leuchten, konnten sie nur in seltenen Fällen mit Infrarotteleskopen direkt beobachtet werden. Vermutlich sind sie aber häufiger als alle richtigen Sterne.

Gas und Staub

Alles fängt mit einer Gas- und Staubwolke an, die sich an einigen Stellen verdichtet.

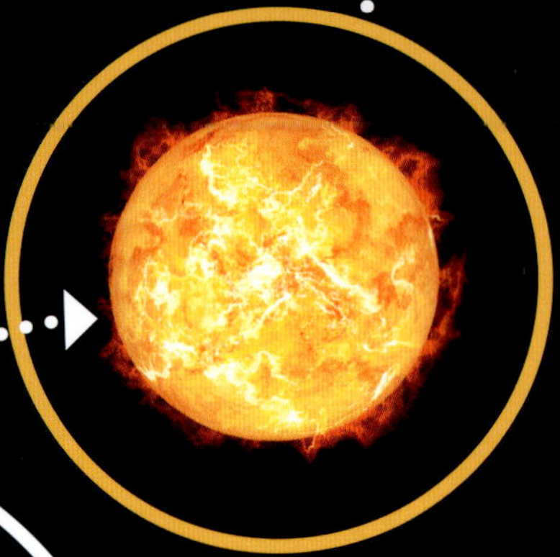

Sternengeburt

Die Materie zieht sich unter der Gravitation zusammen und wird immer heißer. Ab etwa 10 Millionen Grad Kelvin beginnen Kernreaktionen im Zentrum der Gaskugel. Wasserstoffkerne verschmelzen zu Heliumkernen. Ein neuer Stern ist geboren und wird Milliarden Jahre brennen. Er verbringt so etwa 90 Prozent seines Lebens.

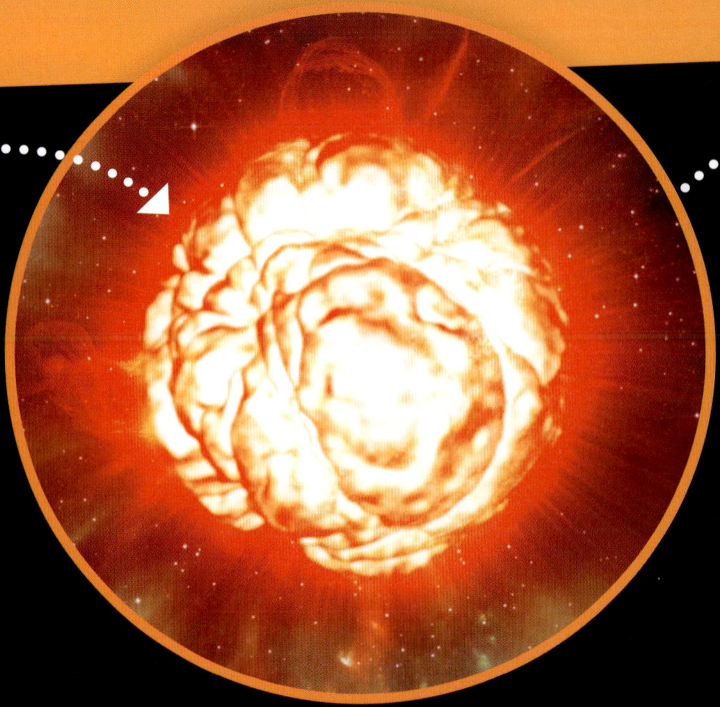

Roter Riese

Wenn der Wasserstoffvorrat im Zentrum schließlich erschöpft ist und sich ein Kern aus Helium gebildet hat, setzt sich in der Schale um diesen Kern die Wasserstofffusion aber weiter fort. Gleichzeitig schwellen die Außenschichten des Sterns an. Der Stern bläht sich zu einem Roten Riesen auf.

Zwerge leben länger

Schon gewusst?

Veränderliche Sterne: Die Helligkeit eines Sterns kann sich aus verschiedensten Gründen ändern. Bedeckungsveränderliche sind Doppelsterne, die sich gegenseitig umkreisen und sich dabei periodisch verdecken. Junge instabile Sterne schleudern heißes Gas in den Weltraum. Rotationsveränderliche sind Sterne mit fleckiger Oberfläche. Einige Sterne pulsieren regelmäßig und durch die Größenveränderung ändert sich auch die Helligkeit.

Die Astronomen können an unterschiedlichen Sternen beobachten, wie sich ein Stern im Laufe seines Lebens entwickelt. Alle Sterne blähen sich gegen Ende ihres Lebens auf. Doch was darüber hinaus geschieht, hängt von der Masse des Sterns ab. Massereiche Sterne mit mehr als acht Sonnenmassen brennen besonders heiß, verbrauchen ihren Brennstoff schnell und leuchten nur einige Millionen Jahre. Masseärmere Sterne wie unsere Sonne gehen sparsamer mit dem Brennstoff um. Die Sonne leuchtet bereits seit 4,6 Milliarden Jahren und wird mindestens noch einmal so lange brennen. Rote Zwerge, das sind noch masseärmere Sterne von weniger als einer halben Sonnenmasse, sind die langlebigsten Sterne. Deren Lebenserwartung schätzt man auf mehrere 10 Milliarden, vielleicht sogar auf bis zu einigen Billionen Jahren. Weil das Universum aber erst 13,8 Milliarden Jahre alt ist, dürfte also noch kein solcher Stern gestorben sein. Wir sehen diese noch nicht sehr weit entwickelten Sterne heute als kühle Rote Zwerge. Da in den Sternentstehungsgebieten ständig neue solcher massearmer Sterne gebildet werden, sind die Roten Zwerge die häufigsten Sterne im Universum.

Wie ein Stern stirbt

Von der Masse hängt nicht nur die Lebensdauer ab, sondern auch, welches Schicksal dem Stern bevorsteht. Masseärmere Sterne mit bis maximal acht Sonnenmassen blähen sich am Ende enorm auf. Helligkeit und Oberflächentemperatur des Sterns ändern sich, weil sich die Vorgänge im Inneren ändern. Wenn ein Stern seinen Wasserstoff im Kern aufgebraucht hat, setzt sich die Fusionsreaktion in der Schale über dem Kern fort. Als Folge dieses Schalenbrennens heizt

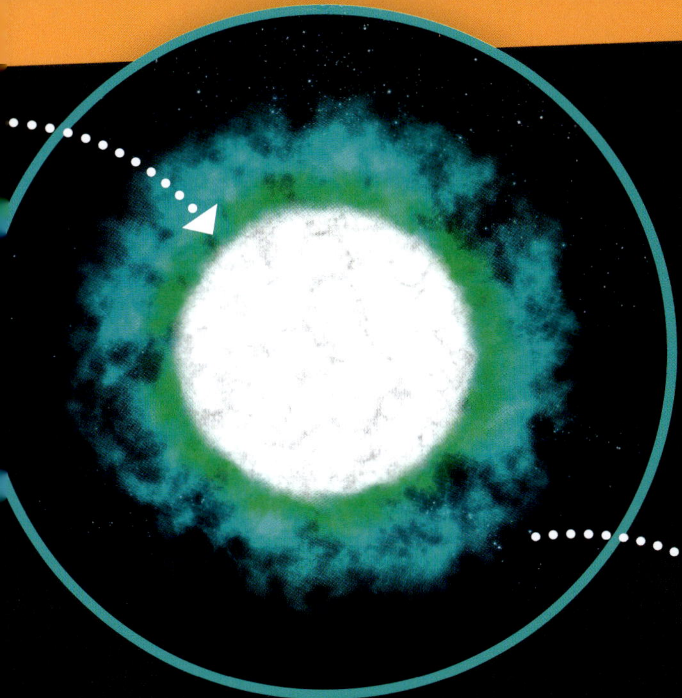

Planetarischer Nebel

Druck und Temperatur im Zentrum steigen an, sodass Helium erst zu Kohlenstoff und später zu Sauerstoff verschmilzt. In diesem Stadium beginnt der Stern zu pulsieren: mal ist er größer, mal kleiner. Schließlich stößt er seine Gashülle ins All ab, Material, aus dem neue Sterne entstehen können.

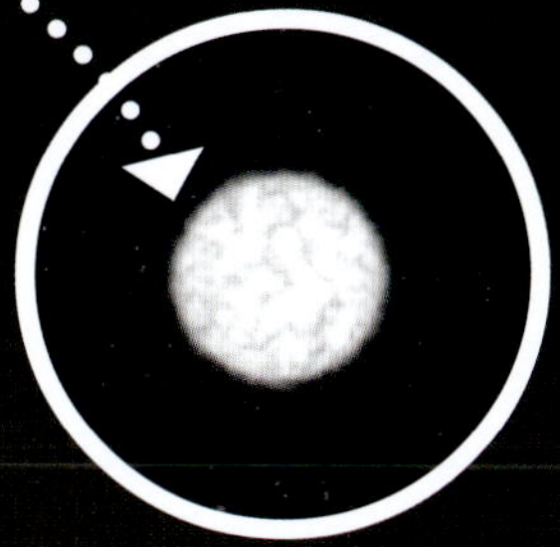

Weißer Zwerg

Zurück bleibt der Sternkern, ein Weißer Zwerg, der keine Energie mehr produziert und langsam abkühlt.

Angeberwissen

- Sterne mit bis zu 8 Sonnenmassen stoßen am Ende ihre Gashüllen ab. Auch aus unserer Sonne wird einmal ein Roter Riese und schließlich ein Weißer Zwerg.
- Die Materie eines Weißen Zwergs ist so dicht, dass ein Teelöffel davon auf einer irdischen Waage einige Tonnen wiegen würde.
- Weiße Zwerge sind nur etwa so groß wie die Erde.

sich das Innere des Sterns auf und der Stern dehnt sich aus – er wird größer. Die Oberfläche nimmt zu und die Oberflächentemperatur fällt. Der Stern leuchtet nun rot. Im Kern hingegen steigt die Temperatur auf 100 Millionen Kelvin. Wo früher Wasserstoffkerne zu Heliumkernen verschmolzen und Energie freigesetzt wurde, verschmelzen nun Heliumkerne zu den schwereren Elementen Kohlenstoff und Sauerstoff. Massereichere Sterne können durch Fusion sogar chemische Elemente bis hin zum Eisen bilden.

Aus einem Stern ähnlich unserer Sonne wird zunächst ein Roter Riese, der schließlich seine äußere Gashülle abstößt. So entsteht ein planetarischer Nebel, eine Gaswolke, die von einem heißen übrig gebliebenen Sternkern angeleuchtet wird. Dieser Weiße Zwerg erzeugt in seinem Inneren keine Energie mehr. Er kühlt langsam ab und wird Milliarden Jahre später zu einem unsichtbaren Schwarzen Zwerg. Ein eher unspektakuläres Ende also.

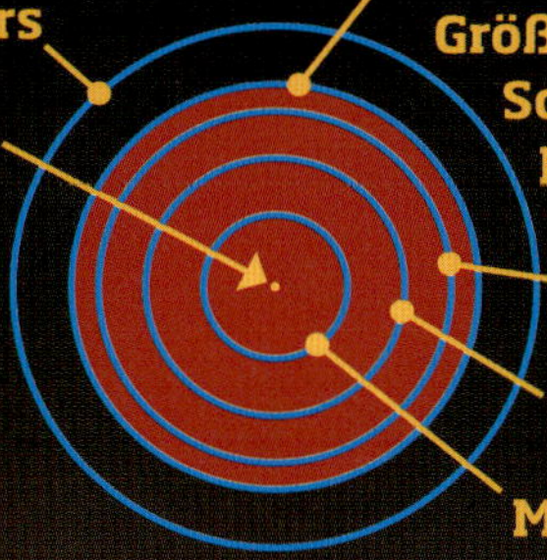

Heute hat die Sonne einen Durchmesser von knapp 1,4 Millionen Kilometern. Doch die Sonne wird sich zu einem Roten Riesen aufblähen, der möglicherweise bis über die Erdbahn hinausreicht.

Heiße Zukunft

Das Ende allen irdischen Lebens. Die Sonne beginnt, sich zu einem Roten Riesen aufzublähen, und lässt alles Wasser auf der Erde verdampfen. Das könnte schon in etwa 800 Millionen Jahren der Fall sein. Schließlich wird die Sonne die Planeten Merkur und Venus verschlucken und sich möglicherweise bis über die heutige Bahn der Erde ausdehnen. Bis dahin vergehen noch etwa 5 Milliarden Jahre.

Kosmisches Rauchzeichen

Der Helixnebel NGC 7293 ist entstanden, weil ein sonnenähnlicher Stern seine Gashülle abgestoßen hat. Das Objekt in der Mitte ist der übrig gebliebene Weiße Zwerg. Auch unsere Sonne wird einmal einen ähnlichen planetarischen Nebel hervorbringen.

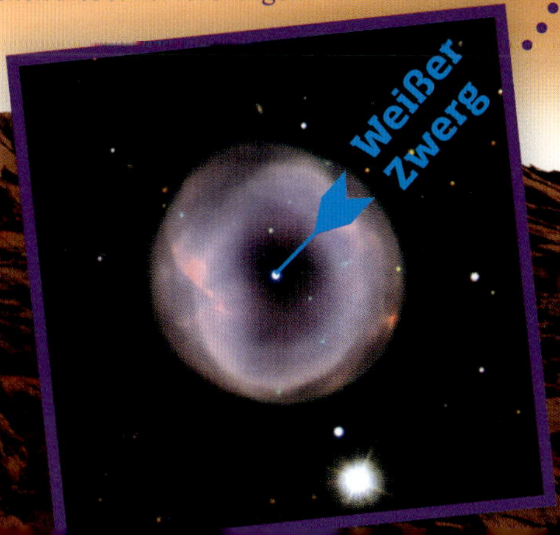

Ein Stern explodiert

Massearme Sterne brennen langsam aus oder blähen sich zu einem Roten Riesen auf. Dann stoßen sie ihre äußeren Gashüllen ab und der Rest wird zu einem Weißen Zwerg. Massereichere Sterne ab etwa acht Sonnenmassen enden deutlich spektakulärer. Sie nehmen zunächst an Größe zu und werden zu Roten Superriesen. Dann fallen sie zusammen und zerstören sich in einer gewaltigen Explosion selbst. Man spricht hier von einer Supernova. Dabei sprengt der Stern seine äußeren Gashüllen ab und strahlt innerhalb weniger Tage so viel Energie ab wie die Sonne während ihres gesamten Sternenlebens von über zehn Milliarden Jahren.

Was übrig bleibt

Der massereiche Rest des ehemaligen Roten Riesen verdichtet sich entweder zu einem Neutronenstern oder – bei besonders viel Masse – zu einem Schwarzen Loch. Beides sind extrem kompakte Objekte. Der Neutronenstern vereint die Masse eines Sterns auf der Größe einer Stadt. Dabei ist die Materie so dicht gepackt, dass Elektronen in die Protonen hineingequetscht werden und so Neutronen entstehen. Noch dichter als Neutronensterne sind die Schwarzen Löcher, die noch niemand gesehen hat, die sich aber indirekt nachweisen lassen. Schwarze Löcher gehören zu den extremsten Objekten des Universums.

SN 1987A

Die Überreste dieser Supernova wurden 1987 in der Großen Magellanschen Wolke beobachtet. Sie explodierte schon vor 163 000 Jahren.

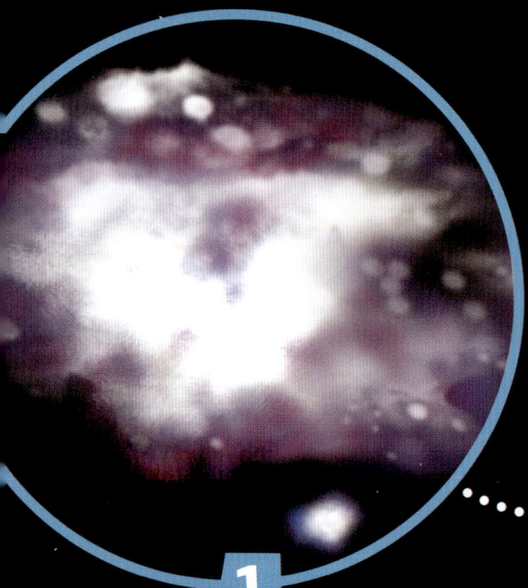

1

Gas- und Staubwolke

Das Leben von massereichen Sternen beginnt in einer Gas- und Staubwolke. Wo sich diese verdichtet, bilden sich Protosterne. Noch sind Druck und Temperatur im Innern zu gering, als dass eine Verschmelzung von Atomkernen einsetzen könnte.

Sternenfeuer

Der Protostern zieht weiter Materie an und wird immer massereicher. Druck und Temperatur im Stern steigen. Schließlich zündet die Fusionsreaktion, bei der aus Wasserstoffkernen Heliumkerne werden. Energie wird frei und der Stern beginnt zu leuchten. Besonders massereiche Sterne verbrennen ihren Wasserstoffvorrat besonders schnell.

2

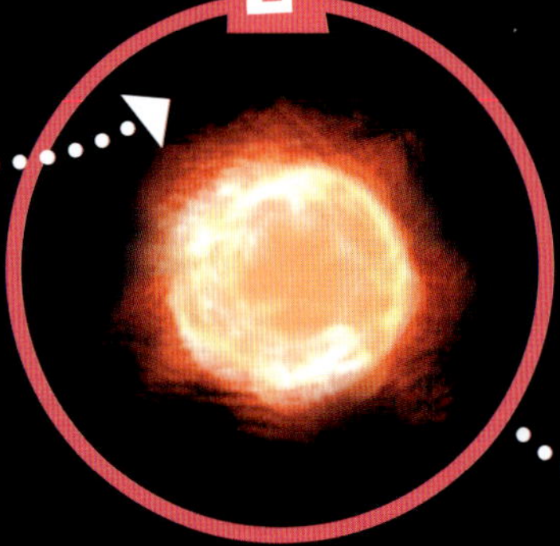

Mächtiger Überriese

Der Stern bläht sich je nach Masse mehrmals auf und zieht sich dann aber wieder zusammen. Dies ist eine Folge verschiedener Fusionsreaktionen, bei denen auch Heliumkerne zu schwereren Elementen wie Kohlenstoff, Sauerstoff oder Silizium verschmelzen. Sehr massereiche Sterne sind im Zentrum zwei bis drei Milliarden Kelvin heiß. Im Stadium des Roten Überriesen kann unter diesen extremen Bedingungen auch Eisen als schwerstes Element entstehen.

3

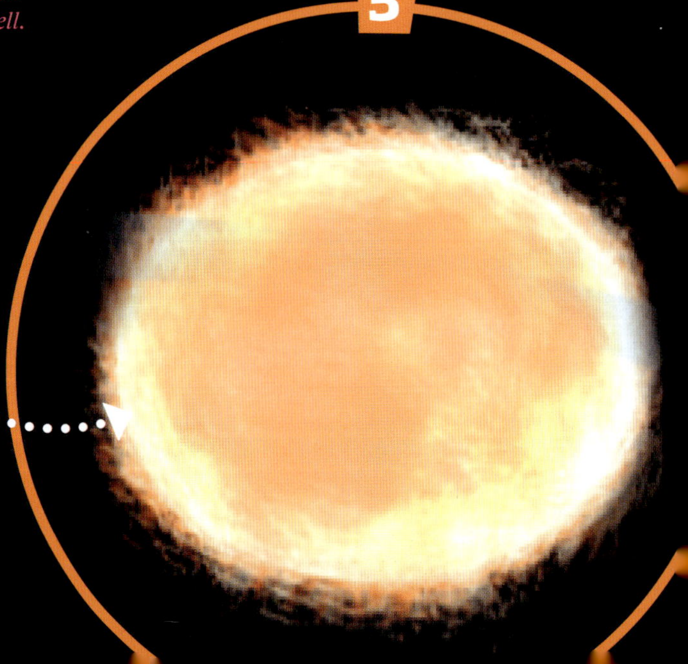

In der Großen Magellanschen Wolke, einer kleineren Nachbargalaxie der Milchstraße, finden sich einige Supernova-Überreste. Einer davon ist LMC N 63A.

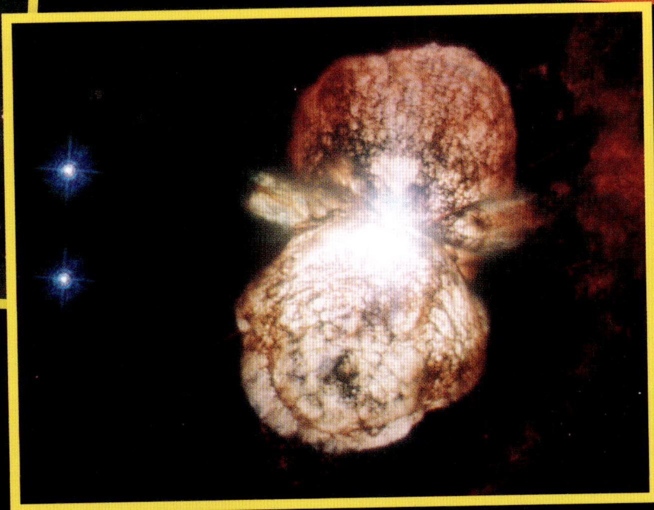

Neue Elemente

Bei einer Supernova werden Unmengen an Neutronen frei. Das sind elektrisch neutrale Bausteine des Atomkerns. Werden diese von Atomkernen eingefangen, kommt es zu Kernreaktionen, bei denen schwerere Elemente entstehen. Die Supernovae (so bezeichnet man die Mehrzahl) liefern also mit ihren abgestoßenen Gas- und Staubwolken das Material für neue Sonnen und Planeten. Gleichzeitig kann die bei der Explosion freigesetzte Energie in Gas- und Staubwolken die Geburt neuer Sterne auslösen.

Das Ende steht bevor. Im Stern Eta Carinae rumort es. Explosionen durchzucken ihn und er spuckt Gas und Staub aus. Vor eineinhalb Jahrhunderten ließ eine besonders heftige Explosion ihn zum zweithellsten Stern am Himmel werden. Heute ist er mit bloßem Auge nicht mehr zu sehen. Dieser Stern ist mehr als 100 Sonnenmassen schwer und wird bald schon – morgen oder aber erst in Millionen von Jahren – als Supernova hell aufleuchten und sehr wahrscheinlich als Schwarzes Loch enden.

Endstation Supernova

Weiter als bis zum Eisen geht es bei Verschmelzungsreaktionen nicht. Der Stern hat seinen Brennstoff verbraucht und erzeugt keine Energie mehr. Die Gravitation überwiegt und lässt den Stern in Sekundenbruchteilen kollabieren. Er fällt in eine Kugel von einigen Kilometern Durchmesser zusammen. Schockwellen schleudern die äußersten Schichten des Sterns ins All. Der Stern leuchtet als Supernova heller als eine Million Sonnen und übertrifft dabei sogar seine eigene Galaxie an Helligkeit.

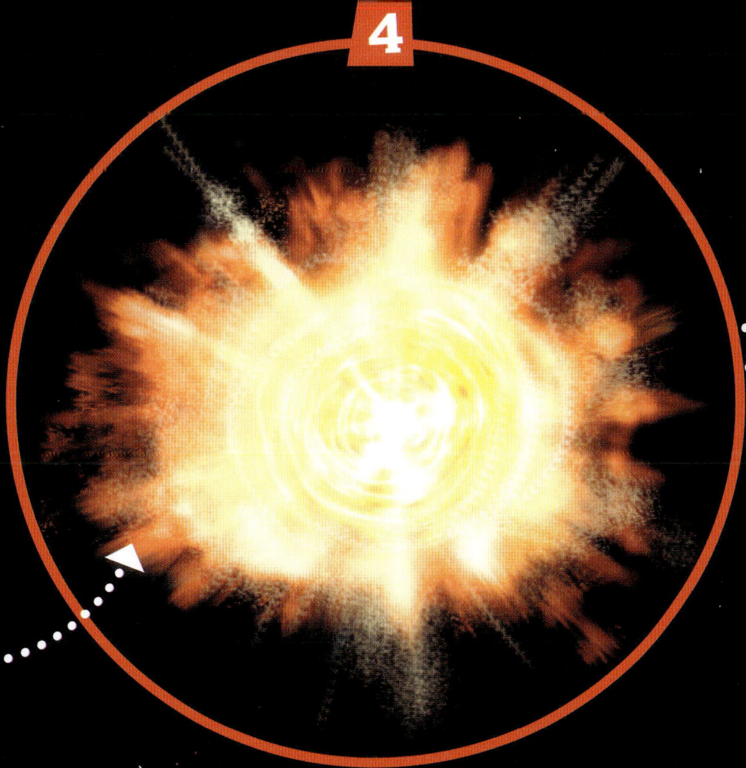

Neutronenstern

Zurück bleibt ein Gebilde, das so dicht und kompakt ist, dass sich negativ geladene Elektronen mit positiv geladenen Protonen zu Neutronen (ohne Ladung) verbinden. Schnell rotierende Neutronensterne verraten sich unter anderem durch kurze, regelmäßige Radioblitze.

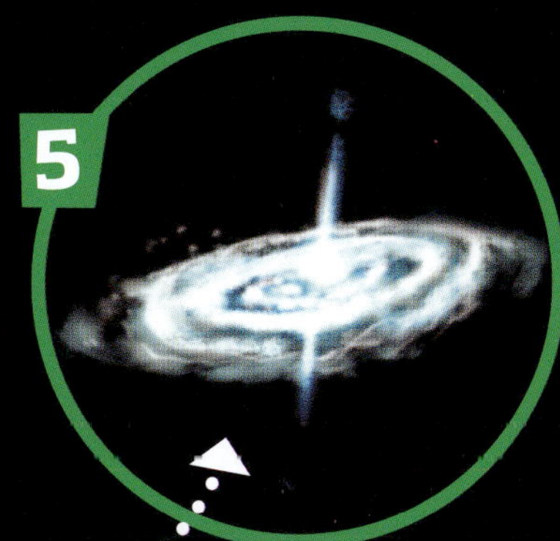

Schwarzes Loch

Ist der Überrest einer Supernova-Explosion massereicher als etwa drei Sonnenmassen, so fällt dieser zu einem Schwarzen Loch zusammen. In seinem Zentrum ist die Gravitation so stark, dass nicht einmal Licht entweichen kann. Doch hineinströmende, sich aufheizende und damit strahlende Materie verrät die Existenz des Schwarzen Lochs.

Planetarische Nebel

Massearme Sterne, so auch die Sonne, verlieren gegen Ende ihres Lebens ihre Energiequelle, sie beginnen zu pulsieren und stoßen ihre äußere Gashülle ab. So entstehen planetarische Nebel. Der verbliebene kleine, heiße Sternenüberrest wird Weißer Zwerg genannt. Neu gebildete Weiße Zwerge sind mit 30 000 bis 200 000 Grad Kelvin so heiß, dass ihr intensives UV-Licht die Atome der Gashülle zum Leuchten anregt.

Planet oder Nebel?

Als die Astronomen die ersten dieser Objekte entdeckten, sahen sie mit den damaligen Teleskopen scheibchenartige nebelige Gebilde, die sie an Planeten erinnerten. Tatsächlich sind planetarische Nebel keine Planeten, sondern Gaswolken.

Kosmische Schönheiten

Planetarische Nebel entstehen oft in mehrfachen Ausbrüchen, sodass sich seltsame Strukturen bilden: etwa kugelförmige Blasen oder auch Doppel- und Dreifachhüllen. Die zu verschiedenen Zeiten ausgestoßenen Gashüllen reagieren miteinander und verformen sich gegenseitig. Die Dichte der einzelnen Gasregionen, die Geschwindigkeit, mit der die Gaswolken ausgestoßen wurden, aber auch Planeten und Begleitsterne beeinflussen Form und Aussehen eines planetarischen Nebels.

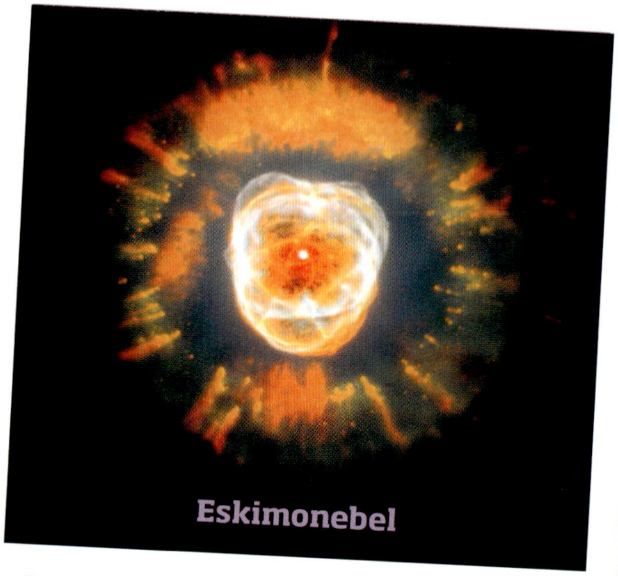

Erinnert an ein Gesicht in einer dicken Fellkapuze. Der Eskimonebel ist vor etwa 10 000 Jahren entstanden und etwa 5 000 Lichtjahre entfernt.

Im Zentrum sitzt vermutlich ein Doppelsternsystem, das diese eigentümlichen Gasstrahlen und Gasknäuel geformt hat.

1,5 Lichtjahre groß ist diese Ameise, geformt entweder von einem Begleiter oder durch das komplexe Magnetfeld des sterbenden Sterns.

Stundenglas im Sternbild Fliege. Solch seltsame Formen entstehen, wenn sich schnell bewegende Gasmassen zuvor ausgestoßene Hüllen einholen.

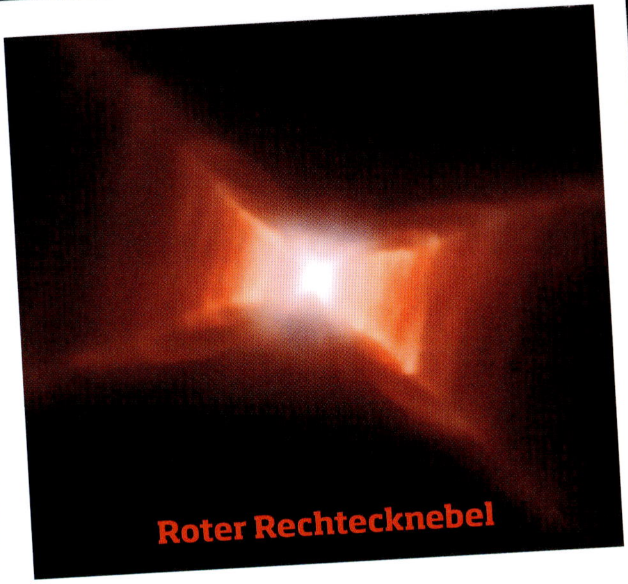

Der Rote Rechtecknebel sieht aus wie ein geschliffener Edelstein. Die hellen Leitersprossen deuten darauf hin, dass das Gas in Schüben abgestoßen wurde. Alle paar Jahrhunderte kommt es zu einem weiteren Gaspuls.

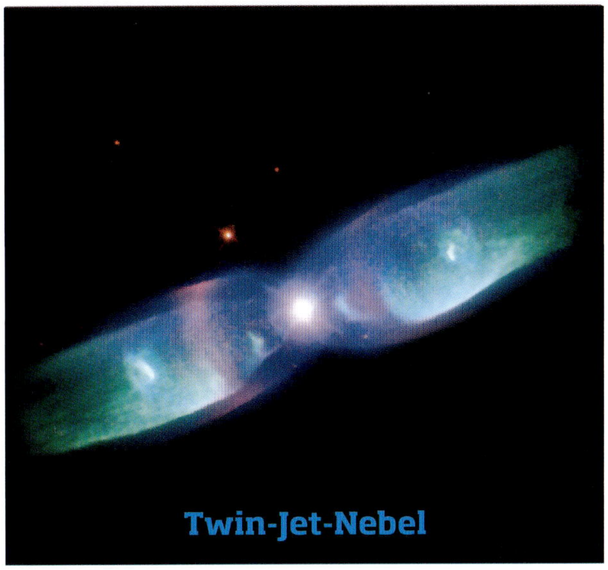

Die Gasmassen werden in zwei Richtungen abgestoßen. Wahrscheinlich handelt es sich um ein ehemaliges Doppelsternsystem, in dem der Begleiter sich auf die Form des Nebels auswirkt. Die Materie rast mit 720 000 km/h ins All.

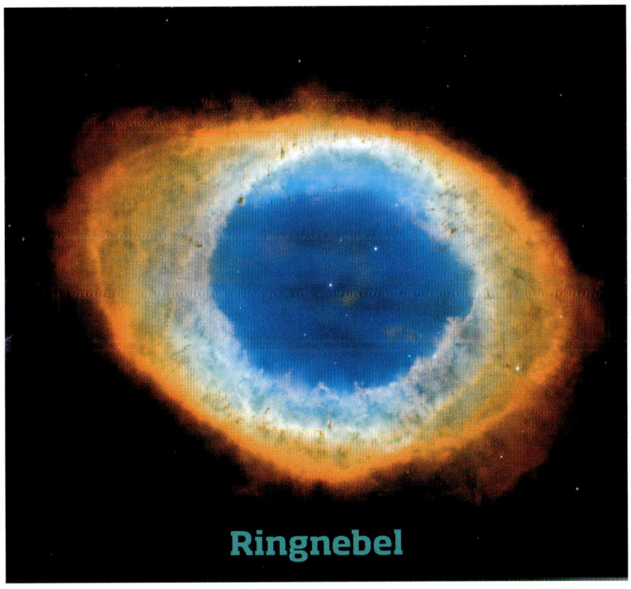

Der Weiße Zwerg im Zentrum strahlt intensives UV-Licht aus, das Heliumatome zu blauem Leuchten anregt. Der grüne Ring entsteht durch angeregte Sauerstoffatome, die äußeren roten Ränder stammen von Stickstoff und Wasserstoff.

Dieser kosmische Schmetterling ist zwei Lichtjahre groß. Die flügelartigen Gasschwaden strömen mit hoher Geschwindigkeit vom Zentralobjekt weg. Der Weiße Zwerg ist an seiner Oberfläche 222 000 Kelvin heiß und strahlt UV-Licht aus.

Interstellarer Raum

Supernova-Überrest

Diese Gasschwaden sind Teil des sehr viel größeren Cirrusnebels, auch Schleiernebel genannt. Es handelt sich um die Überreste eines Sterns, der vor Tausenden Jahren explodierte.

Zwischen den Sternen scheint eine große Leere zu sein. Doch dieser sogenannte interstellare Raum ist ganz und gar nicht leer. Dort befinden sich Energie und Materie in Form von riesigen Gas- und Staubwolken sowie Teilchenstrahlung und elektromagnetische Strahlung.

Atome und Moleküle

Eine Galaxie besteht nicht nur aus Sternen und deren Planeten, sie enthält außerdem enorme Materiemengen in Form von Gas und Staub. Die häufigsten Substanzen sind zugleich auch die leichtesten chemischen Elemente: Wasserstoff und Helium. Der interstellare Raum der Milchstraßengalaxie enthält genug Wasserstoff für etliche Milliarden neue Sterne. Außerdem konnten im interstellaren Raum etwa 180 verschiedene Moleküle nachgewiesen werden. Moleküle bestehen aus zwei oder mehr Atomen. Einige der im All entdeckten Moleküle – etwa Kohlenmonoxid, Ammoniak, Wasser und organische Kohlenstoffverbindungen – spielen eine wichtige Rolle für die Entstehung von Leben.

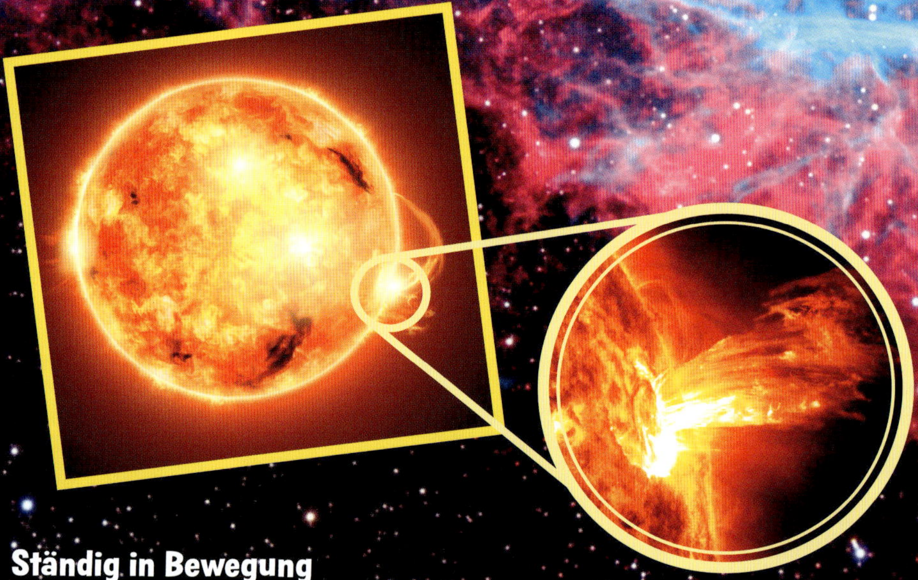

Materieschleuder

Die Sonne strahlt, wie andere Sterne auch, ständig elektromagnetische Strahlung, aber auch Teilchenstrahlung ins All ab. Bei Sonneneruptionen, das sind gewaltige Explosionen, werden gigantische Mengen an Materie ins All geschleudert. Am Ende ihres Lebens wird die Sonne ihre äußerste Gashülle abstoßen.

Ständig in Bewegung

Die chemische Zusammensetzung des interstellaren Raums ändert sich laufend. Neue Moleküle bilden sich; andere werden gespalten. An manchen Stellen kommt auch neue Materie hinzu. Dann zum Beispiel, wenn Sterne ausgebrannt sind und Materiewolken ins All abstoßen oder massereichere Sterne explodieren und große Mengen an Gasen und Staub freisetzen. Dort wo sich genügend große Gaswolken zusammenballen, werden aus diesen Materiewolken wieder neue Sterne geboren.

Angeberwissen

- Die beim Urknall erzeugten Neutrinos sind die häufigsten Teilchen im Universum.
- Massereiche Sterne beenden ihr Leben in einer gewaltigen Explosion. Dabei werden ebenfalls viele Neutrinos frei.
- Bei der Kernfusion im Inneren der Sonne oder bei der Kernspaltung werden Neutrinos freigesetzt.
- Trifft energiereiche kosmische Strahlung auf die Atome der Erdatmosphäre, bilden sich dort eine Vielzahl von Teilchen – darunter auch Neutrinos.

Unglaublich!

Das Neutrino ist unglaublich leicht. Um es zu wiegen, wurde in Karlsruhe die empfindlichste Waage der Welt errichtet. Ein wichtiger Teil ist dieser 200 Tonnen schwere Stahltank, der mit Europas größtem mobilem Kran vom Schiff gehoben und auf einen Schwerlasttransporter gesetzt wurde.

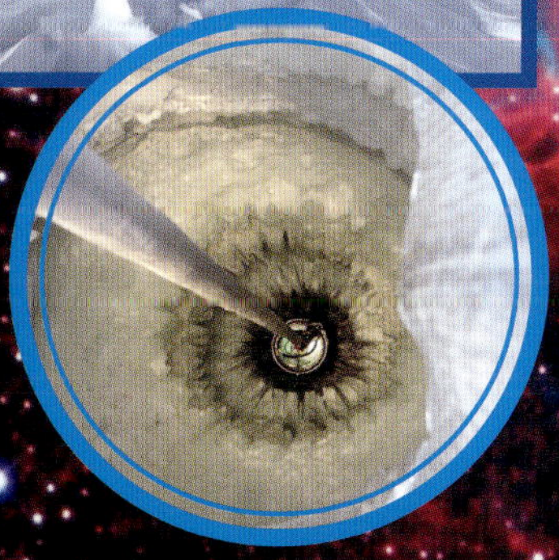

Im Eis der Antarktis befindet sich das Neutrino-Observatorium IceCube (Eiswürfel). Es misst einen ganzen Kilometer und besteht aus 5 160 hochempfindlichen Sensoren, die im Eis versenkt sind. Neutrinos sind wahrscheinlich die häufigsten Teilchen im Universum. Doch leider sind sie sehr schwierig nachzuweisen, denn sie wechselwirken kaum mit Materie.

Strahlung

Der interstellare Raum wird von elektromagnetischer Strahlung durchflutet. Dazu gehören das sichtbare Licht, Infrarot- und Ultraviolett-Strahlung, die extrem kurzwelligen Röntgen- und Gammastrahlen und die besonders langwelligen Radiowellen. Zudem durchdringen ihn auch Teilchenstrahlen von Sternen und Galaxien. Darunter befinden sich Unmengen an Neutrinos. Neutrinos sind elektrisch nicht geladene, winzige Elementarteilchen. Da sie selbst nur eine geringe Masse haben, können sie mit der Materie nur schwach wechselwirken. Sie sind so leicht, dass es bisher noch nicht gelungen ist, sie zu wiegen. Außerdem sind sie extrem schwierig nachzuweisen und gelten deshalb als »Geisterteilchen«. Unmengen von Neutrinos stammen noch vom Urknall. In jedem Kubikzentimeter des Universums finden sich etwa 300 solcher Urknallneutrinos. Auch hier bei uns auf der Erde sind wir einem ständigen Neutrino-Beschuss ausgesetzt: Jeder Quadratzentimeter unserer Haut wird pro Sekunde von 70 Milliarden Neutrinos durchdrungen – ohne uns zu schaden. Die meisten davon kommen aus dem Inneren der Sonne, wo sie bei der Verschmelzung von Wasserstoffkernen frei werden. In den interstellaren Raum hinein erstrecken sich auch Magnetfelder der Sterne. Es ist also einiges los in dem scheinbar so leeren Raum zwischen den glitzernden Himmelskörpern.

Wir sind aus Sternenstaub gemacht

Unsere Welt besteht aus 92 natürlich vorkommenden chemischen Elementen. Das leichteste und am einfachsten gebaute Atom dieser Elemente ist das Wasserstoffatom. Das Schwerste ist das Uranatom. Doch diese Elemente gab es nicht von Anfang an. Es war ein langer Weg, bis alle Elemente gebildet waren, aus denen unsere Erde mit all ihren Pflanzen und Tieren sowie wir Menschen bestehen. Dass wir Menschen existieren, verdanken wir einer Reihe von extremen und gewaltigen Ereignissen im Universum.

»Brüten« und explodieren

Der Urknall produzierte die Grundzutaten für das Universum: Im Wesentlichen sind das Wasserstoff und Helium. Doch erst im Innern der Sterne werden daraus, als weitere Bausteine, schwerere Elemente »erbrütet«. Das bedeutet, dass einfachere Atomkerne zu schwereren verschmelzen. Manche, auch für uns Menschen lebenswichtige, chemische Elemente entstehen jedoch auf besonders dramatische Weise. Zum Beispiel dann, wenn massereiche Sterne als Supernova explodieren. Einige Elemente, etwa Silber und Gold, werden vermutlich erst in größeren Mengen erzeugt, wenn zwei Neutronensterne kollidieren. Neutronensterne sind Überreste von Supernova-Explosionen. Man kann also behaupten, dass wir Menschen aus Sternenstaub gemacht sind. Was für ein Glück für uns, dass es manchmal heftig knallt im All.

Trilobit

Der Stoff, aus dem das Leben ist

Unsere Sonne, ihre Planeten und auch die Erde haben sich aus Gas- und Staubwolken zusammengeballt. Diese Überreste ausgebrannter und explodierter Sterne, wie auch eventuell Meteoriten und Kometen, haben einen Teil der Zutaten für die Entstehung von Leben auf die Erde mitgebracht. Ohne all diese kosmischen Ereignisse hätte es weder die Dinosaurier noch andere Urtiere, wie die Trilobiten, gegeben.

Kosmisches Wesen Mensch

Unser Körper besteht aus vielen Elementen, die zum Teil schon kurz nach dem Urknall gebildet wurden – zum Beispiel Wasserstoff (H). Wasserstoffatome sind bereits 13,8 Milliarden Jahre alt und machen ganze 9,3 Prozent unseres Körpergewichts aus. Damit ist fast ein Zehntel von uns so alt wie das Universum! Andere lebenswichtige Elemente entstanden erst lange nach dem Urknall im Sterninneren, bei Sternexplosionen und der Verschmelzung von Neutronensternen. Wir bestehen zu 56,1 Prozent aus Sauerstoff (O), der sich im Innern der Sterne durch Verschmelzung von Heliumkernen gebildet hat. Das meiste davon liegt als Wasser (H_2O) vor. Etwa 60 bis 70 Prozent des Körpergewichts sind Wasser. Zu 28 Prozent bestehen wir auch aus Kohlenstoff (C), auf welchem das gesamte Leben auf der Erde basiert.

Haare

Schwefel (S), der 0,2 Prozent ausmacht, findet sich in Eiweißmolekülen, unter anderem in den Haaren und Fingernägeln. Schwefel entstand im Sterneninneren.

Gehirn

Wir bestehen zu einem Prozent aus Chlor (Cl). Wir nehmen es zusammen mit Natrium (Na) in Form von Kochsalz auf (NaCl). Natrium sowie Kalium (K), das 0,25 Prozent des Körpergewichts ausmacht, sind wichtig für die Nervenleitung. Na, K und Cl wurden im Sterneninneren »erbrütet«.

Zähne

Auch Fluor (F) ist ein Produkt der Sterne und in unserem Zahnschmelz enthalten.

Spurenelemente

Lebenswichtige Spurenelemente wie Iod (I), Zink (Zn) oder Selen (Se) wurden bei Supernova-Explosionen freigesetzt.

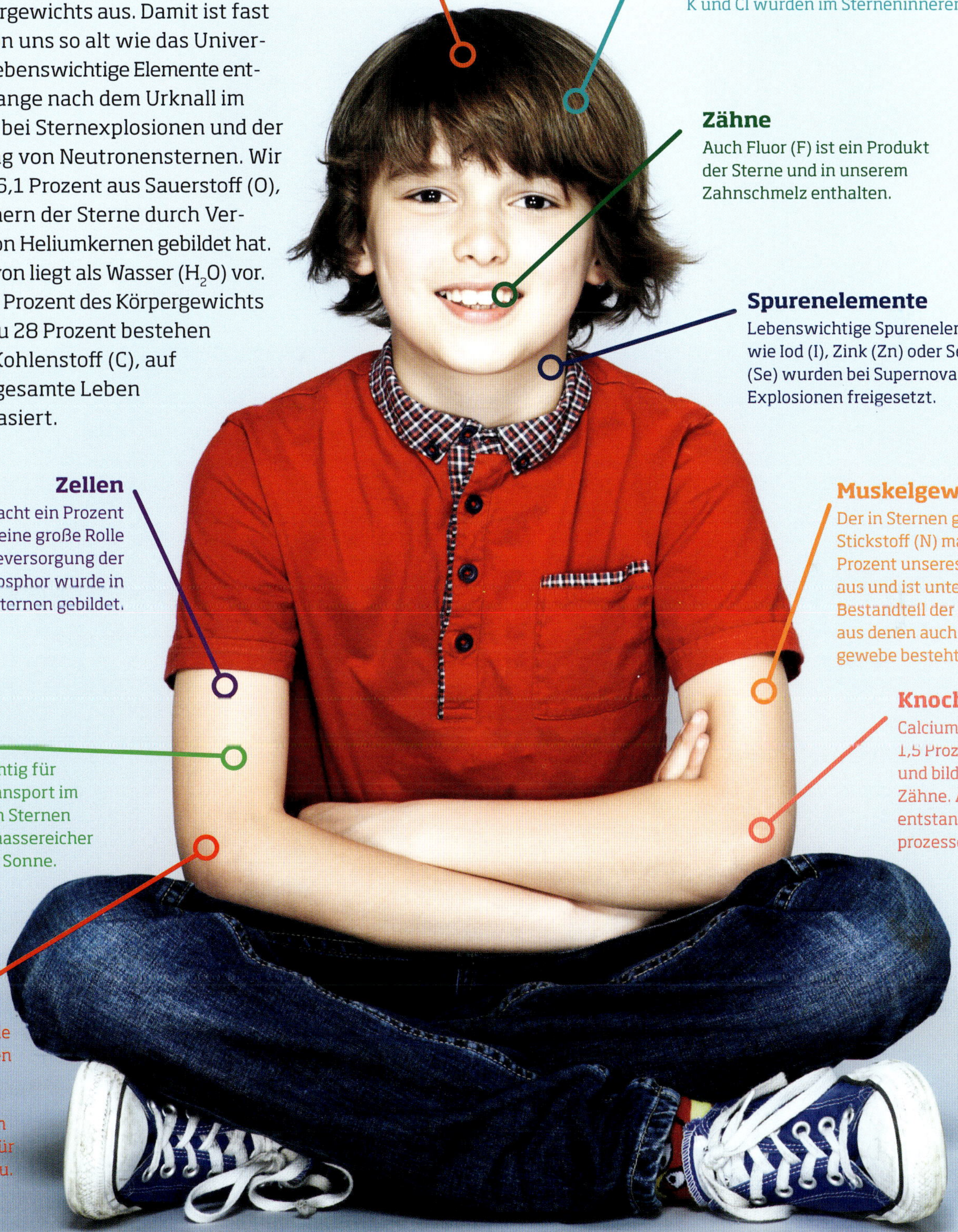

Zellen

Phosphor (P) macht ein Prozent aus und spielt eine große Rolle bei der Energieversorgung der Zellen. Phosphor wurde in Sternen gebildet.

Muskelgewebe

Der in Sternen gebildete Stickstoff (N) macht zwei Prozent unseres Gewichts aus und ist unter anderem Bestandteil der Aminosäuren, aus denen auch unser Muskelgewebe besteht.

Blut

Eisen (Fe) ist wichtig für den Sauerstofftransport im Blut und wurde in Sternen »erbrütet«, die massereicher waren als unsere Sonne.

Knochen

Calcium (Ca) ist in uns zu 1,5 Prozent vorhanden und bildet Knochen und Zähne. Auch Calcium entstand bei Fusionsprozessen in Sternen.

Eiweiß

Magnesium wurde im Sterneninneren gebildet und ist wichtig für die Eiweißproduktion und damit auch für den Muskelaufbau.

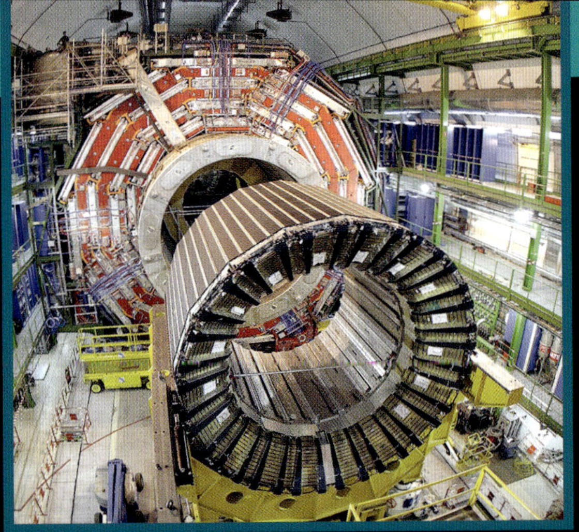

Physiker am CERN in Genf versuchen, mit dem großen Teilchenbeschleuniger LHC die unglaublichen Bedingungen nachzustellen, wie sie kurz nach dem Urknall herrschten.

Big BANG – der große Knall

Alles begann mit dem Urknall vor 13,8 Milliarden Jahren. Am Anfang war das Universum kleiner als ein Atomkern, unermesslich heiß und enorm dicht gepackt. Man kann es sich als eine Art sehr winzige und extrem heiße Feuerkugel vorstellen. Das Universum dehnte sich aus, wurde immer größer und kühlte sich umso mehr ab. Energie wandelte sich in Materie und Antimaterie um. Treffen die beiden gegensätzlichen Materiearten aufeinander, so zerstrahlen diese wieder zu Energie. Scheinbar entstand eine winzige Spur mehr Materie als Antimaterie, sodass am Ende jene Materie überlebte, aus der Sterne, deren Planeten und auch wir Menschen bestehen. Warum es diesen Überschuss an normaler Materie gab, ist bis heute ein ungeklärtes Rätsel.

Immer kälter

In der ersten millionstel Sekunde nach dem Urknall entstanden subatomare Teilchen, wie man sie auch heute in großen Teilchenbeschleunigern erzeugen kann. Nach einer Sekunde bildeten sich daraus stabilere Teilchen: Protonen und Neutronen. Innerhalb von nur drei Minuten sank die Temperatur auf unter eine Milliarde Kelvin ab. Das ist zwar immer noch heißer als das Zentrum der Sonne, doch war das Universum nun »kalt« genug, sodass sich aus den Protonen und Neutronen die Atomkerne der drei leichtesten chemischen Elemente bilden konnten: Wasserstoff, Helium und geringe Mengen Lithium. Nach 380 000 Jahren war das Universum mit etwa 3 000 Kelvin ausreichend kalt, damit die Atomkerne Elektronen einfangen und die ersten Atome entstehen konnten. Das Universum bestand nun also aus gigantischen Wolken aus Wasserstoff, Helium und etwas Lithium. Noch herrschte Finsternis. Erst nach einigen hundert Millionen Jahren klumpten die Gaswolken an vielen Stellen zusammen und es bildeten sich Sterne und Galaxien – das Universum begann zu leuchten. In einer Galaxie, die wir als Milchstraße kennen, bildete sich vor etwa 4,6 Milliarden Jahren unser Sonnensystem mit der Erde.

Immer größer – immer schneller

Das Universum musste sich zu Beginn explosionsartig aufgeblasen haben. Dieses plötzliche Aufblähen nennen die Forscher Inflation. Seitdem dehnt sich das Universum ständig weiter aus. In den letzten fünf Milliarden Jahren hat sich die Expansion sogar noch beschleunigt. Die Kosmologen machen dafür eine geheimnisvolle Dunkle Energie verantwortlich.

Das Problem mit dem Urknall

Je tiefer wir in die Vergangenheit des Universums vordringen, desto näher kommen wir dem Zeitpunkt, zu dem die gesamte Energie des Universums in einem immer kleiner werdenden Raum zusammenge-

Angeberwissen

- Anstatt der uns bekannten Celsius-Angaben, verwenden Wissenschaftler meist die Kelvin-Skala, um Temperaturen anzugeben.
- Die Kelvin-Skala beginnt beim absoluten Nullpunkt 0 K. Das sind minus 273 Grad Celsius. Kälter geht es nicht.
- Wasser gefriert somit bei 273 Kelvin (0 Grad Celsius) und siedet bei 373 Kelvin (100 Grad Celsius).

drängt war. Es herrschten ein unendlich großer Druck und extrem hohe Temperaturen. Doch ein solcher Zustand ist mit den heute bekannten Theorien der Allgemeinen Relativitätstheorie von Albert Einstein und der Quantentheorie nicht zu beschreiben. Denn die Relativitätstheorie gibt einen Überblick über das große Ganze (Universum mit Galaxien und Sternen), während die Quantentheorie sehr gut die Welt des Kleinen (Mikrokosmos mit Atomen und kleineren Bausteinen) erklärt. Einige theoretische Physiker versuchen, die beiden Theorien zu verknüpfen und so dieses Problem zu lösen. So entstehen zum Teil abenteuerliche und komplizierte Vorstellungen. Vielleicht war ja der Urknall nur der Moment, an dem ein Vorgänger-Universum in sich zusammenfiel und sich ein neues, nämlich das uns bekannte Universum, bildete. Es ist fraglich, ob wir jemals Hinweise auf ein Vorgänger-Universum finden werden.

Schon gewusst?

Atome sind die Bausteine der Materie. Ein Atom besteht aus einem positiv geladenen Atomkern, um den negativ geladene Elektronen kreisen.

Die Entstehung des Universums und seine Entwicklung in den letzten 13,8 Milliarden Jahren.

Das Universum vermessen

Der deutsche Astronom Friedrich Wilhelm Bessel benutzte erstmals die Parallaxenmethode um die Entfernung eines Sterns zu bestimmen. Er peilte dazu den Stern 61 Cygni im Abstand von einem halben Jahr an. Während dieser sechs Monate hat die Erde einen halben Umlauf um die Sonne hinter sich gebracht und so ihre Position um den doppelten Sonne-Erde-Abstand verändert. Auch der Ort des Sterns hat sich minimal verschoben. Daraus schloss Bessel, dass der Stern 657 700-mal weiter entfernt ist als die Erde von der Sonne. Er schätzte die Entfernung von 61 Cygni auf etwas mehr als 10 Lichtjahre und bestimmte den Wert so erstaunlich genau. Denn wie wir heute wissen, ist 61 Cygni 11,3 Lichtjahre von der Sonne entfernt. Er zählt somit zu den uns nächstgelegenen Sternen.

Und was ist mit der Milchstraße?

Nachdem Bessel 1838 seine Ergebnisse veröffentlicht hatte, schätzten Astronomen auch die Dimensionen der Milchstraße ab. Dass die Entfernungen der Sterne und damit die Dimension der Milchstraße derart groß sind, hatte niemand vermutet. Daher wurde die Milchstraße nur ein Zehntel so groß geschätzt, wie sie tatsächlich ist. Heute ist bekannt, dass die Milchstraße eine scheibenförmige Sterneninsel ist – eine Galaxie mit 100 000 Lichtjahren Durchmesser.

Die Sache mit den Lichtflecken

Neben den punktförmigen Sternen kann man am Nachthimmel auch noch eigenartig verschwommene Lichtflecken erkennen: die Nebel. Einige wenige davon kann man sogar mit bloßem Auge sehen, wie den Andromedanebel. Die meisten Nebel werden

Parallaxenmethode

Die Entfernung naher Sterne lässt sich mit der Parallaxenmethode ermitteln. Diese ist vergleichbar mit dem dreidimensionalen Sehen des Menschen: Strecke dazu deinen Arm aus, balle die Hand zu einer Faust – der Daumen zeigt nach oben. Betrachte den Daumen nun zuerst mit dem linken und dann mit dem rechten Auge; er scheint vor dem Hintergrund hin- und herzuspringen. Das liegt daran, dass wir den Finger wegen unseres Augenabstandes jeweils aus einer anderen Richtung betrachten. Ähnlich ist es bei der Parallaxenmethode. Hier kann man die Bewegung der Erde um die Sonne als Entfernungsbasis benutzen. Peilt man einen Stern an und wiederholt dies nach einem halben Jahr, hat sich inzwischen die Position des Beobachters um etwa 300 Millionen Kilometer verändert. Das genügt, um bei den näheren Sternen eine Positionsveränderung messen und damit ihren Abstand von der Erde bestimmen zu können.

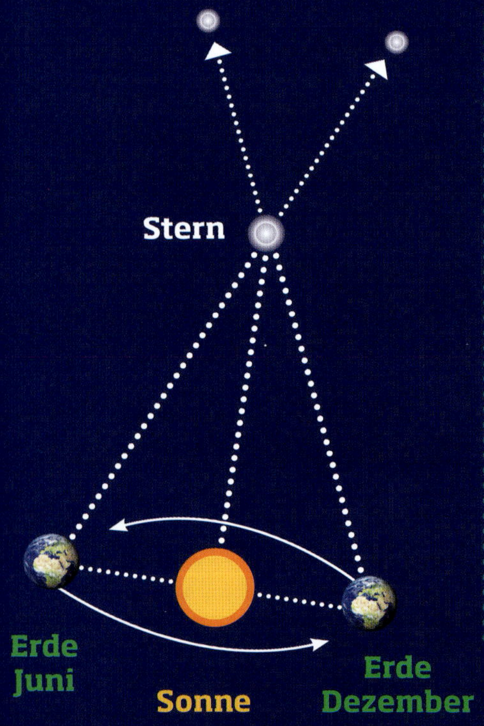

Maßeinheiten für Entfernungen:

Lichtsekunde (Ls):
299 792 Kilometer
Lichtminute (Lm):
17,99 Millionen Kilometer
Lichtstunde (Lh):
1,08 Milliarden Kilometer
Lichtjahr (Lj):
9,46 Billionen Kilometer
Astronomische Einheit (AE):
149 597 870 Kilometer oder
8,3 Lichtminuten
Parsec (pc):
3,26 Lichtjahre

jedoch erst durch ein Teleskop sichtbar. Einige Astronomen hielten die Nebel zuerst für Gas- und Staubwolken, die sich alle innerhalb der Milchstraße befinden. Andere dachten, dass sie sehr viel weiter entfernt sind und außerhalb der Milchstraßengalaxie liegen. Da die Nebel sehr weit von der Erde entfernt waren, konnte ihr Abstand auch nicht mit der Parallaxenmethode bestimmt werden. Das gelang erst nach 1912 mithilfe der neu entdeckten Cepheiden-Methode.

Entfernungen im Universum

Um sich große Zahlen bei Kilometerangaben zu ersparen, geben Astronomen Entfernungen oft in Lichtjahren an. Ein Lichtjahr entspricht fast 10 Billionen Kilometern, also 10 000 000 000 000 Kilometern. Um intergalaktische Distanzen angeben zu können, bedarf es Millionen oder sogar Milliarden von Lichtjahren.

Erde – Mond:
384 000 Kilometer oder 1,3 Lichtsekunden
Erde – Sonne:
150 Millionen Kilometer oder 8,2 Lichtminuten
Sonne – Proxima Centauri:
39 900 Milliarden Kilometer oder 4,2 Lichtjahre
Erde – Andromedagalaxie:
25 Trillionen Kilometer oder 2,5 Millionen Lichtjahre

Pulsierende Sterne

Cepheiden sind eine Klasse von Sternen, deren Helligkeit sich mit einer Periode von einigen Tagen verändert. Sie scheinen mal dunkler und mal heller. Dabei gibt es einen direkten Zusammenhang zwischen der Leuchtkraft und der Periode, mit der sich die Helligkeit ändert. Ein schnell pulsierender Cepheide hat weniger Leuchtkraft als einer, der langsam pulsiert. Kennt man nun seine eigentliche Leuchtkraft (absolute Helligkeit) und die scheinbare Helligkeit, so lässt sich daraus die Entfernung bestimmen – und das sowohl innerhalb der Milchstraße als auch in Galaxien und Sternhaufen in ihrer näheren Umgebung.

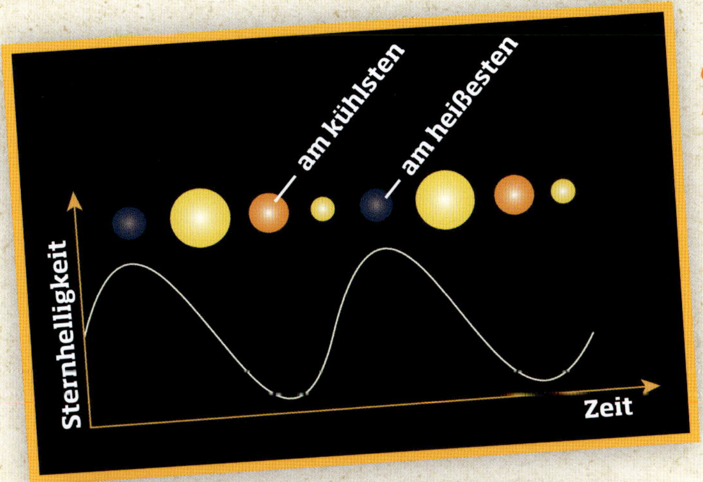

Cepheiden sind besondere pulsierende Sterne. Neben der Helligkeit ändern sich sowohl Größe als auch Oberflächentemperatur und damit die Farbe des Sterns. Ist der Stern klein, aber heiß, strahlt er besonders hell. Ist er groß und kühl, so leuchtet er schwächer. Ein Cepheide mit kurzer Periode ist weniger leuchtstark als ein Cepheide mit langer Periode.

Explodierende Sterne

Um den Abstand zu weiter entfernten Galaxien bestimmen zu können, benötigt man sogenannte hellere Leuchtkerzen, die man auch noch aus größerer Entfernung erkennen kann. In Galaxien sieht man hin und wieder einen Stern hell aufblitzen. Dabei handelt es sich um eine Supernova, also um eine Sternenexplosion. Die Astronomen können aus der Helligkeit der Supernova und der Art, wie ihre Lichtkurve abfällt, die absolute Helligkeit und damit die Entfernung ermitteln. Allerdings geht dies nur mit dem ganz speziellen Supernova Typ Ia.

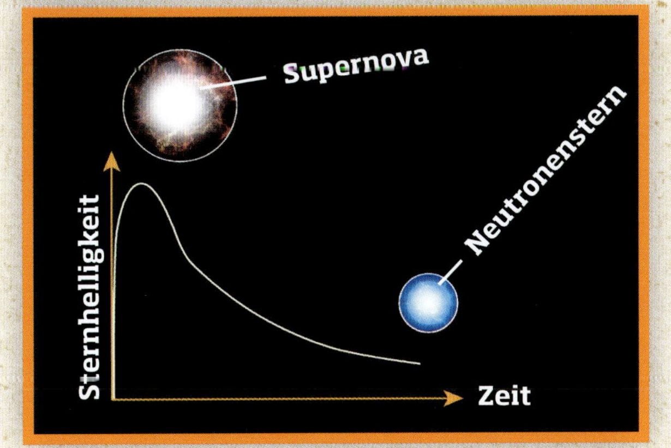

Supernova Typ Ia: Zur Explosion kommt es, wenn ein Weißer Zwerg von einem begleitenden Riesen Material absaugt. Die Masse des Zwergs wächst, bis er bei einer kritischen Masse kollabiert und explodiert. Alle Supernovae dieses Typs haben die gleiche Leuchtkraft und eignen sich daher perfekt zur Entfernungsbestimmung.

Schon gewusst?

Fixsterne stehen nicht wirklich fix, also fest am Himmel. Weil jedoch die Entfernung zu diesen Sternen so enorm groß ist, können wir ihre Ortsveränderung nicht wahrnehmen. Nur bei sehr nahen und schnellen Sternen gelingt dies – und das auch nur mit ganz genauen Messungen.

Große Massen verzerren die Raumzeit. Durch diese Krümmung bleiben Planeten und Monde auf ihren Umlaufbahnen.

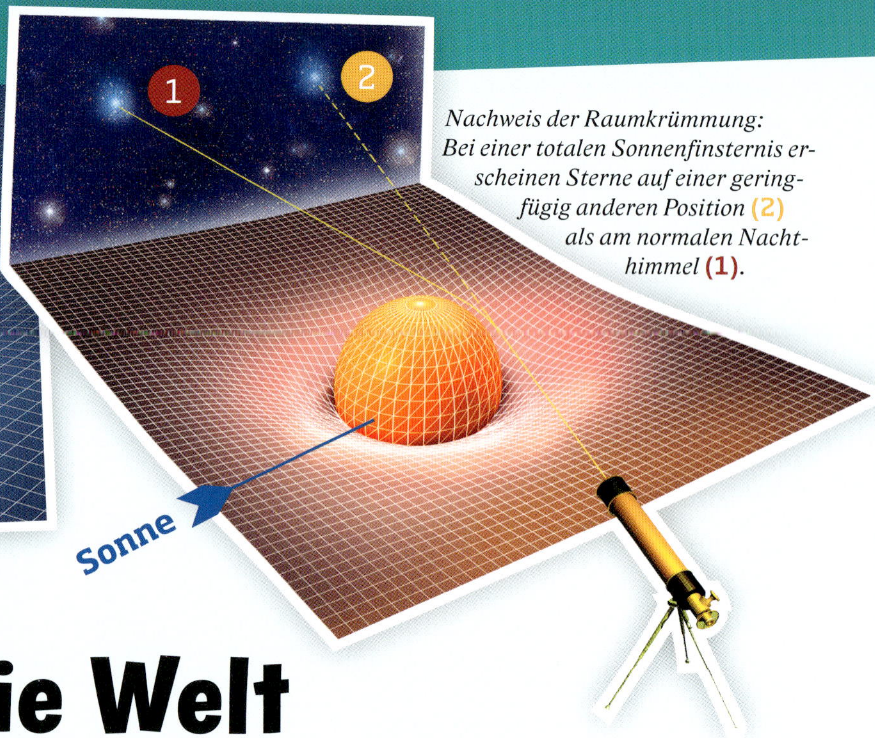

Nachweis der Raumkrümmung: Bei einer totalen Sonnenfinsternis erscheinen Sterne auf einer geringfügig anderen Position (2) *als am normalen Nachthimmel* (1).

Was die Welt zusammenhält

Isaac Newton

Ein fallender Apfel soll Newton auf sein Gravitationsgesetz gebracht haben, das besagt, dass jeder Körper auf jeden anderen Körper eine Anziehungskraft ausübt. Damit lassen sich auch die Bewegungen von Himmelskörpern berechnen.

Albert Einstein

Einstein hat mit der Allgemeinen Relativitätstheorie gezeigt, wie Raum und Zeit zusammenhängen und dass Gravitation als Verformung der Raumzeit gesehen werden kann.

Sie hält uns am Boden und lässt Monde um Planeten und Planeten um Sterne kreisen: die Schwerkraft – auch Gravitation genannt. Ohne sie hätten sich niemals aus Gas- und Staubwolken Sterne mit ihren Planeten und Galaxien bilden können. Wir verdanken der Gravitation unsere Existenz und dennoch wissen wir immer noch nicht, was genau hinter ihr steckt und wie sie funktioniert.

Newtons Apfel

Schenkt man der Legende Glauben, so soll 1666 im britischen Cambridge der junge Physikprofessor Isaac Newton einen Apfel beobachtet haben, wie er zu Boden fiel. Newton erkannte, dass sich Körper gegenseitig anziehen: die Erde den Apfel, aber auch umgekehrt der Apfel die Erde. Je größer die Massen und je näher sich zwei Körper sind, umso stärker ist die Kraft zwischen beiden. Aber warum fällt dann der Mond nicht auf die Erde? Ganz einfach: Er bleibt »oben«, weil er sich auf einer Erdumlaufbahn befindet und gewissermaßen ständig um die Erde herumfällt. Das Gleiche geschieht auch mit der Erde, wenn sie um die Sonne kreist. Newton hatte damit eine Physik begründet, die beschreibt, wie sich Körper in einem unveränderlichen Raum bewegen.

Einsteins Raumzeit

Über zwei Jahrhunderte lang hatten Newtons Ansichten Bestand. Dabei galten Raum und Zeit als unveränderlich. 1905 stellte jedoch der junge Physiker Albert Einstein die Theorie auf, dass Raum und Zeit nichts Starres und Unveränderliches sind, sondern dass sie zusammenhängen. Zu den drei Raumdimensionen Höhe, Breite und Länge kam nun die Zeit als vierte Dimension hinzu. Einstein stellte fest: Wenn man sich mit sehr hoher Geschwindigkeit nahe der Lichtgeschwindigkeit bewegt, kommt es zu seltsamen Effekten, wie wir sie aus unserem Alltag überhaupt nicht kennen.

Das Zwillingsparadoxon

Für einen Raumfahrer, der fast mit Lichtgeschwindigkeit reist, vergeht die Zeit langsamer. Er altert an Bord des Raumschiffes weniger schnell als sein auf der Erde zurückgebliebener Zwillingsbruder. Das wurde später sogar experimentell nachgewiesen.

Unglaublich!

Navigationsgeräte im Auto oder auf dem Smartphone sind auf schnell und hoch fliegende GPS-Satelliten angewiesen. Sie empfangen die von den Satelliten gesendeten Signale und messen deren Laufzeit präzise. Das funktioniert nur, weil im Globalen Positionsbestimmungssystem (GPS) die Spezielle und die Allgemeine Relativitätstheorie berücksichtigt werden. Ohne Einsteins Theorien würden wir unser Ziel also gar nicht finden.

Ebenso gehen hochgenaue Atomuhren, die mit einem schnellen Flugzeug bewegt werden, einen winzigen Tick langsamer als eine Vergleichsuhr, die am Boden bleibt.

Die Lichtgeschwindigkeit

Aber nicht nur die Zeit vergeht je nach Geschwindigkeit unterschiedlich schnell, auch der Raum verändert sich. Der Raum vor dem schnell reisenden Raumfahrer staucht sich, sodass dem Astronauten die Umgebung außerhalb des Raumschiffs seltsam verzerrt erscheint. Albert Einstein ist auf all diese Effekte gekommen, weil er bei seiner Speziellen Relativitätstheorie davon ausgegangen ist, dass die Lichtgeschwindigkeit gleich bleibt – egal ob man sich auf die Lichtquelle zu- oder von ihr wegbewegt. Sie beträgt immer knapp 300 000 Kilometer in der Sekunde. Dieser Wert gilt jedoch nur für das Vakuum, also einen luftleeren Raum. Raum und Zeit dagegen können sich aber verändern und hängen davon ab, wie sich der Beobachter bewegt.

$$E=mc^2$$

Schon gewusst?

$E=mc^2$ ermöglicht Leben. Im Zentrum der Sonne werden jede Sekunde mehr als 550 Millionen Tonnen Wasserstoffkerne zu Helium verschmolzen. Dabei werden über vier Millionen Tonnen Materie in Energie umgewandelt. Ein kleiner Teil davon erreicht die Erde und versorgt uns mit Licht und Wärme.

Die berühmte Gleichung

Einstein konnte außerdem zeigen, dass Masse und Energie zusammenhängen. Er kam bei seinen Überlegungen auf die wohl berühmteste Gleichung der Physik: $E=mc^2$. Demnach ist Masse nur eine Form von Energie. Aus der Speziellen Relativitätstheorie leitet sich ab, dass kein Körper die Lichtgeschwindigkeit erreichen und schon gar nicht schneller sein kann als das Licht. Um eine Masse auf Lichtgeschwindigkeit zu beschleunigen, benötigt man unendlich viel Energie. Denn je schneller ein Körper ist, umso schwerer wird er. In unserem Alltag bewegen wir uns nur mit geringer Geschwindigkeit fort und so spielt diese winzige Massenzunahme kaum eine Rolle.

Im Mai 1919 beobachteten Astronomen die Position der Sterne in Sonnennähe und stellten fest, dass das Sternenlicht so abgelenkt wurde, wie es die Allgemeine Relativitätstheorie vorausgesagt hatte.

Masse verbeult die Raumzeit

Zehn Jahre benötigte Albert Einstein, bis er 1915 zeigen konnte, was passiert, wenn sich ein Raumfahrer immer schneller fortbewegt. Er erkannte, dass Beschleunigung und Schwerkraft das Gleiche ist. Für einen Raumfahrer fühlt sich beides zumindest gleich an: Er kann nicht unterscheiden, ob er sich in einem Raumschiff befindet, das gleichmäßig beschleunigt wird, oder in einem starken Schwerefeld. Einstein zufolge krümmt eine Masse die Raumzeit. Daher verformen massebehaftete Körper den Raum; ähnlich wie eine Eisenkugel, die in ein aufgespanntes Gummituch einsinkt. Je größer die Masse, umso tiefer sinkt die Kugel ein. Eine kleinere Kugel, die in die Delle rollt, umkreist die größere wie ein Planet die Sonne.

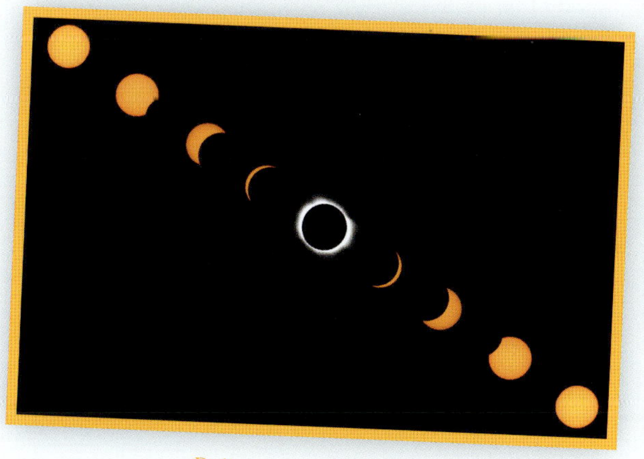

Bei einer totalen Sonnenfinsternis schiebt sich der Mond vor die Sonne. Da Mond und Sonne den gleichen scheinbaren Durchmesser haben, wird die Sonne dabei für wenige Minuten vollständig bedeckt.

Das Universum dehnt sich aus

Mount-Wilson-Sternwarte

Albert Einstein (links) wollte lange nicht glauben, dass sich das Universum ausdehnt. Er reiste 1931 extra auf den Mount Wilson, wo das damals größte Teleskop der Welt stand. Hubble hatte damit entdeckt, dass entfernte Galaxien schneller voreinander fliehen. In der Kuppel des Observatoriums befindet sich heute noch das Hooker-Teleskop mit 2,5 Meter Spiegeldurchmesser.

Noch zu Beginn des 20. Jahrhunderts glaubte man, dass das Universum schon immer existiert und sich über die Zeit auch nicht wesentlich verändert hat. Man war außerdem fest davon überzeugt, dass es nur aus der Milchstraße bestand. Heute wissen wir: Das Universum ist sehr viel größer und die Milchstraße ist nur eine Galaxie von unvorstellbar vielen. Außerdem hat sich das Universum in der Vergangenheit drastisch verändert und das tut es auch heute noch.

Der Nebel-Streit

Es begann mit geheimnisvollen Nebelflecken, die die Astronomen mit ihren Teleskopen sahen. Noch vor hundert Jahren war man sich nicht sicher, wie weit entfernt diese Nebel waren. Man fragte sich: Befinden sich die Nebel innerhalb oder außerhalb der Milchstraße? 1923 wollte der amerikanische Astronom Edwin Hubble endlich aufklären, was es mit den Nebeln auf sich hat. Er hatte Glück und durfte auf dem Mount Wilson in Kalifornien mit dem damals besten Teleskop der Welt arbeiten.

Entfernungsmessung im All

Hubble fotografierte also den Nachthimmel mit seinen Sternen und Nebelflecken. Im Andromedanebel entdeckte Hubble einen besonderen Stern, der seine Helligkeit regelmäßig veränderte: einen Cepheiden. Diese Sterne werden mit der Zeit immer heller, erreichen schließlich maximale Helligkeit und werden dann wieder dunkler. Anschließend beginnt alles wieder von vorne. Die Cepheiden verändern ihre Helligkeit innerhalb einer ganz bestimmten Periode von einigen Tagen.
Es besteht bei diesen Sternen ein direkter Zusammenhang zwischen Periodendauer und Leuchtkraft. Je länger dieser Abschnitt zwischen zwei Helligkeitsmaxima dauert, umso mehr Leuchtkraft hat der Stern. Durch den Vergleich von absoluter Helligkeit und scheinbarer Helligkeit können die Astronomen die Entfernung eines solchen Cepheiden ermitteln.

So weit weg

Edwin Hubble bestimmte mithilfe des Cepheiden die Entfernung zwischen

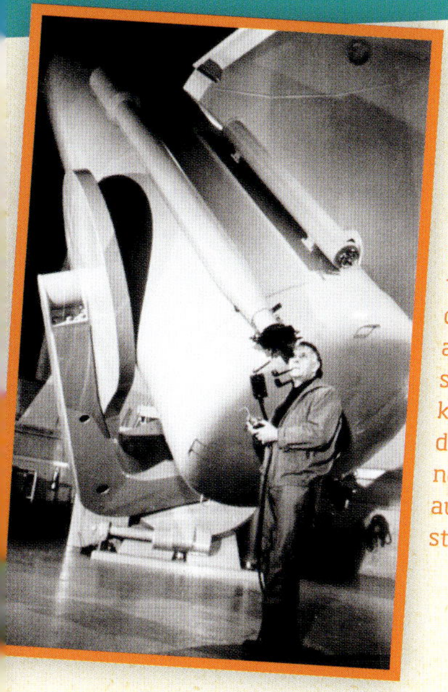

Edwin Hubble
Am Mount-Wilson-Observatorium fand der amerikanische Astronom Edwin Hubble den ersten Cepheiden außerhalb der Milchstraße. Mit seiner Hilfe konnte er beweisen, dass der Andromedanebel eine Galaxie außerhalb der Milchstraße ist.

Andromedanebel und der Erde auf unglaubliche 900 000 Lichtjahre. Nun war bewiesen, dass der Andromedanebel außerhalb der Milchstraße liegen musste. Der Wert von 900 000 Lichtjahren stimmt zwar nicht ganz, denn heute wissen wir, dass er erheblich weiter von der Erde entfernt ist, nämlich rund 2,5 Millionen Lichtjahre (in Zahlen: 2 500 000 Lichtjahre). Doch Hubble konnte damit zeigen, dass es außerhalb der Milchstraße mindestens noch eine weitere Sterneninsel gab. Von da an war man sich sicher, dass das Universum weitaus mehr umfasste als nur die Sterne der Milchstraße und somit um einiges größer war als bis dahin angenommen.

Wenn Galaxien fliehen

Es lag nun nahe, dass es auch Galaxien geben könnte, die weiter entfernt waren als die Andromedagalaxie. Hubble untersuchte das Licht anderer Nebelflecken und machte eine folgenschwere Entdeckung: Das ausgesandte Licht weit entfernter Galaxien war zum roten Teil des Spektrums hin verschoben. Das heißt, die dunklen Absorptionslinien saßen nicht dort, wo sie eigentlich sein sollten. Die Astronomen nennen dieses Phänomen auch Rotverschiebung. Daraus schloss Hubble, dass sich alle weiter entfernten Galaxien von uns wegzubewegen scheinen. Je weiter entfernt also eine Galaxie von der Milchstraße ist, desto schneller scheint sie von uns zu fliehen. Dies galt für alle Richtungen, in die Hubble auch blickte.

Eine Galaxie, die doppelt so weit entfernt ist, flieht auch mit doppelter Geschwindigkeit. Astronomen nennen diese deshalb Fluchtgeschwindigkeit. Die Größe, die diese Galaxienflucht beschreibt, wird ihm zu Ehren Hubble-Konstante genannt.

Der Urknall

Hubbles Beobachtung bestätigte eine Idee des belgischen Physikers Georges Lemaître. Dieser war davon überzeugt, dass sich das Universum ausdehnt. Es musste demnach früher sehr viel kleiner gewesen sein und die Galaxien lagen somit dichter beieinander. Lemaître ging davon aus, dass der Kosmos zu Beginn lediglich ein winziger Punkt war, den er Uratom nannte. Erst durch eine Art Explosion wuchs das Universum auf seine heutige Größe heran. Dabei bildete sich zuerst Materie, später folgten dann die Sterne, die sich wiederum schließlich zu riesigen Galaxien zusammenfanden. Der Astronom Fred Boyle kritisierte diese Theorie und nannte sie verächtlich »Big Bang«, was auf Deutsch »Großer Knall« bedeutet. Tatsächlich ist diese Theorie vom Anfang des Universums heute unter dem Begriff »Big Bang« oder im Deutschen als Urknall-Theorie bekannt und wird von fast allen Kosmologen anerkannt.

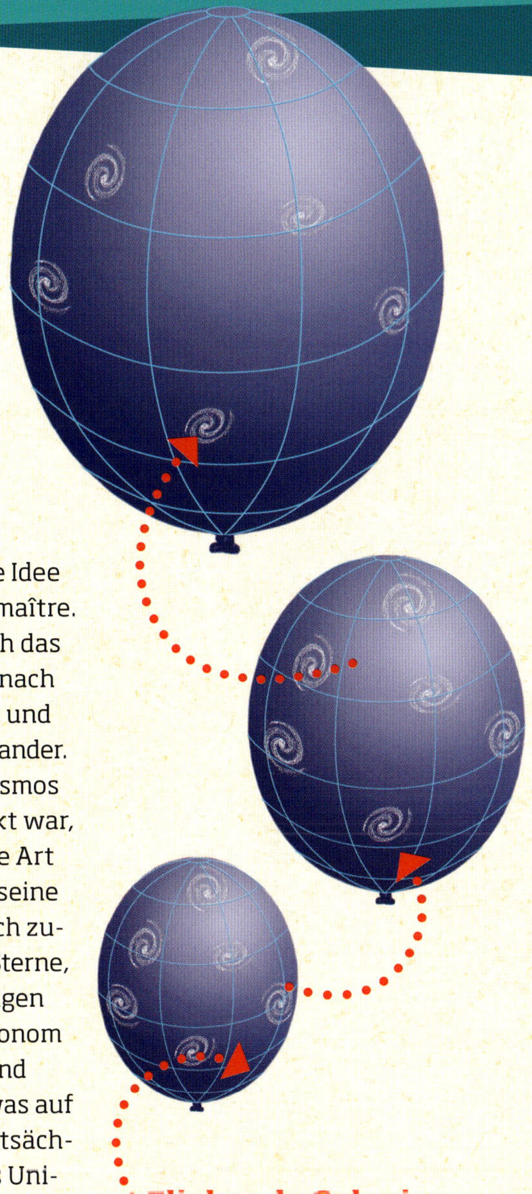

Fliehende Galaxien
Man kann sich das Universum ähnlich wie einen Luftballon vorstellen, der aufgeblasen wird. Der Raum dehnt sich dabei aus, sodass sich die Galaxien voneinander entfernen. Egal von welcher Galaxie aus betrachtet, scheinen sich alle anderen dabei vom Beobachter zu entfernen. Genau das hat Hubble beobachtet.

Georges Lemaître
Der Priester und Astrophysiker Georges Lemaître war überzeugt, dass das Universum sehr klein begann und dann explodierte. Seine Ideen veröffentlichte er bereits 1927 – und somit noch vor Edwin Hubble.

Schwarze Löcher

Aktive Galaxie

Wir sehen die aktive Galaxie Centaurus A von der Seite. Im Zentrum sitzt ein massereiches Schwarzes Loch. Centaurus A strahlt unter anderem sichtbares Licht, Röntgenstrahlung und Radiowellen ab.

Zu den geheimnisvollsten und extremsten Orten im Universum zählen die Schwarzen Löcher. Kleine und mittelgroße Schwarze Löcher sind die Überreste von Supernova-Explosionen. Schätzungsweise könnte es allein in unserer Milchstraße über 100 Millionen solcher stellaren Schwarzen Löcher geben. Deren Gravitation ist so stark, dass sie alle Materie schlucken, die in ihre Nähe kommt. Weil auch kein Licht entweichen kann, sind sie nicht direkt beobachtbar. Doch sie verraten sich über ihre enorme Schwerkraft, etwa wenn ein Schwarzes Loch Teil eines Doppelsternsystems ist.

Massereiche Schwarze Löcher

Im Zentrum der meisten, wenn nicht gar aller Spiralgalaxien dürften sich enorm massereiche Schwarze Löcher befinden. Auch hier gilt: Das Schwarze Loch selbst kann nicht direkt beobachtet werden. Doch die Bewegung benachbarter Sterne im Einfluss der hohen Schwerkraft verrät die Existenz dieser Schwarzen Löcher. So haben Astronomen die Positionsveränderungen der Sterne verfolgt, die sich um das Schwarze Loch im Zentrum der Milchstraße bewegen. Sie konnten daraus schließen, dass dieses Schwarze Loch drei bis vier Millionen Sonnenmassen haben muss. Bei anderen Galaxien vermutet man sogar Schwarze Löcher mit Milliarden Sonnenmassen.

Aktive Galaxien

Unsere Galaxie ist ein vergleichsweise ruhiger und gemütlicher Ort. Andere Galaxien sind sehr viel aktiver. Sie strahlen mehr Energie ab, als all die Sterne erzeugen, aus denen diese Galaxien bestehen. Die Energie kommt aus ihrem Zentrum, wo ein supermassereiches Schwarzes Loch sitzt. Sterne und andere Materie umkreisen das Loch und werden, wenn sie diesem zu nahe kommen, vom Schwarzen Loch verschluckt. Das hineinströmende Material bildet dabei einen scheibenförmigen Ring. An den Polen beiderseits der Scheibe wird außerdem Material ins All geschleudert. Die Astronomen unterschieden vier Arten solcher aktiver Galaxien: Radiogalaxien, Blazare, Quasare und Seyfert-Galaxien. Wahrscheinlich handelt es sich bei allen vier Arten aktiver Galaxien um denselben Typ Objekt. Wir sehen jeweils nur unterschiedliche Ansichten davon. Bei Radiogalaxien blicken wir auf die Kante der Materiescheibe, bei Blazaren direkt auf einen der beiden Pole, bei Quasaren und Seyfert-Galaxien sehen wir die aktive Galaxie unter einem schrägen Winkel.

Warnung!

Auf keinen Fall sollte man sich als Astronaut ein Schwarzes Loch aus der Nähe ansehen. Wer ihm zu nahe kommt, der läuft Gefahr, spaghettisiert zu werden. Ein Astronaut, der mit den Füßen voran auf ein Schwarzes Loch zuschwebt, wird erst in die Länge gezogen, denn an den Füßen wirkt die Schwerkraft stärker als am weiter entfernten Kopf. Er wird kilometerlang, sehr dünn und ähnelt nun einer Spaghetti. Schließlich wird der Astronaut zerrissen und in seine elementaren Bestandteile verwandelt. Wie das genau vor sich geht, weiß niemand, denn wir können ja nicht in das Schwarze Loch hineinsehen. Also, lieber einen großen Bogen darum machen!

Spaghettisierung

Die Experten streiten noch darüber, was genau passiert, wenn ein Astronaut einem Schwarzen Loch zu nahe kommt. Einige Astronomen zweifeln sogar an der Existenz Schwarzer Löcher.

Vera Rubin

Vera Rubin untersuchte, wie sich die Sterne einer Galaxie um die Spiralachse bewegen. Sie stellte fest, dass die Sterne sich so verhalten, als ob die Galaxien aus sehr viel mehr Materie bestünden, als wir mit Teleskopen sehen können.

Massereiches Schwarzes Loch

Die Umgebung des enorm massereichen Schwarzen Lochs im Zentrum der aktiven Galaxie NGC 3733, von einem Künstler gesehen. Zieht ein schwarzes Loch Gas aus der Umgebung an, wird dieses stark erhitzt. Die Scheibe aus extrem heißem Gas strahlt dann unter anderem energiereiches Röntgenlicht ab. Starke Magnetfelder schießen außerdem extrem schnelle Materiestrahlen ins All.

Dunkle Geheimnisse

So rätselhaft Schwarze Löcher auch sind, wartet das Universum mit noch einem viel größeren Rätsel auf. Wir wissen nämlich nicht, woraus der größte Teil des Universums besteht.

Die sichtbare Masse macht nur 5 Prozent der Energie des Universums aus. Sehr viel größer ist der Anteil einer unsichtbaren dunklen Materie, nämlich 23 Prozent. Dass es diese dunkle Materie geben muss, konnten Astronomen durch die Beobachtung von Sternbewegungen in Galaxien erschließen. Die Wissenschaftler rätseln noch, woraus die dunkle Materie besteht.

Noch größer als der Anteil der dunklen Materie aber ist der Anteil einer mysteriösen dunklen Energie. Sie macht 72 Prozent der Energie des Universums aus und sorgt dafür, dass sich das Universum immer schneller ausdehnt.

Stellares Schwarzes Loch

Sterne, die mehr als acht Sonnenmassen haben, enden nach einer Supernova-Explosion als Schwarze Löcher. Ein solches stellares Schwarzes Loch verrät sich zum Beispiel, wenn ein Begleitstern die Explosion überlebt hat. Material des Begleitsterns (links) kann vom Schwarzen Loch (rechts) angezogen werden. Dabei bildet sich eine drehende Materiescheibe, die intensive Strahlung abgibt. So können stellare Schwarze Löcher indirekt nachgewiesen werden.

Dunkle Energie

Der Planck-Satellit hat die bisher genaueste Karte der kosmischen Hintergrundstrahlung angefertigt. Darauf erkennt man wärmere und kältere Stellen. An den kälteren und dichteren Stellen dürften die ersten Galaxien entstanden sein.

Edwin Hubble hat als Erster beobachtet, dass sich das Universum ausdehnt. Aber wie lange wird diese Expansion noch anhalten? Irgendwann muss doch mal Schluss damit sein! Und zwar dann, wenn der ganze Schwung des Urknalls aufgebraucht ist. Als Folge davon würde die Schwerkraft überwiegen und die Galaxien müssten sich wieder aufeinander zubewegen. Doch nichts deutet darauf hin, dass sich die Ausdehnung des Universums verlangsamt oder sich irgendwann in vielen Milliarden Jahren umkehren und das Universum sogar schrumpfen könnte. Ganz im Gegenteil: Seit etwa fünf Milliarden Jahren scheint eine geheimnisvolle Kraft das Universum geradezu anzuschieben und die Ausdehnung zu beschleunigen. Die Kosmologen nennen dieses mysteriöse Phänomen Dunkle Energie. Doch der Begriff allein erklärt leider nichts. Deshalb gehört die Dunkle Energie zu den größten Rätseln des Universums.

Satelliten

Bereits drei Satelliten wurden ins All geschossen, damit sie für uns weit zurück in die Vergangenheit blicken. Sie haben die Verteilung der kosmischen Mikrowellenstrahlung immer genauer vermessen, sodass auch die Karte immer detaillierter wurde. Die kosmische Mikrowellenstrahlung stammt aus einer Zeit, als das Universum erst 380 000 Jahre alt war. Die unterschiedlichen Farben zeigen winzige Abweichungen der Dichteverteilung, die zur Bildung von Galaxien führten. Durch die Strahlung konnte man folgern, dass der Urknall vor 13,8 Milliarden Jahren stattfand und das Universum zum größten Teil aus einer Dunklen Energie bestehen muss.

Das dunkle Rätsel

Die Dunkle Energie entdeckten Astronomen 1998, nachdem sie Supernova-Explosionen des Typs SN Ia in unterschiedlich weit entfernten Galaxien beobachtet und miteinander verglichen hatten. Aus dem Helligkeitsverlauf der Supernova können die Astronomen auf deren Leuchtkraft schließen und damit auch auf die Entfernung zur Erde beziehungsweise zur Milchstraße. Zusammen mit der Rotverschiebung der Galaxien, also der Fluchtgeschwindigkeit, kann abgeschätzt werden, wie schnell das Universum zu verschiedenen Zeiten expandiert. So fanden die Astronomen heraus, dass sich das Universum in den letzten fünf Milliarden Jahren beschleunigt ausgedehnt hat – also genau das Gegenteil dessen, was sie erwartet haben. Diese sensationelle Entdeckung schockierte Astronomen und Kosmologen. Es musste also etwas geben, das der Gravitation entgegenwirkt, eine Art negative Schwerkraft. Doch die Forscher stehen bis heute vor einem Rätsel, denn sie haben nicht die geringste Idee, was die Dunkle Energie ist, woher sie kommt und wie sie sich in Zukunft verhalten wird.

Was wir wissen – und was nicht!

Wir sind von Licht und Materie umgeben. Die Physiker können mit ihren Theorien die Welt erfolgreich beschreiben und deuten Licht als elektromagnetische Strahlung. Selbst die uns umgebende Materie konnten sie in ihre letzten Bausteine zerlegen. Doch macht diese sogenannte baryonische Materie nur fünf Prozent des Universums aus. Galaxien, Sterne, Gasnebel, Planeten, Bakterien, Pflanzen, Tiere und auch wir Menschen bestehen daraus. Weitere 27 Prozent entfallen auf die Dunkle Materie und ganze 68 Prozent auf die Dunkle Energie. 95 Prozent des Universums sind somit »dunkel« und unbekannt. Stellen wir uns Dunkle Materie und Dunkle Energie einfach mal als schwarze Bonbons und die bekannte Materie als bunte Bonbons vor. Mischen wir diese nun im richtigen Verhältnis, so bekommen wir einen Eindruck davon, wie wenig wir eigentlich über unser Universum wissen.

Was ist eine Supernova Typ SN Ia?

Ein Stern, der seinen Brennstoff aufgebraucht hat, wird zu einem Weißen Zwerg. Wenn dieser Teil eines Doppelsterns ist, kann er Materie von seinem größeren Partner absaugen, bis so viel Materie übergeflossen ist, dass es zur Zündung neuer Kernreaktionen und zu einer gewaltigen Supernova-Explosion kommt. Aus dem Helligkeitsverlauf der Supernova können die Astronomen dann ihre Entfernung bestimmen.

Interview mit zwei finsteren Typen

Das Universum ist voller gewaltiger und höchst gefährlicher Objekte. Die einen strahlen schrill und grell, andere halten sich im Dunkeln und geben sich unheimlich geheimnisvoll. Unserem Reporter ist es gelungen, zwei der größten Finsterlinge aufzuspüren: die rätselhafte Dunkle Materie **(DM)** und die überaus mysteriöse Dunkle Energie **(DE)**. Forscher auf der ganzen Welt zerbrechen sich die Köpfe über die beiden. Wir dürfen also gespannt sein, was diese von sich preisgeben werden!

Name: Dunkle Materie
Stärke: Licht ablenken und Klumpen
Hobbys: Galaxienhaufen basteln und Gravitationslinsenspiele spielen

Uiuiui! Das ist aber finster hier. Wo sind Sie denn? Dunkle Materie! Halloho! Ich sehe Sie nicht!

DM: So soll es auch sein. Ihr Erdlinge immer mit eurem Licht. Licht lässt mich kalt. Licht ist lächerlich! Ich halte es nicht auf und ich strahle auch nicht damit. Licht ist ja sooo laaaangweilig. GÄÄÄHN!

Ah ja! So sehen Sie das also. Ich finde, Licht ist eine absolut feine und erhellende Sache.

DM: Nun, da kann man ja unterschiedlicher Meinung sein. Und ich denke: Licht wird maßlos überbewertet.

Aber mit Licht haben wir sowohl Sie, die Dunkle Materie, entdeckt als auch die Dunkle Energie, unseren zweiten Gast. Sie sind doch auch hier irgendwo, oder?

DE: Natürlich bin ich da. Aber so was von da. Aber mach dir erst gar keine Mühe. Du wirst mich nicht sehen. Denn auch mir ist Licht schnurz und piepsegal.

Aber hallo! Licht ist doch …

DE: Vergiss Licht! Ich mach' mir nicht mal was aus Gravitation! Ich bin quasi das Gegenteil von Gravitation. Ich bin mehr eine Kraft – ein Druck. Ich blähe alles auf. Und wenn ich sage alles, dann meine ich das auch: das ganze Universum. Ich blähe und blase und drücke – und niemand kann etwas dagegen tun. So ist das nämlich!

Aber die Gravitation, die hält doch alles zusammen. Die ist doch auch stark.

DM: Klaro! Aber ich bin sozusagen fast die gesamte Masse im All. Ich bin der Herr über das Weltall – der »Master of the Universe«.
DE: Mach mal halblang, Kleiner! ICH bin das Universum, ist doch wohl klar.
DM: Aber ich ziehe alles zusammen und das mächtig stark.
DE: Und ich drücke alles auseinander! Und das noch viel stärker!

Fragt sich nun, wer der Stärkere ist. Materie oder Energie? Wie wollen wir das miteinander vergleichen?

DE: Ist doch finsterklar! Mit dem ollen Einstein. Na, wie heißt die Gleichung noch mal?

Ich kenne nicht viele Gleichungen, aber die schon! $E=mc^2$. Masse und Energie kann man so ineinander umrechnen.

DE: Genau! Und jetzt rechnest du das mal aus. Vor allem guckst du mal, wie viel normale Materie, also Masse, im Universum zu finden ist.

Okay. Das sind ... Momentchen ... Das sind fünf Prozent. Nicht gerade viel. Aber immerhin!

DM: Sag ich doch! Ich habe die Macht der Materie. Ich bin Herr der Schwerkraft.

DE: Jetzt pluster dich nicht so auf. Du bist auch nur 27 Prozent von allem. Ich aber bin die absolute Mehrheit. Das Universum besteht zu 68 Prozent aus mir! Ich bin mehr als alles andere!

Jedenfalls sorgt normale Materie für eine tolle Beleuchtung. Da strahlen Sterne, Gaswolken leuchten bunt und herrlich.

DE: Wenn ich nur wollte, könnte ich auch so schön leuchten.

DM: Könntest du aber nur, weil es mich gibt. Ich war es doch, der auf die Idee gekommen ist, dass man sich mal zusammenklumpen könnte. So sind schließlich erst Galaxien und Sterne entstanden.

Das ist ein sehr schöner Gedanke. Materie hält eben zusammen, egal ob sie leuchtet oder nicht. Und was ist Ihr Beitrag, Dunkle Energie?

DE: Jajajaja! Das wollt ihr wohl wissen. Aber genau das verrate ich euch nicht.

DM: Und ich sage auch nichts. Ich bin absolut verschwiegen. Rätsel sind das nämlich! Jetzt klumpe ich erst mal weiter im Universum herum.

DE: Und ich blähe und blähe und blähe ...

Na, dann schönes Klumpen und Blähen. Vielen Dank auch für dieses Gespräch. Grummelgrummel. Die wollen einfach nichts verraten. Was soll man auch erwarten von solch finsteren Typen?

Aliens, bitte melden!

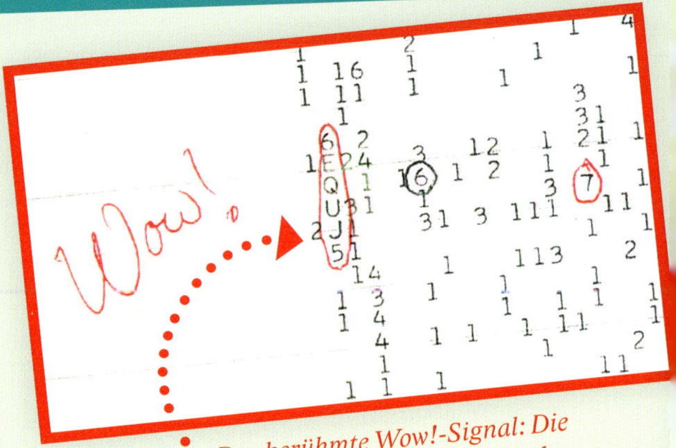

Das berühmte Wow!-Signal: Die umkringelten Buchstaben und Zahlen sind keine verschlüsselten Botschaften von Außerirdischen, sondern nur technische Angaben zu Stärke und Frequenz des empfangenen Signals.

Astronomen haben mehrere Hundert Planeten entdeckt, die um fremde Sonnen kreisen. Doch das ist nur ein winziger Bruchteil der tatsächlich existierenden Planeten. Allein in unserer Milchstraßengalaxie dürfte es etliche Milliarden geben. Darunter sind sicher auch zahlreiche Planeten, die sich in der habitablen Zone um ihren Stern bewegen und Leben hervorgebracht haben könnten. Auf einigen dieser Planeten könnte sich auch intelligentes Leben entwickelt haben. Es besteht also durchaus die Möglichkeit, dass irgendwann einmal Außerirdische Kontakt mit uns aufnehmen werden. Womöglich haben sie das bereits schon versucht!

Das Wow!-Signal

Um schwache Geräusche hören zu können, benötigt man große Ohren. Deshalb haben Radioastronomen das Big-Ear-Radioteleskop in Ohio, USA, bauen lassen. »Big Ear« ist Englisch und heißt »Großes Ohr«. Doch die damit empfangenen Radiosignale stellten sich entweder als irdische Störungen heraus oder hatten einen natürlichen kosmischen Ursprung. Es gibt schließlich viele Radioquellen im Universum, die nichts mit Aliens zu tun haben. In der Hoffnung, auf ein Lebenszeichen einer außerirdischen Form von Intelligenz zu stoßen, horchten die Wissenschaftler mit diesem großen Ohr am 15. August 1977 wieder einmal ins Weltall hinein. An diesem besonderen Tag empfing die Radioantenne über eine Minute lang höchst eigenartige, intensive Signale. Als Jerry Ehmann, einer der beobachtenden Astrophysiker, den Computerausdruck sah, kreiste er das ungewöhnliche Signal mit seinem Stift ein und schrieb »Wow!« an den Papierrand. Genauso hatte man sich nämlich die Radiosignale von außerirdischen Zivilisationen vorgestellt, die Kontakt mit fremden Welten aufnehmen wollen. Bis heute rätseln die Forscher über die Bedeutung des Signals. War es wirklich ein Kontaktversuch Außerirdischer oder doch nur ein Ausbruch eines Pulsars, also eines Himmelskörpers? Im gesamten Zeitraum von 1973 bis 1995 wurde trotz intensiver Suche kein weiteres ähnliches Signal empfangen.

Erde an Aliens

Aber wer weiß: Vielleicht haben Aliens uns Menschen ja schon längst entdeckt. Denn seit wir Radio- und Fernsehprogramme über Antennen ausstrahlen, breiten sich diese Programme auch ins All aus. Außerdem

Die Arecibo-Botschaft ist binär, also mit Nullen und Einsen verschlüsselt. Sie enthält Informationen über Chemie und Biologie des Menschen, unser Sonnensystem, den Planeten Erde und die Radioantenne, mit der die Nachricht gesendet wurde.

Mit dem Arecibo-Teleskop wurde der Kugelsternhaufen M13 angefunkt. Er ist 25 000 Lichtjahre entfernt und besteht aus über 300 000 Sternen. Sollte eine Zivilisation die Botschaft entziffern, können wir in 50 000 Jahren auf Antwort hoffen.

Viele Ohren! Die Antennen des Allen Telescope Array (ATA) horchen auch nach Signalen außerirdischer Intelligenz. Das Teleskop soll in Zukunft 350 solcher 6-Meter-Antennen umfassen.

haben wir auch gezielt Radiobotschaften ins All geschickt, unter anderem mit dem 300 Meter großen Arecibo-Teleskop in Puerto Rico. Auch Raumsonden, die das Sonnensystem verlassen, wie Pioneer 10 und 11 sowie Voyager 1 und 2, haben Botschaften von uns Menschen an Bord. Allerdings ist es sehr unwahrscheinlich, dass Außerirdische diese Flaschenpost in den Weiten des Alls entdecken werden.

Und wenn doch?

Was aber würde geschehen, wenn Aliens uns doch entdecken? Würden sie sich auf die lange Reise zu uns durchs All machen? Ein Grund für eine solche beschwerliche und teure Reise könnte sein, dass die Aliens einen neuen Heimatplaneten suchen, den sie besiedeln können. Doch was würde dann mit uns geschehen? Der Kontakt mit hoch entwickelten Zivilisationen könnte also auch höchst unangenehm für uns Menschen werden. Deshalb ist so mancher Wissenschaftler der Meinung, wir sollten uns möglichst ruhig verhalten und die Antennen nur auf Empfang schalten.

Aliens unter uns?

Stünden Aliens eines Tages nun aber doch vor uns, würden wir sie überhaupt erkennen? Vielleicht sind sie als hoch entwickelte Zivilisation an unserer primitiven Lebensform auch gar nicht interessiert. Möglicherweise fahren sie mit ihren Raumschiffen ständig an uns vorbei und wir bemerken sie nur nicht. Dann ginge es uns wie den Ameisen, die in ihrem Ameisenhaufen am Waldrand leben und nichts von der Autobahn ahnen, die einige Hundert Meter weiter vorbeiführt, und auch nichts von den Menschen, die in Autos so nah an ihnen vorbeirasen.

Funny Fact

Die beiden Raumsonden Voyager 1 und 2 verlassen derzeit gerade unser Sonnensystem und dringen in den interstellaren Raum vor. Falls Aliens eine der Sonden abfangen sollten, finden sie dort eine 30 Zentimeter große Datenplatte mit Bildern und Tonaufnahmen von der Erde. Neben Grußbotschaften in mehreren Sprachen enthält die Platte auch klassische Musik, Volksmusik und Rock 'n' Roll. Zu was die Aliens dann wohl tanzen werden?

Immer wieder werden UFOs gesichtet. Für die meisten Ereignisse gibt es eine natürliche Erklärung. Ab und zu stellen sich die Sichtungen aber auch als Fälschung heraus.

Alles nur ausgedacht? Noch wissen wir nicht, wie der erste Kontakt mit einer außerirdischen Intelligenz aussehen würde. Hoffentlich friedlich!

Für das Auslöschen höher entwickelter Lebensformen könnte allerdings schon deutlich früher ein anderes kosmisches Ereignis sorgen. Ein großer Asteroid könnte die Erde treffen und eine globale Katastrophe auslösen, so wie schon einmal vor rund 66 Millionen Jahren. Dieser Einschlag führte damals zum Aussterben der großen Saurierarten.

Die Zukunft des Universums

Seit dem Urknall vor 13,8 Milliarden Jahren dehnt sich das Universum unaufhaltsam aus. Aber wird das auch immer so weitergehen? Was in Zukunft mit dem Universum geschieht, hängt von der Geschwindigkeit dieser Expansion ab. Die Ausdehnung des Raums sollte eigentlich von der Gravitation gebremst werden; die wiederum hängt vom Materieinhalt des Universums ab. Mehr Materie, also mehr Masse, führt letztendlich zu einer langsameren Expansion. Nun besteht das Universum aber zu einem großen Teil aus Dunkler Materie und zum allergrößten Teil aus Dunkler Energie. Die Dunkle Materie wirkt zusammen mit der normalen Materie bremsend auf die Expansion. Die Dunkle Energie hingegen treibt die Ausdehnung des Weltalls weiter voran. Leider wissen wir von der Dunklen Energie so gut wie nichts. Daher können wir auch nicht sagen, wie sie sich in Zukunft verhalten wird.

Das große Zusammenkrachen

Bis zur Entdeckung der Dunklen Energie dachten viele Kosmologen, dass die Gravitation die Ausdehnung immer weiter verringern würde. Für den Fall, dass genügend Materie im Universum vorhanden ist, sollte in ferner Zukunft die Schwerkraft überwiegen und die Ausdehnung stoppen, sodass das Universum in sich zusammenfallen und wieder kleiner werden würde. Im Grunde ist dieser »Big Crunch« (»Großes Zusammenkrachen«) die Umkehrung des Urknalls. Heute gilt diese Vorstellung aber als eher unwahrscheinlich.

Das große Auseinanderreißen

Was aber, wenn die Dunkle Energie die Expansion immer weiter beschleunigt? Alle Objekte im Universum würden sich immer schneller voneinander entfernen. Zunächst würden die entfernteren Galaxien verschwinden, bis irgendwann nur noch die Nachbargalaxien zu sehen wären. Das wäre eine langweilige Zeit für die Kosmologen der Zukunft. Sie könnten gerade einmal die Milchstraße und die allernächsten Galaxien betrachten. Sie würden keine weiter entfernten Galaxien sehen und wüssten folglich auch nicht, dass es so etwas wie eine Expansion des Universums gibt. Sie wüssten nicht einmal vom Urknall.
Es käme schließlich zu einem »Big Rip« (»Großes Auseinanderreißen«) von dem die Galaxien, die Planetensysteme und sogar die Atome betroffen wären.

Die große Abkühlung

Eine andere Zukunftsaussicht wird auch »Big Chill« (»Große Abkühlung«) oder »Big Whimper« (»Großes Jammern«) genannt. Man spricht auch vom Wärme- bzw. Kältetod des Weltalls. Egal, wie man es nennt, es klingt nach keinem schönen Ende: Denn demnach würde sich das Universum auf ewig ausdehnen und immer mehr verdünnen. Die Folge wäre, dass sich keine Materie mehr zusammenballen und sich dadurch auch keine neuen Sterne bilden könnten. Die vorhandenen Sterne würden irgendwann ausbrennen und ihr Leben beenden. Das Universum würde immer dunkler, kälter und vor allem langweiliger werden.

Schon gewusst?

Noch bis vor 100 Jahren glaubte man, in einem statischen Universum zu leben, das sich so gut wie nicht verändert. Sogar der große Physiker Albert Einstein wollte anfangs nicht wahrhaben, dass sich das Universum ausdehnt.

Das Universum und seine Zukunft

Die Urknall-Theorie ermöglicht uns Aussagen über Geburt und weitere Entwicklung des Weltalls. Doch was wird die Zukunft bringen? Wird das Universum für immer weiterexistieren? Oder wird es am Ende vernichtet? Es könnte auch sein, dass es wiedergeboren wird. So wie es heute aussieht, ist die Masse des Universums nicht groß genug, um seine Ausdehnung zu stoppen. »Big Chill« und »Big Rip« sind demnach die wahrscheinlicheren Schicksale des Universums. Am denkbarsten scheint der »Big Chill«. Doch letztlich hängt alles vom weiteren Verhalten der Dunklen Energie ab. Solange ihr Rätsel nicht gelöst wird, ist alles möglich.

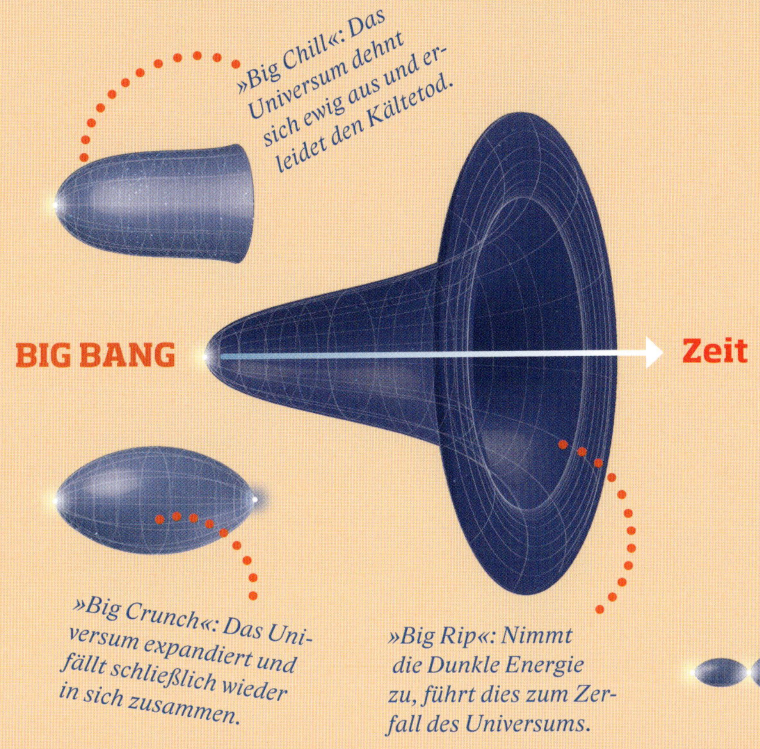

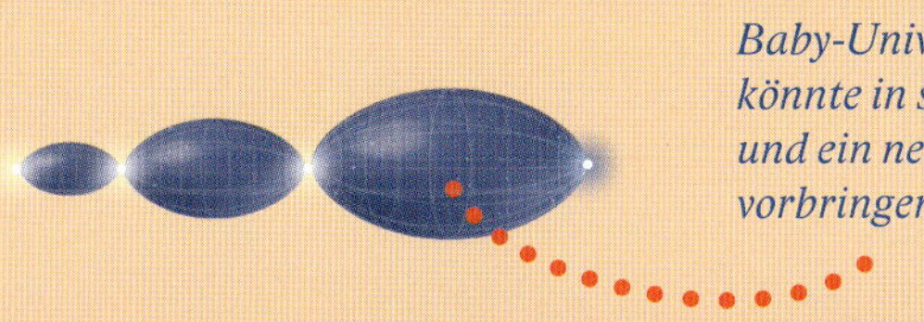

Die Sonne wird bereits in etwa einer Milliarde Jahre zehn Prozent heller leuchten als heute. Die Durchschnittstemperatur auf der Erde beträgt dann wohl 50 Grad Celsius.

Eins, zwei, drei … viele Universen

Wenn wir uns unser Universum als eine Art Seifenblase vorstellen, die mal größer und mal kleiner durch die Luft schwebt, dann ist diese Seifenblase nur eine von sehr vielen. Doch diese Idee vom Multiversum ist nur eine Vermutung, die sich möglicherweise nie belegen lässt.

Der Teil des Universums, den wir sehen können, ist schwindelerregend groß. Er erstreckt sich so weit, wie sich das Licht seit dem Urknall vor knapp 14 Milliarden Jahren ausbreiten konnte. Wir können uns diesen Raum als eine Kugel vorstellen, in deren Mitte die Erde beziehungsweise die Sonne oder die Milchstraße sitzt. Sie besitzt einen Radius von etwa 46 Milliarden Lichtjahren oder 4 x 10^{23} Kilometern (400 000 000 000 000 000 000 000 Kilometern).

Was steckt dahinter?

Doch was befindet sich jenseits dieser Kugel? Geht das Universum dort weiter? Die Antwort darauf hängt von etwas ab, das die Kosmologen die Raumkrümmung des Universums nennen. Es stehen drei Möglichkeiten zur Diskussion: Entweder ist das Universum geschlossen, flach oder offen. Aus der genauen Vermessung der kosmischen Hintergrundstrahlung wissen wir, dass das Universum höchstwahrscheinlich flach ist und sich damit auch unendlich weit erstreckt. Somit gibt es auch jenseits der Beobachtungsgrenze Galaxien mit Sternen und Planeten. Nur sehen können wir diese nicht, denn dazu ist unser Universum zu jung. Das Licht dieser Objekte ist erst auf dem Weg zu uns.

Der Null-Zeitpunkt

Die meisten Wissenschaftler sind der Meinung, dass wir wohl nie wissen werden, was genau zur Zeit null beim Big Bang passiert ist. Denn der Urknall ist eine sogenannte Singularität, ein unendlich kleiner und heißer Punkt. Die gängigen Theorien zur Beschreibung der Welt werden erst gültig ab einer Zeit von 10^{-43} Sekunden nach dem Urknall. Das ist eine Null mit einem Komma, dem 42 weitere Nullen folgen und dann erst die Ziffer 1. Es ist die kleinste sinnvolle Zeiteinheit, die nach dem deutschen Physiker und Mitbegründer der Quantenphysik Max Planck auch Planck-Zeit genannt wird. Deshalb verraten uns die Theorien auch nicht, was genau in dem Augenblick geschah, als unser Universum

Die verschiedenen Universen könnten über Wurmlöcher miteinander verbunden sein. Ein Wurmloch ist unvorstellbar klein und besteht aus einem sehr engen Tunnel. Wollten wir also von einem Universum in ein anderes wechseln, müssten wir zuerst diese Wurmlöcher finden, diese dann ausdehnen und offenhalten. Das könnte schwierig werden. Reisen durch Wurmlöcher sind deshalb noch Zukunftsfantasien.

geboren wurde. Selbst die Teilchenphysiker mit ihren riesigen Teilchenbeschleunigern können diesen Moment nicht experimentell untersuchen. Sie kommen an den Urknall nur auf etwa 10^{-30} Sekunden heran.

Vor dem Urknall

Was geschah am Punkt null? Physiker und Kosmologen auf der ganzen Welt suchen nach einer Antwort. Sie versuchen, mithilfe verschiedener Theorien, zum Beispiel der Stringtheorie und der Theorie der Schleifen-Quantengravitation, näher an den Urknall heranzukommen und sogar Aussagen für die Zeit vor dem Urknall zu treffen. Mit komplizierter Mathematik werden vieldimensionale Räume beschrieben, die sich niemand mehr vorstellen kann. Einer Vermutung zufolge gab es vor unserem Universum bereits ein anderes. Dieses kollabierte jedoch, fiel also in sich zusammen, und verdichtete sich immer weiter bis auf einen winzig kleinen Punkt, aus dem sich schließlich unser derzeitiges Universum wieder aufblähte. Einen Beweis für diese Hypothese gibt es aber leider nicht.

Das Multiversum

Unser Universum könnte auch als eine Art Blase eines Multiversums entstanden sein. In einem Multiversum hat jedes einzelne Universum unterschiedliche sogenannte Naturkonstanten. Dadurch sieht jedes von ihnen anders aus. Die meisten dieser Universen sind nur kurzlebig und kollabieren sofort wieder, andere dehnen sich dagegen viel zu schnell aus. Viele von ihnen bieten zudem nicht die richtigen Bedingungen, um Sterne, Planeten und somit auch Leben hervorbringen zu können. Wenn man aber annimmt, dass unendlich viele Universen existieren, so muss es darunter auch einige geben, in denen intelligentes Leben entstehen konnte. So gesehen ist es also sicher kein Zufall, dass es unser so lebensfreundliches Universum und auch uns Menschen gibt.

Es tut sich was in der Kosmologie

Eine wissenschaftliche Theorie ist erst dann eine gute Theorie, wenn man Vorhersagen machen kann, die überprüfbar sind. Genau genommen muss eine Theorie falsifizierbar sein. Das heißt, man muss sie prinzipiell widerlegen können. Das ist im Moment bei vielen der neuen kosmologischen Theorien nicht möglich. Wir können mit unseren Teleskopen nicht über den Rand des beobachtbaren Universums hinausschauen. Daher ist die Theorie vom Multiversum momentan nur eine Behauptung. Aber die Kosmologie ist jung und derzeit im Umbruch begriffen. Wir dürfen also gespannt sein, was die Zukunft uns bringt.

Solche Calabi-Yau-Räume, in denen sechs oder mehr Dimensionen verknäult sind, werden in die Raumzeit eingebaut.

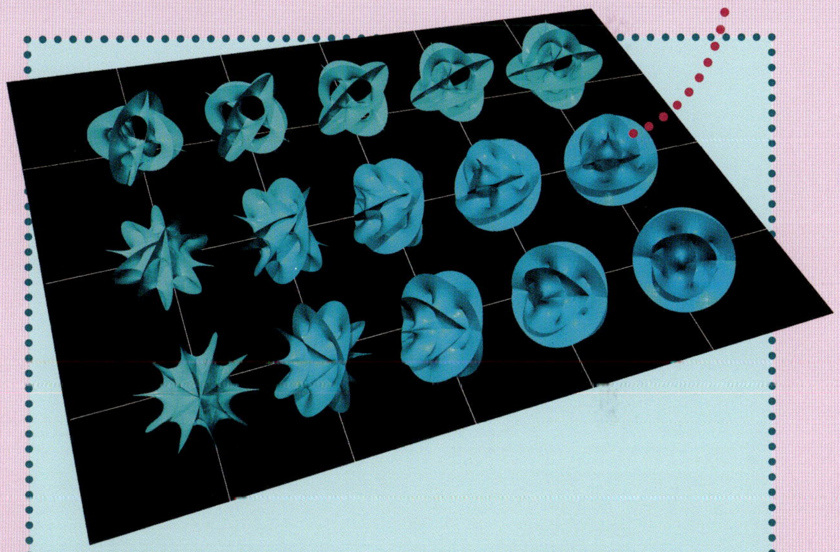

Stringtheorie

In den Modellen der Stringtheorie wird das Universum nicht mit Elementarteilchen, sondern mit winzig kleinen, dünnen Fäden beschrieben. Diese Fäden, die ähnlich wie Gitarrensaiten schwingen, messen nur milliardstel billionstel billionstel Meter. Die Stringtheorien benötigen allerdings zehn oder elf Dimensionen, um die Raumzeit-Struktur des Universums zu beschreiben. Wir Menschen sind nur die drei Raumdimensionen Höhe, Breite und Tiefe gewohnt und können uns nur mit Mühe auch die Zeit als vierte Dimension vorstellen. Daher sind so viele Dimensionen für uns sehr verwirrend. Die Stringtheoretiker behelfen sich deshalb mit Mathematik.

Meilensteine der Raumfahrt

4. Oktober 1957
Piep-piep-piep. Die Sowjetunion schießt den ersten künstlichen Satelliten in eine Erdumlaufbahn. Sputnik 1 ist eine Kugel mit einem Durchmesser von 58 Zentimetern, die nur ein Thermometer und einen Radiosender enthält. Dieser sendet 21 Tage lang sein Piepsignal zur Erde. Sputnik 1 ist der Startschuss zu einem Wettlauf ins All zwischen USA und Sowjetunion.

Sputnik 1

29. Juli 1958
Mit voller Kraft voran! Die USA wollen den sowjetischen Vorsprung im Weltall aufholen und gründen die NASA, die Nationale Luft- und Raumfahrtbehörde.

Nasa Emblem

16. Juni 1963
Die erste Frau im All ist Russin. Valentina Tereschkowa hat es von der Fabrikarbeiterin zur Kosmonautin geschafft. Ihr Flug dauert fast drei Tage.

Valentina Tereschkowa

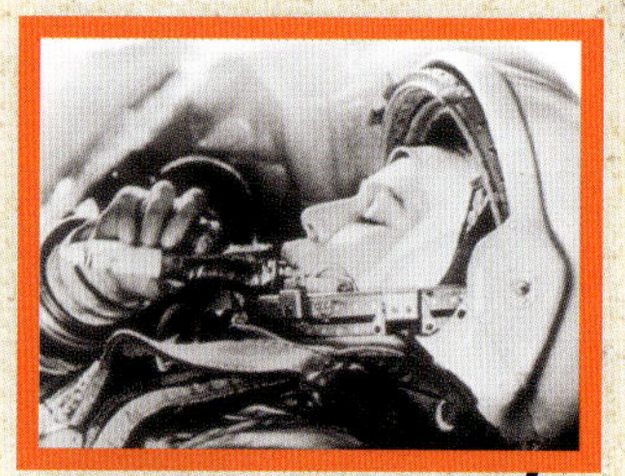

21. Juli 1969
Apollo 11-Mission. Neil Armstrong betritt als erster Mensch den Mond. 13 Minuten später verlässt auch Edwin Aldrin die Mondfähre. Die Amerikaner haben den Wettlauf zum Mond gewonnen.

Apollo 11

1957 — 1958 — 1961 — 1963 — 1968 — 1969

Hund Laika

3. November 1957
Wuff! Die Mischlingshündin Laika startet mit Sputnik 2 ins All und umkreist die Erde. Allerdings stirbt sie nach wenigen Stunden an Stress und Überhitzung. Doch das wird vor der Öffentlichkeit verheimlicht.

Juri Gagarin

12. April 1961
Der Kosmonaut Juri Gagarin startet mit einer Wostok-1-Rakete ins All und umrundet die Erde. Dafür benötigt er 108 Minuten. Als »Held der Sowjetunion« kommt sein Bild auf Briefmarken und Münzen. Die Amerikaner ärgern sich.

Alan Shepard

5. Mai 1961
Knapp verfehlt. Amerikas erster Mann im All, Alan Shepard, schafft es nicht bis in die Erdumlaufbahn. Sein Flug bringt ihn nur auf 187 km Höhe. Nach nur 15 Minuten ist er schon wieder auf der Erde.

Apollo 8

24. Dezember 1968
Die drei Apollo 8-Astronauten Frank Borman, James Lovell und William Anders sehen als erste Menschen die Rückseite des Mondes.

14. Mai 1973

Die NASA schickt die Raumstation Skylab ins All. Diese besteht aus einer umgebauten dritten Saturn-V-Raketenstufe. Die Besatzung arbeitet und wohnt im Wasserstofftank. Der Sauerstofftank wird für die Abfälle benutzt. Vier Sonnensegel versorgen die Station mit elektrischer Energie.

12. April 1981

Die Raumfähre Columbia hebt ab. Sie ist nach Kolumbus benannt, dem Entdecker Amerikas. Sie startet wie eine Rakete auf dem Weltraumbahnhof Cape Canaveral in Florida und landet zwei Tage später wie ein Flugzeug auf dem Militärflughafen Edwards Air Force Base.

20. November 1998

Das erste Bauteil der Internationalen Raumstation ISS (International Space Station) gelangt in den Orbit. Russische Raketen und amerikanische Raumfähren bringen weitere Module und die Besatzung in die Umlaufbahn. An der ISS sind viele Länder beteiligt: die USA, Russland, Japan und Kanada sowie die europäischen Länder Belgien, Dänemark, Deutschland, Frankreich, Italien, die Niederlande, Norwegen, Schweden, die Schweiz und Spanien.

Per Express ins All

Mit einer Sojus-Rakete dauerte die Anreise zur ISS bislang 30 Erdumrundungen und zwei ganze Tage. 2013 gelang die Sensation: Dank einer verbesserten Steuerung wurden nur noch vier Erdumrundungen benötigt. Vom Start bis zum Andocken an die ISS vergingen keine sechs Stunden.

Skylab im All

Spaceshuttle

Die Raumstation ISS ein Jahr nach Baubeginn.

Start einer russischen Sojus-Rakete in Baikonur.

1971 – 1973 – 1975 – 1981 – 1984 – 1998 – 2004 – 2013

Raumstation Saljut 1

USA und Russland im All

Bruce McCandless

SpaceShipOne

19. April 1971

Die Sowjetunion bringt Saljut 1, die erste Raumstation der Welt, in den Orbit. Die Station umkreist die Erde bis Oktober, dann verglüht sie in der Atmosphäre.

17. Juli 1975

Aus Rivalen werden Freunde. Eine amerikanische Apollo-Kapsel und ein russisches Sojus-Raumschiff docken aneinander an. Die Besatzungen machen gemeinsam Experimente, tauschen Geschenke aus und essen miteinander.

7. Februar 1984

Der Amerikaner Bruce McCandless schwebt als erster Mensch ohne Sicherungsleine frei im Weltall.

21. Juni 2004

Der erste private bemannte Weltraumflug. Das Raumschiff SpaceShipOne kratzt am Weltall. Trotz technischer Schwierigkeiten erreicht es eine Höhe von 109 Kilometer. Ab 100 Kilometer beginnt offiziell der Weltraum.

Gravitation und Raketenantrieb

Der Schwerkraft der Erde kann man mit Heißluft- und Gasballons sowie mit Flugzeugen entkommen, die mit Propellermotoren oder Düsentriebwerken angetrieben werden. Doch sind alle diese Luftfahrzeuge auf das Vorhandensein der Erdatmosphäre angewiesen. Mit warmer Luft oder mit Helium gefüllte Ballons funktionieren nach dem Prinzip »Leichter als Luft«. Der derzeitige Höhenrekord mit 41 422 Metern wurde im Jahr 2014 aufgestellt. Damit fehlen aber immer noch fast 60 000 Meter bis zum Weltall! Flugzeugmotoren dagegen benötigen zum einen Luftsauerstoff, um Treibstoff verbrennen zu können; und zum anderen wird der Auftrieb des Flugzeugs durch die Luft erzeugt, die um die Tragflächen strömt. Um in den luftleeren Weltraum vorzudringen, braucht man also ein vollkommen anderes Antriebsprinzip – das sogenannte Rückstoßprinzip.

Raketenprinzip

Ein aufgeblasener und nicht zugeknoteter Luftballon, der losgelassen wird, saust nach dem Rückstoß- oder Raketenprinzip durch die Luft. Die elastischen Wände des Ballons ziehen sich zusammen und drücken die Luft nach hinten aus der Öffnung. So wird eine Gegenkraft erzeugt, die den Ballon nach vorne schiebt. Die Geschwindigkeit und die Menge der ausströmenden Luft sind allerdings so gering, dass der Ballon das Weltall niemals erreichen wird. Er fällt schon nach kurzem Flug wieder zurück auf den Boden. Bei Feuerwerksraketen wird Schwarzpulver verbrannt, eine Mischung aus Kohlenstoff, Schwefel und Kaliumnitrat. Die bei der Verbrennung entstehenden heißen Gase verlassen die Rakete durch eine Düse und lassen die Rakete aufsteigen. Doch eine Feuerwerksrakete ist zu klein und ihre Verbrennungsgase zu langsam, als dass sie den Weltraum erreichen könnte.

Flüssigkeitstriebwerk

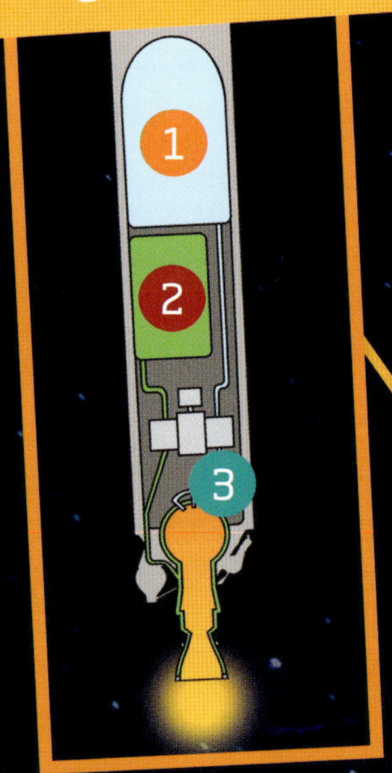

Flüssigkeitstriebwerke bringen flüssigen Sauerstoff **(1)** *und flüssigen Treibstoff* **(2)** *erst in der Brennkammer* **(3)** *zusammen. So können die Raketenmotoren mehrmals an- und abgestellt werden.*

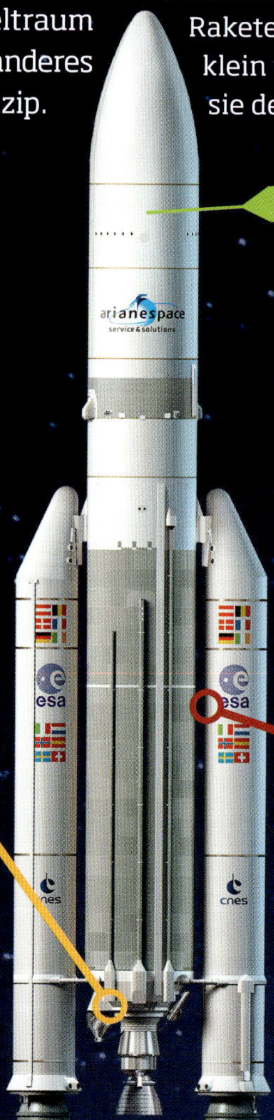

Ariane 5

Feststofftriebwerk

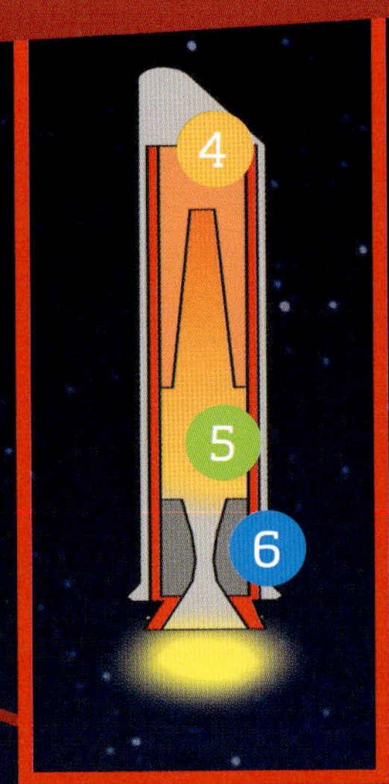

Die Feststoff-Booster einer Rakete bestehen aus einem Gemisch aus Treibstoff und einem festen Sauerstofflieferanten **(4)**. *Die entstehenden heißen Verbrennungsgase* **(5)** *verlassen den Booster über eine Düse* **(6)**.

Sojus-Rakete

Die russische Sojus-Rakete besitzt vier seitlich angebrachte Booster, die Flüssigtreibstoff verbrennen und der Rakete so den nötigen Schub zum Abheben geben. Die ausgebrannten Booster gehen in der dünn besiedelten kasachischen Steppe nieder.

Angeberwissen

- Die ISS fliegt in etwa 400 Kilometer Höhe mit rund 28 000 Stundenkilometern – das sind 7,8 Kilometer in der Sekunde!
- Wer die ISS besuchen will, muss ebenso schnell sein. Dafür benötigt man eine starke, mehrstufige Rakete.
- Am besten startet man möglichst nahe am Äquator und in Richtung Osten; so kann man den Schwung der Erddrehung nutzen und Treibstoff sparen.

Ariane 5

Die europäische Ariane 5 hat zwei Feststoff-Booster, die jeweils 30 Meter lang sind. Ohne sie würde die Rakete keinen Millimeter von der Rampe abheben. Beim Start vom Weltraumbahnhof in Kourou, Südamerika, werden erst die Flüssigkeitstriebwerke, dann die Booster gezündet. Sind die Booster nach etwa 130 Sekunden ausgebrannt, werden sie abgetrennt und fallen in den Atlantischen Ozean.

Mehrstufige Raketen

Um die Schwerkraft zu überwinden und bis in den Weltraum vorzudringen, müssen Raketen ziemlich schnell sein: nämlich etwa 28 000 Stundenkilometer. Dies gelingt, indem man Raketenmotoren baut, in denen besonders heiße und damit schnelle Gase bei der Verbrennung des Treibstoffs entstehen. Zudem verwendet man mehrstufige Raketen, wobei jede Stufe eigene Raketentriebwerke besitzt. Sobald der Treibstoff einer Stufe verbraucht ist, wird sie samt Motoren und Treibstoffbehältern abgetrennt, was die Rakete leichter werden lässt. Dann zündet die nächste Stufe und beschleunigt die Rakete weiter. Die letzte Stufe bringt die Nutzlast in eine Umlaufbahn der Erde. Nutzlast können Satelliten, Raumsonden, Module einer Raumstation oder Raumschiffe mit Astronauten sein.

Die Sache mit der Schwerkraft

Viele Menschen glauben, auf der ISS herrsche keine Schwerkraft. Das ist falsch. Auf der Umlaufbahn der ISS herrschen immer noch etwa 90 Prozent der Gravitationskraft, die wir von der Erdoberfläche kennen. Dennoch schweben die Astronauten schwerelos durch die Station. Dies ist nur möglich, weil sie zusammen mit der ISS rasend schnell um die Erde sausen. Station und Raumfahrer fallen gewissermaßen ständig um die Erde herum – Experten sprechen hier von Mikrogravitation oder freiem Fall. Je nachdem an welchem Ort an der ISS man sich befindet, bekommt man die Erdanziehung unterschiedlich stark zu spüren.

Wo die Reise losgeht

Von Kourou aus starten die europäische Ariane 5 und die kleinere Vega-Rakete.

Um eine Rakete zu starten, benötigst du einen Weltraumbahnhof. Von Cape Canaveral in Florida, USA starteten die berühmten Apollo-Flüge zum Mond und später die Spaceshuttles. Vom Kosmodrom in Baikonur, dem russischen Weltraumbahnhof in der Steppe von Kasachstan, treten Kosmonauten ihre Reise zur ISS an. Weltraumbahnhöfe gibt es inzwischen auch in China, Japan, Indien und Brasilien.

Countdown

Ist die Rakete mit Treibstoff betankt, sind alle Systeme überprüft, das Flugprogramm geladen, zählt der Operationsleiter im 12 km entfernten Jupiter-Kontrollzentrum die letzten 10 s herunter ... 3, 2, 1, décollage! Die Triebwerke werden gezündet!

Vier 80 m hohe Blitzableiter schützen die Rakete vor Blitzeinschlägen.

Europas Weltraumbahnhof

Der europäische Weltraumbahnhof Kourou in Französisch-Guayana ist eine der modernsten Abschussbasen der Welt. Die Anlage liegt mitten im tropischen Regenwald. Sie verfügt über drei Startrampen und viele weitere Technikgebäude für die Vorarbeiten. Alle europäischen Ariane-Trägerraketen starten von hier. Für die große Ariane-5-Superrakete wurde der Weltraumbahnhof eigens um den Startkomplex ELA-3 erweitert. Das Gelände umfasst die Abschussrampe, die Gebäude, in denen Raketen und Satelliten montiert und vorbereitet werden, sowie eine eigene Fabrik zur Herstellung von Treibstoff. Satelliten und Raketenstufen werden im Integrationsgebäude zusammengebaut. Die Trägerrakete wird dann auf einer mobilen Startplattform langsam über Gleise zum 90 Meter hohen Endmontagegebäude gerollt.

Ariane 1 bis 6

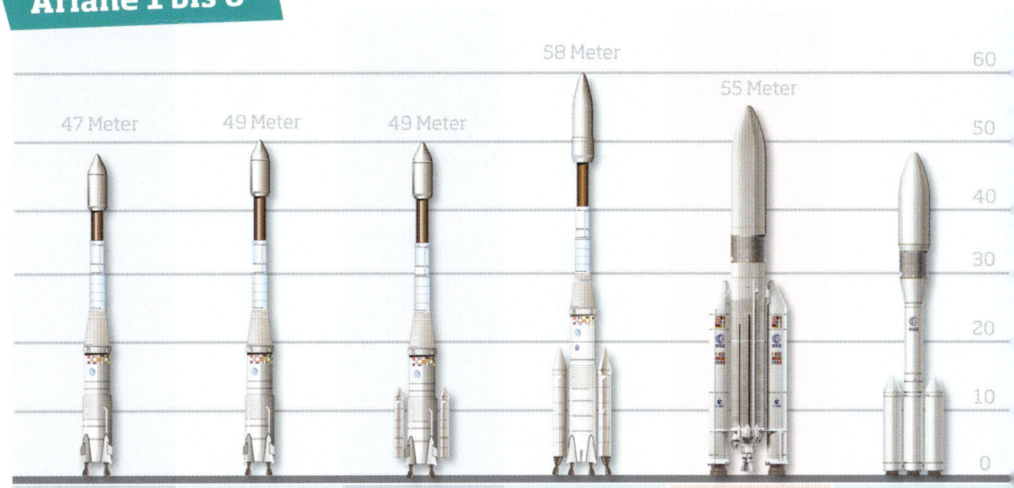

Ariane 1	Ariane 2	Ariane 3	Ariane 4	Ariane 5	Ariane 6
1979–1986	1986–1989	1984–1989	1988–2003	seit 1996	in Planung

Die Familie der Ariane Rakete. Mit der Ariane 5 Rakete hat Europa eine starke und zuverlässige Trägerrakete. Allerdings lohnt sich ein Start meist erst, wenn zwei größere Satelliten ins All befördert werden. Deshalb ist eine kleinere Ariane-6-Rakete in Planung, mit der auch einzelne Satelliten transportiert werden können.

Ariane 5

Eine typische Mission, bei der ein Weltraumfrachter zur ISS gelangt.

(1) Start in Französisch-Guayana: nach dem Signal folgt die Zündung der Triebwerke. (2) Während des dreiminütigen, aerodynamischen Hochdruckaufstiegs ist das ATV, ein Weltraumfrachter, im oberen Teil der Rakete Ariane 5 gut geschützt. Dann folgt das Öffnen der Abdeckhaube. (3) 100 Minuten nach dem Abheben wird das ATV zu einem vollautomatischen Raumfahrzeug, das in Richtung der Internationalen Raumstation (ISS) steuert. (4) Es benutzt seine lasergeführten Sensoren, um genau und sicher anzudocken. (5) Das ATV wird eine bewohnbare Erweiterung der ISS. (6) Das druckdichte Modul kann bis zu 6,6 Tonnen an Ausrüstung, Treibstoff, Lebensmittel, Wasser und Sauerstoff für die Besatzung liefern. (7) Es wird auch dazu genutzt, die Höhenlage der Station wieder zu steigern, da diese im Laufe der Zeit aufgrund der Erdanziehung abnimmt. (8) Nach sechs Monaten löst sich das ATV von der ISS. Es ist nun mit 6,4 Tonnen Müll beladen. (9) Ende der Mission: das ATV brennt während des kontrollierten Wiedereintritts in die Erdatmosphäre hoch über dem Pazifischen Ozean ab.

Weltraumbahnhöfe

Für den Start einer Trägerrakete benötigt man eine Startrampe, Montagehallen, Treibstofffabriken, Kontrollzentren, Testeinrichtungen, eine Feuerwehr und vieles mehr. Diese Anlagen sind in Startzentren oder Weltraumbahnhöfen zusammengefasst und nehmen viele Quadratkilometer Platz ein. Die ersten Weltraumbahnhöfe der großen Weltraumnationen USA und UdSSR waren noch militärische Standorte. Heute verfügen neben den USA und Russland (dem Nachfolger der UdSSR) auch andere Länder über eigene Weltraumbahnhöfe: China, Indien, Japan, Brasilien, Südkorea sowie Israel. Europas Raumfahrtzentrum liegt wegen seiner Nähe zum Äquator besonders günstig in Kourou, Französisch-Guayana – einem Überseegebiet Frankreichs, das damit zur Europäischen Union gehört. Von hier aus starten europäische Raketen wie die Ariane 5 oder die kleinere Rakete Vega.

Nordamerika

Süd-amerika

USA

Cape Canaveral

Vom Startkomplex 39 in Florida starteten einst Apollo-Astronauten zum Mond und später auch Spaceshuttle-Missionen. Der Startkomplex besteht aus zwei größeren und einer kleineren Startrampe. Eine der Startrampen wird heute unter anderem dafür genutzt, Fracht zur ISS zu fliegen.

Alles startklar?

Weltraumbahnhöfe stellen alles zur Verfügung, was zur Vorbereitung und Durchführung eines Raketenstarts notwendig ist. Mit dem Flugzeug treffen Ausrüstung, Satelliten, Raketenteile und Astronauten ein (1). *Die Rakete wird in der Montagehalle zusammengebaut* (2) *und anschließend zum Startplatz transportiert* (3). *Dort wird sie dann mit Treibstoff betankt* (4).

Französisch-Guayana

Kourou

Vom europäischen Weltraumbahnhof Kourou sind bisher fünf automatische ATV-Raumfrachter zur ISS gestartet. Diese haben die Raumstation mit Lebensmitteln, Sauerstoff, Treibstoff, Ersatzteilen und mit Materialien für Experimente versorgt.

Kasachstan

Baikonur

Der größte Weltraumbahnhof der Welt liegt in Kasachstan. Das Kosmodrom Baikonur wurde gebaut, als es noch die Sowjetunion gab. Heute hat Russland den Weltraumbahnhof gemietet und zahlt jährlich umgerechnet etwa 100 Millionen Euro dafür. Derzeit ist das Kosmodrom in Baikonur die einzige Möglichkeit, Raumfahrer zur ISS zu schicken.

Schon gewusst?

Eine mehrstufige Rakete nennt man auch Trägerrakete. Mit ihr werden Nutzlasten und Astronauten in die Erdumlaufbahn transportiert.

Russland

Wostotschny

Im April 2016 startete die erste Rakete vom neuen russischen Kosmodrom Wostotschny nahe der chinesischen Grenze. An Bord waren zwei Satelliten und ein Weltraumteleskop. Von diesem russischen Weltraumbahnhof sollen in Zukunft auch Menschen ins All starten.

Japan

Tanegashima

Direkt am Meer liegt der japanische Weltraumbahnhof Tanegashima. Japanische Raketen bringen Satelliten und Raumsonden ins All sowie den HTV-Raumfrachter der japanischen Raumfahrtagentur JAXA. Für die bemannte Raumfahrt sind diese Raketen aber nicht geeignet. Deshalb starten Japans Astronauten mit russischen Raketen vom Kosmodrom in Baikonur.

Spaceshuttle

Das Spaceshuttle war eine wiederverwertbare Raumfähre und von 1981 bis 2011 das wichtigste Transportfahrzeug der NASA ins All. Es startete wie eine Rakete senkrecht von einer Startrampe. Die Landung erfolgte dagegen wie bei einem Flugzeug auf einer Landebahn. Das ganze System hieß eigentlich Space Transportation System (STS). Das STS bestand aus drei Teilen: dem Orbiter, einem externen Treibstofftank und den beiden Feststoffraketen an den Seiten des Tanks. Meist wird einfach nur der Orbiter Spaceshuttle genannt.

Der Orbiter

Im Orbiter fanden bis zu acht Astronauten Platz – mehr als in jedem anderen bemannten Raumfahrzeug. Zudem enthielt der Orbiter eine Ladebucht für bis zu 24,5 Tonnen Nutzlast. So konnten schwerere und sperrigere Nutzlasten in Höhen von meist 200 bis 650 Kilometern transportiert werden. In der geräumigen Ladebucht wurden auch Module der ISS in eine niedrige Erdumlaufbahn gebracht. Die Astronauten konnten über einen Andockadapter, der ebenfalls in der Ladebucht untergebracht war, zur Raumstation wechseln, ohne einen Raumanzug anlegen zu müssen. Das Spaceshuttle war vielseitig verwendbar: Es konnte Fracht und Astronauten transportieren oder Satelliten einfangen, um sie noch im All zu reparieren oder zur Erde zurückzubringen. Vor allem aber wurde das Spaceshuttle zum Bau der ISS und zur Versorgung der Raumstation eingesetzt. Der Orbiter ist gewissermaßen Bus und Lkw in einem.

30 Jahre im Dienst

Die NASA ließ insgesamt fünf Spaceshuttles bauen, die ins All flogen: Challenger, Columbia, Endeavour, Discovery und Atlantis. Neben diesen wurde ein sechstes namens Enterprise gebaut. Dieser Prototyp, der niemals gestartet wurde und nur zu Testzwecken diente, ist nach dem Raumschiff der Science-Fiction-Serie Star Trek (Raumschiff Enterprise) benannt. In den 30 Jahren Betriebszeit wurden mit den fünf Orbitern 135 Flüge durchgeführt. Seit dem Ende der Shuttles 2011 werden bemannte Raumflüge zur ISS nur mit russischen Sojus-Raketen und Sojus-Raumschiffen vom Weltraumbahnhof Baikonur in Kasachstan durchgeführt.

Space Transportation System

Die beiden Feststoffraketen (1) erzeugen beim Start den größten Teil des Schubs. Ohne diese beiden Booster könnte das Spaceshuttle-System nicht abheben. Im Orbiter (2) sind bis zu acht Astronauten und die Fracht untergebracht. Der Orbiter hat, anders als Raketen, zwei Tragflächen, auf denen er nach der Mission zur Erde zurückgleiten kann. Der Orbiter landet wie ein Flugzeug auf einer Landebahn – allerdings muss diese deutlich länger sein als bei gewöhnlichen Verkehrsflug-zeugen. Die drei Haupttriebwerke des Orbiters (3) brennen etwa achteinhalb Minuten und werden dann nicht mehr benötigt. In der Brennkammer entstehen bei der Reaktion von Flüssigwasserstoff mit Flüssigsauerstoff Temperaturen von etwa 3 300 Grad Celsius. Der große, externe Tank (4) beinhaltet flüssigen Wasserstoff als Treibstoff und flüssigen Sauerstoff für die Haupttriebwerke des Orbiters. Er ist knapp 47 Meter lang und hat einen Durchmesser von 8,4 Metern.

Huckepack

Wenn der Orbiter innerhalb der USA transportiert werden musste, flog er auf dem Rücken einer umgebauten Boeing 747.

Ende der Spaceshuttles

Zwei der Orbiter wurden bei tragischen Unglücken zerstört; dabei verloren 14 Astronauten ihr Leben. Im Januar 1986 explodierte die Challenger kurz nach dem Start. Ein Dichtungsring in einem der Feststoffbooster war durch Frost brüchig und damit undicht geworden. So konnte ein heißer Gasstrahl den Haupttank durchschweißen und den Treibstoff entzünden. Dadurch explodierte der Orbiter kurz nach dem Start. Die Columbia hingegen zerbrach beim Wiedereintritt im Februar 2003 infolge abgeplatzter Hitzeschutzkacheln. Nach der zweiten Katastrophe fanden nur noch wenige Spaceshuttle-Flüge statt. 2011 wurde das Spaceshuttle-Programm dann komplett eingestellt.

Teurer als gedacht

Ursprünglich erhoffte man sich vom STS, die Kosten für Raumflüge zu senken. Doch das Transportsystem war nur zu einem kleinen Teil wiederverwendbar und sehr aufwendig in der Wartung. Der große, rote Haupttank verglühte vollständig in der Atmosphäre. Die Booster wurden aus dem Meer geborgen und nach ausführlichen Tests wieder mit Festtreibstoff befüllt. Der Orbiter musste nach der Landung umfangreichen Wartungsarbeiten unterzogen werden. Die Raumfähre erwies sich am Ende teurer als die nur einmal verwendbaren Raketen. Außerdem war das STS sehr kompliziert und fehleranfällig, wie zwei Katastrophen zeigen sollten.

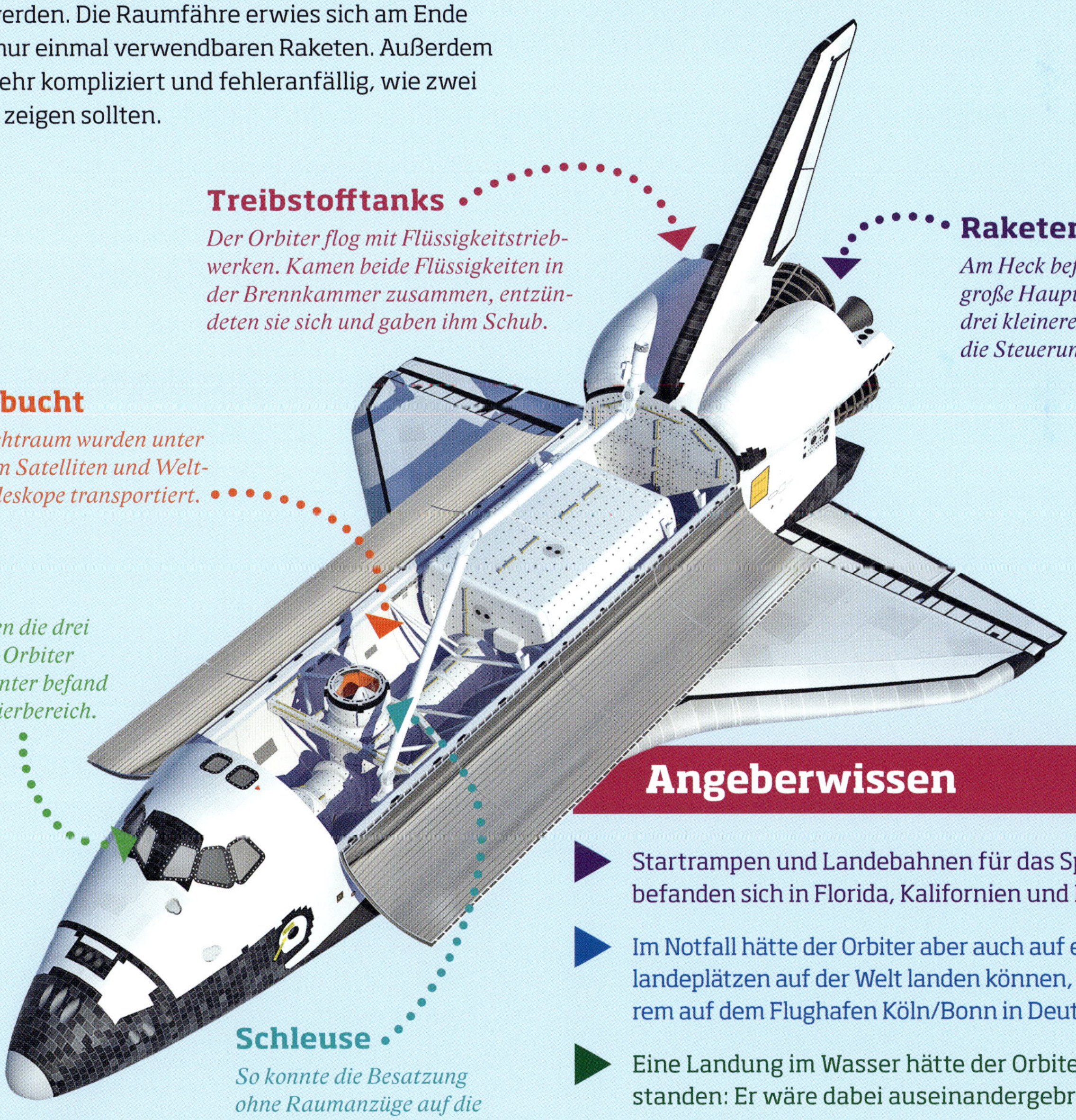

Treibstofftanks

Der Orbiter flog mit Flüssigkeitstriebwerken. Kamen beide Flüssigkeiten in der Brennkammer zusammen, entzündeten sie sich und gaben ihm Schub.

Raketenmotoren

Am Heck befanden sich drei große Haupttriebwerke und drei kleinere Triebwerke für die Steuerung.

Ladebucht

Im Frachtraum wurden unter anderem Satelliten und Weltraumteleskope transportiert.

Kabine

Im Cockpit saßen die drei Piloten, die den Orbiter steuerten. Dahinter befand sich der Passagierbereich.

Schleuse

So konnte die Besatzung ohne Raumanzüge auf die ISS wechseln.

Angeberwissen

- Startrampen und Landebahnen für das Spaceshuttle befanden sich in Florida, Kalifornien und New Mexico.
- Im Notfall hätte der Orbiter aber auch auf etwa 60 Notlandeplätzen auf der Welt landen können, unter anderem auf dem Flughafen Köln/Bonn in Deutschland.
- Eine Landung im Wasser hätte der Orbiter nicht überstanden: Er wäre dabei auseinandergebrochen.

Sojus-Rakete

Als 2011 das Spaceshuttle-Programm der NASA eingestellt wurde, gab es nur noch eine Möglichkeit, Menschen zur ISS zu befördern und wieder zur Erde zurückzuholen: das russische Sojus-Raumschiff und die dazu gehörende Sojus-Rakete.

Erfolgsrezept Sojus

Die Sojus-Rakete ist die Weiterentwicklung jener Rakete, die im Jahr 1957 den ersten Satelliten der Welt, Sputnik 1, in den Weltraum brachte. Mehr als 1 500 Sojus-Raketen sind seit den 1960er-Jahren gestartet worden – mehr als von jedem anderen Raketentyp. Die erste hob 1963 ab, allerdings noch unter dem Namen Woschod (Russisch für »Aufgang«). Erst als mit diesen Raketen auch die Sojus-Raumschiffe gestartet wurden, erhielt die Rakete ihren neuen Namen. Sojus bedeutet auf Deutsch Union. Die Sojus-Rakete gilt als sehr robust sowie zuverlässig und bringt bemannte Sojus-Raumschiffe ins All, ebenso unbemannte Progress-Raumtransporter, Satelliten und Raumsonden. Bemannte Raumflüge erfolgen derzeit nur vom Kosmodrom Baikonur. Unbemannte Starts einer Sojus-Rakete sind seit 2011 auch von Kourou in Französisch-Guayana möglich.

Steckbrief

Sojus

Besatzung: 3

Länge: 50 Meter

Durchmesser: an der Basis bis zu zehn Meter

Leistung: 28 Millionen PS

Masse: 310 Tonnen

Start ins All

Zwei Minuten lang brennen die vier Booster der ersten Stufe. Dann gehen sie in der kaum bewohnten kasachischen Steppe nieder. Schrottsammler bauen aus den Raketentrümmern Garagen und Hütten oder verkaufen das Metall.

Drei Teile – ein Raumschiff

Das Sojus-Raumschiff besteht aus Orbitalmodul, Landemodul und Servicemodul inklusive Antrieb. Nur das Landemodul kehrt zur Erde zurück und ist mit einem Hitzeschutzschild versehen. Außerdem enthält es einen Fallschirm sowie Bremstriebwerke.

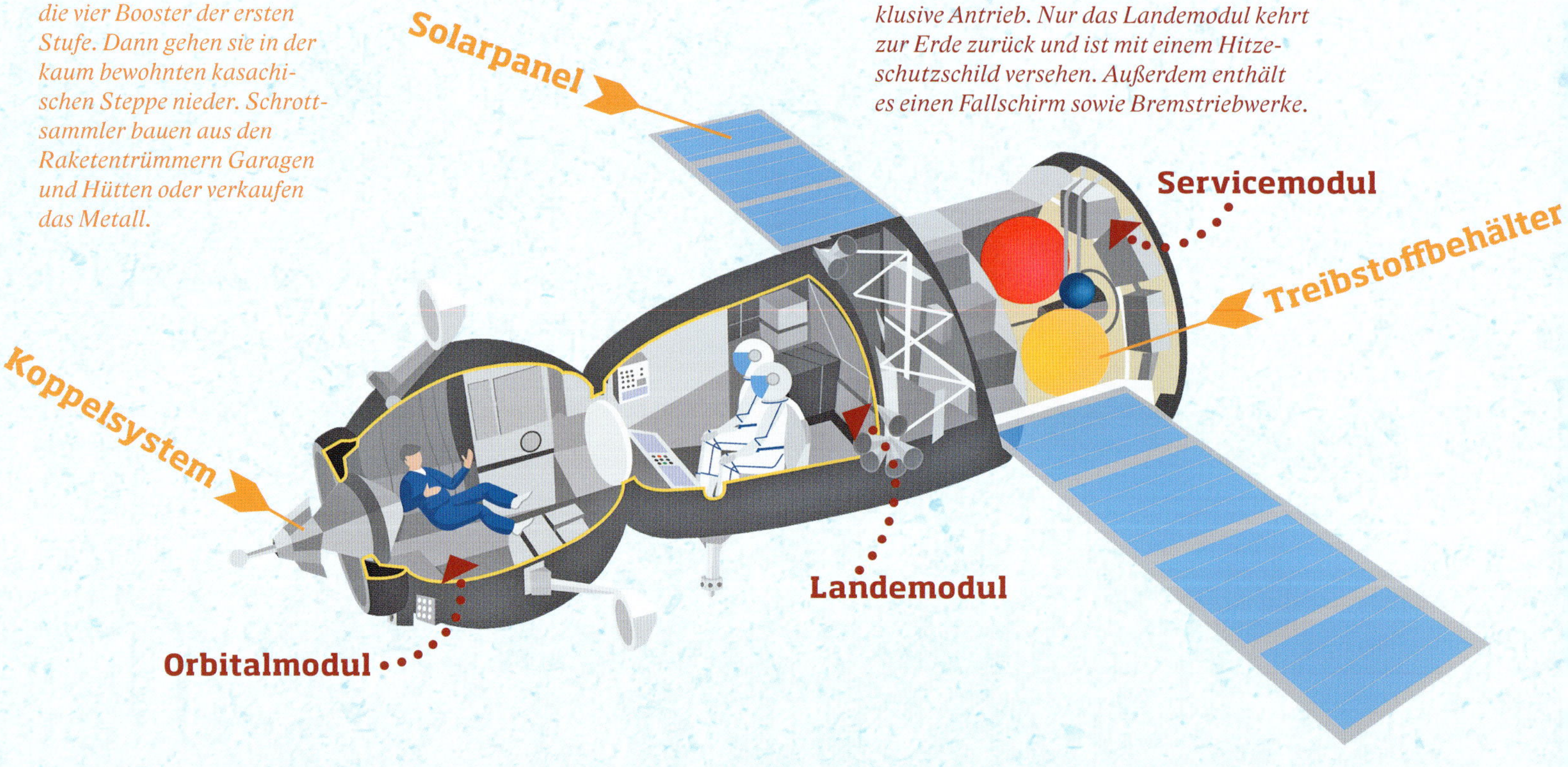

Rekord

28 000 000 PS

besitzt die Sojus-Rakete und kann so die Schwerkraft der Erde überwinden. Zum Vergleich: Ein Kleinwagen hat etwa 100 PS.

Proton

Um schwere Lasten ins All zu bringen, etwa Module für Raumstationen oder geostationäre Satelliten, wird die russische Schwerlastrakete Proton verwendet. Sie kann bis zu 21 Tonnen Nutzlast transportieren.

Rakete und Raumschiff

Von der Sojus-Rakete, die bereits über 50 Jahre im Einsatz ist, wurden unterschiedliche Varianten gebaut. Das Grundprinzip blieb jedoch gleich: In der bemannten Version sitzt an der Spitze der dreistufigen Flüssigtreibstoffrakete unter einer Nutzlastverkleidung das Sojus-Raumschiff. Dieses bietet Platz für drei Kosmonauten. Die Raumfahrer liegen beim Start auf 300 Tonnen hochexplosivem Treibstoff. Die Rakete und das Raumschiff, von dem nur das Landemodul mit den rückkehrenden Kosmonauten geborgen wird, können allerdings nur ein einziges Mal benutzt werden. Beide sind somit Einwegfahrzeuge.

Rettungsturm

Rettende Spitze

Mit der Sojus-Rakete können entweder Fracht oder drei Kosmonauten zur ISS transportiert werden. Die bemannte Version erkennt man am Rettungssystem an der Spitze. Tritt kurz vor oder während des Starts ein Notfall auf, bringt der Rettungsturm das Raumschiff mit der Besatzung aus dem Gefahrenbereich.

Sojus-Rakete

Die Sojus-Rakete besteht aus drei Stufen, wobei die vier seitlich angebrachten Booster die erste Stufe bilden. Jeder Booster ist fast 20 Meter lang und wiegt vollgetankt knapp 43 Tonnen. Tatsächlich existieren verschiedene Varianten der Sojus-Rakete.
Für bemannte Flüge trägt die Rakete an der Spitze das aus drei Teilen bestehende Sojus-Raumschiff.

Rettungsturm **(1)**
Orbitalmodul **(2)**
Landemodul **(3)**
Servicemodul **(4)**
Nutzlastverkleidung **(5)**

Dritte Stufe:
Tank **(6)**
Raketenmotor **(7)**

Zweite Stufe:
Tank **(8)**
Raketenmotor **(9)**

Erste Stufe:
Booster **(10)**
Raketenmotor **(11)**

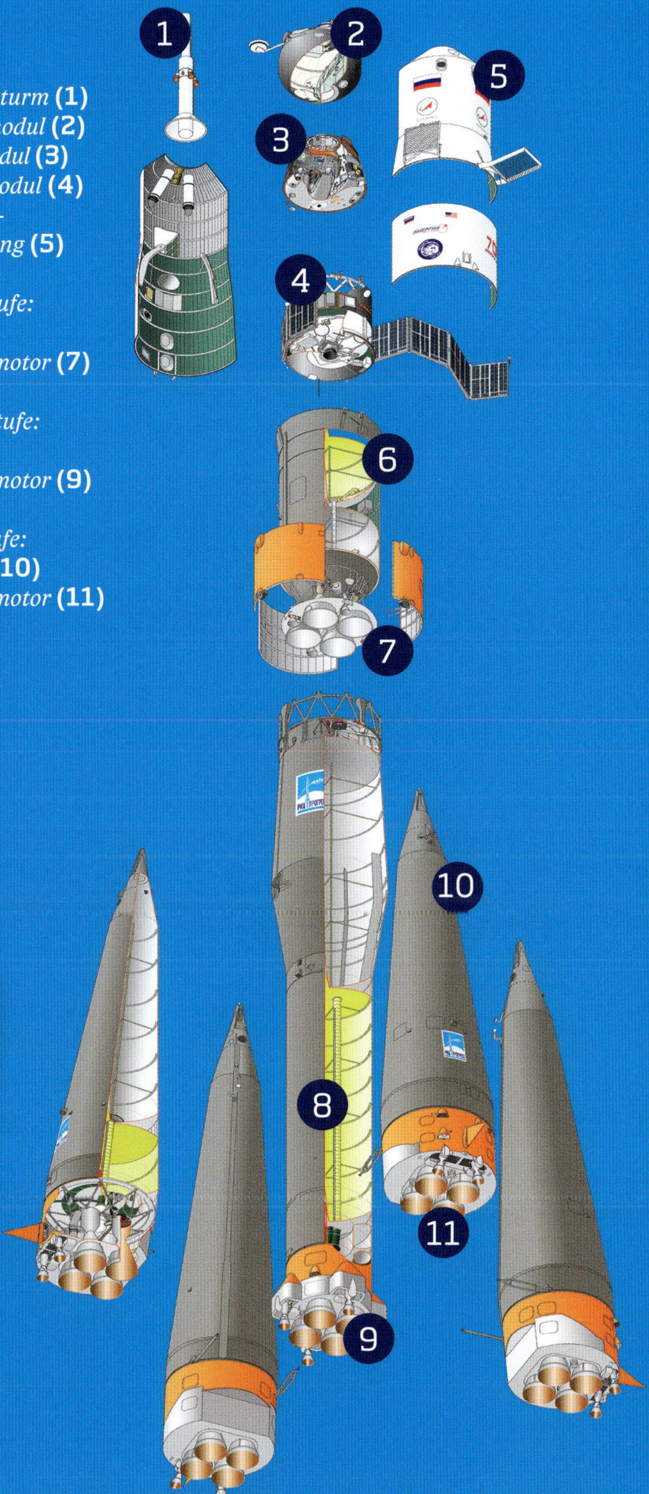

Den Mond besuchen

1926

Robert Goddard

baut die erste Flüssigkeitsrakete. Sie fliegt nicht lange, nicht hoch und sieht noch nicht nach Rakete aus. Aber die Nachfolger dieser Rakete werden in weniger als 50 Jahren Menschen zum Mond bringen.

1945

Wernher von Braun

Der Zweite Weltkrieg ist beendet. Der Deutsche Wernher von Braun hat im Krieg für Deutschland die berüchtigte V2-Rakete entwickelt. Nun baut er für die USA neue und immer stärkere Raketen, die Satelliten und Menschen ins All befördern sollen.

1959

Lunik 2

13. September 1959. Die Mondsonde Lunik 2 erreicht als erste Raumsonde den Mond und schlägt wie geplant auf der Oberfläche auf. Kurz darauf, am 4. Oktober 1959, startet Lunik 3, umrundet den Mond und schickt Bilder von dessen Rückseite, die bis dahin noch kein Mensch gesehen hat.

1968

Apollo 8

Frank Borman, James Lovell und William Anders erreichen am 24. Dezember den Mond. Sie sehen als erste Menschen die Rückseite aus 112 Kilometer Entfernung.

20./21.07.1969

Apollo 11

»Der Adler ist gelandet«, sagt Neil Armstrong, als die Mondlandefähre Eagle (Adler) der Apollo-11-Mission auf dem Mond aufgesetzt hat. Neil Armstrong betritt als erster Mensch den Mond. Kurz darauf verlässt auch Edwin Aldrin die Mondfähre. Die Amerikaner haben den Wettlauf zum Mond gewonnen und rammen sofort die US-Flagge in den Mondboden. Nur einen Tag später zerschellt die unbemannte sowjetische Mondsonde Luna 15 auf dem Mond.

1970–1972

Apollo 15, 16 und 17

Die letzten drei Apollo-Missionen Apollo 15, 16 und 17 haben jeweils ein Auto mit dabei. Um Platz zu sparen, ist es zusammengefaltet und die Astronauten müssen es erst auseinanderfalten. Die Batterien reichen für etwa 90 Kilometer. So können sich die Astronauten in einem größeren Umkreis bewegen.

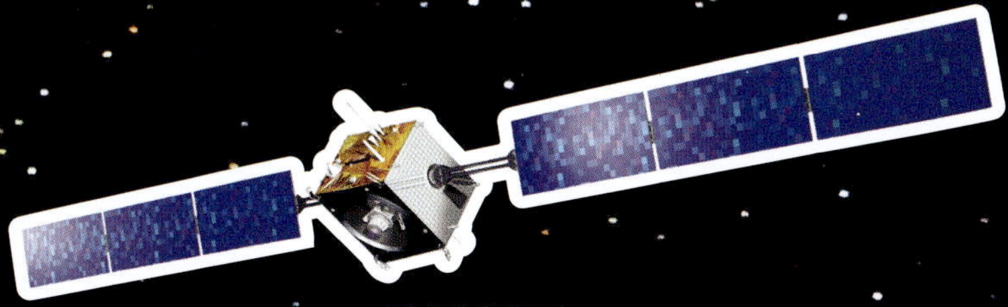

SMART-1

Europa gehört nun auch zum Club der Mondfahrer. Die unbemannte ESA-Sonde SMART-1 umkreist den Mond und testet dabei einen neuartigen Ionenantrieb. Es folgen SMART-2 und SMART-3.

Clementine

Nach einer mehr als 20-jährigen Pause fliegt erstmals wieder eine Sonde der Amerikaner zum Mond. Die Radarmessungen lassen Wassereis in den Kratern am Mondsüdpol vermuten.

Chandrayaan-1 + MIP

Indien startet eine unbemannte Sonde. Sie umkreist den Mond mehr als 3400-mal. Von ihr löst sich MIP, die kontrolliert zur Mondoberfläche absteigt und dort einschlägt, was beabsichtigt ist.

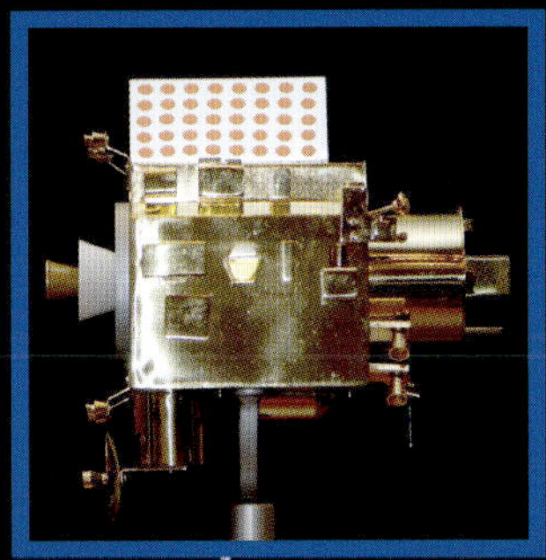

Chang´e-3 + Yutu

Jetzt ist auch ein Häschen auf dem Mond. Am 14. Dezember setzt die chinesische Mondsonde Chang´e-3 weich im Mare Imbrium auf. Acht Stunden später rollt der Mondrover Yutu (Jadehase) aus der Landesonde auf den Mond.

1990 – 1994 – 1998 – 2003 – 2007 – 2008 – 2012 – 2013

Hiten

Im Januar startet Japan vom Weltraumbahnhof Tanegashima die Sonde Hiten. Diese umkreist den Mond auf einer langgezogenen elliptischen Bahn. Von Hiten aus startet die kleinere Tochtersonde Hagoromo. Leider geht der Funkkontakt zu dem Minisatelliten verloren. Trotzdem freuen sich die Japaner riesig!

Lunar Prospector

Ein Techniker bereitet die NASA-Sonde Lunar Prospector für den Start vor. Ab Januar 1998 umkreist sie 19 Monate lang den Mond, untersucht die chemische Zusammensetzung der Mondoberfläche, vermisst das Schwerefeld des Mondes und bestätigt Clementines Wasserfunde.

Kaguya

Japans neue Mondsonde Kaguya ist nach einer Mondprinzessin benannt. Die »Prinzessin« hat 13 verschiedene Instrumente an Bord. An der Sonde sind zwei kleine Platten mit den Namen und Botschaften von 410000 Menschen angebracht. Am 10. Juni 2009 schlägt die Sonde auf der Mondoberfläche auf. Der dabei verursachte Lichtblitz konnte mit Teleskopen auf der Erde beobachtet werden.

Grail-A und Grail-B

Die beiden amerikanischen Zwillingssonden Grail-A und Grail-B umkreisen den Mond. Sie sind jeweils so groß wie eine Waschmaschine und vermessen gemeinsam das Schwerefeld des Mondes. Wo ist die Gravitation stärker, wo schwächer? Am 17. Dezember schlagen die Sonden in der Nähe des Mondnordpols auf. Mission beendet.

Straßenkarte zum Mond

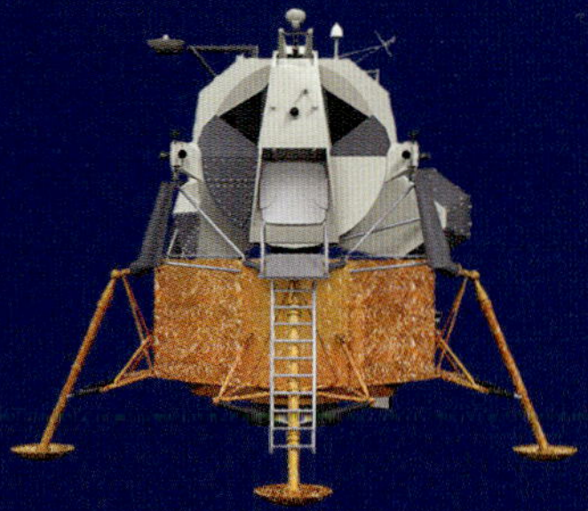

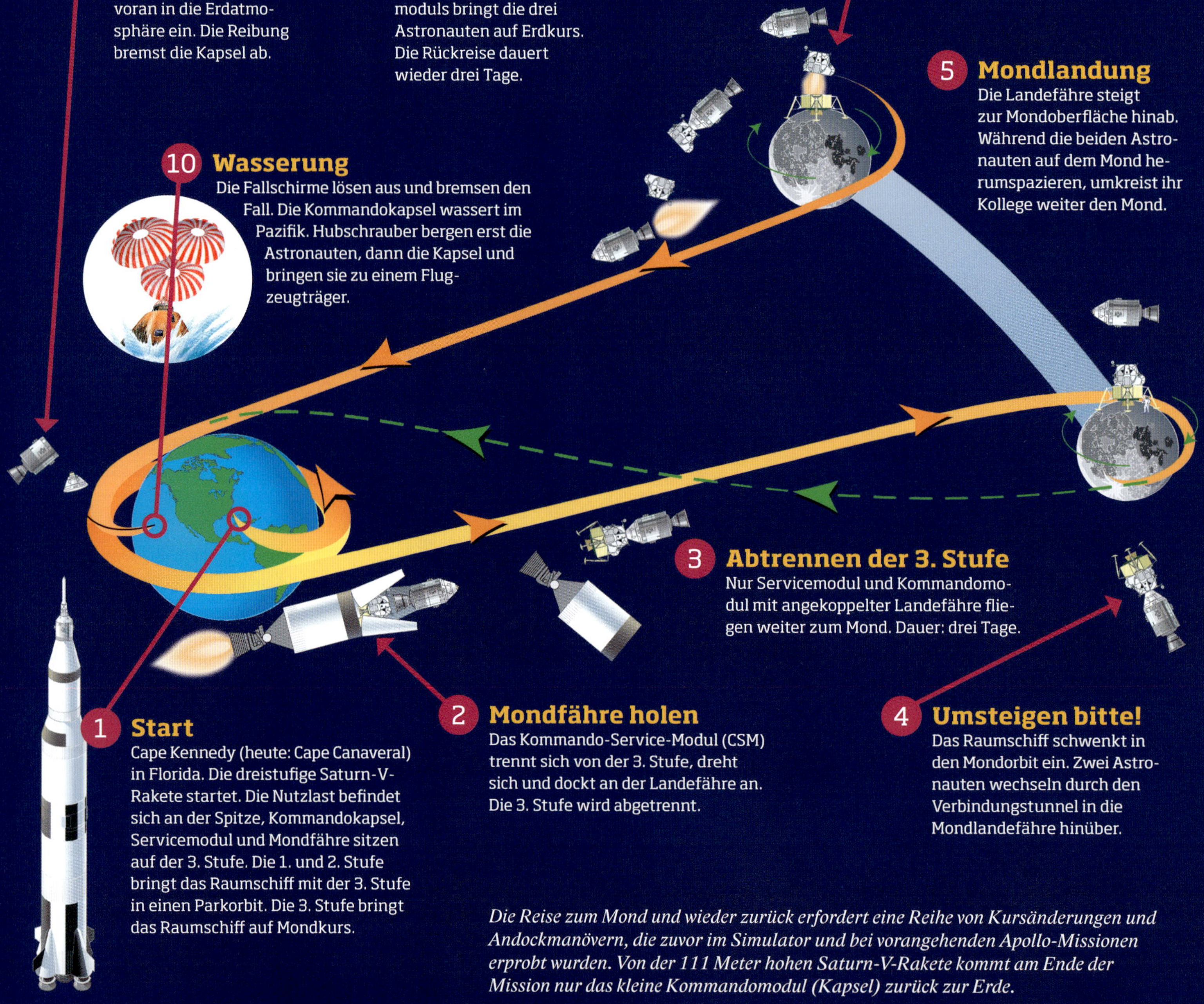

1 Start
Cape Kennedy (heute: Cape Canaveral) in Florida. Die dreistufige Saturn-V-Rakete startet. Die Nutzlast befindet sich an der Spitze, Kommandokapsel, Servicemodul und Mondfähre sitzen auf der 3. Stufe. Die 1. und 2. Stufe bringt das Raumschiff mit der 3. Stufe in einen Parkorbit. Die 3. Stufe bringt das Raumschiff auf Mondkurs.

2 Mondfähre holen
Das Kommando-Service-Modul (CSM) trennt sich von der 3. Stufe, dreht sich und dockt an der Landefähre an. Die 3. Stufe wird abgetrennt.

3 Abtrennen der 3. Stufe
Nur Servicemodul und Kommandomodul mit angekoppelter Landefähre fliegen weiter zum Mond. Dauer: drei Tage.

4 Umsteigen bitte!
Das Raumschiff schwenkt in den Mondorbit ein. Zwei Astronauten wechseln durch den Verbindungstunnel in die Mondlandefähre hinüber.

5 Mondlandung
Die Landefähre steigt zur Mondoberfläche hinab. Während die beiden Astronauten auf dem Mond herumspazieren, umkreist ihr Kollege weiter den Mond.

6 Aufstieg vom Mond
Die Astronauten verstauen die Gesteinsproben im oberen Teil der Mondfähre. Sie schließen die Luke, zünden das Aufstiegstriebwerk und kehren in den Mondorbit zurück. Der untere Teil der Landefähre mit dem Abstiegstriebwerk bleibt auf der Mondoberfläche zurück.

7 Andocken
Die Aufstiegsstufe erreicht den Mondorbit und dockt mit dem Kommando-Service-Modul (CSM) an. Die Astronauten steigen in das Kommandomodul um und verstauen Mondgestein und Filme.

8 Abdocken
Die Aufstiegsstufe wird abgetrennt. Sie schlägt später auf dem Mond auf. Das Triebwerk des Servicemoduls bringt die drei Astronauten auf Erdkurs. Die Rückreise dauert wieder drei Tage.

9 Abtrennen
Das Servicemodul wird abgetrennt. Das Kommandomodul tritt mit dem Hitzeschutzschild voran in die Erdatmosphäre ein. Die Reibung bremst die Kapsel ab.

10 Wasserung
Die Fallschirme lösen aus und bremsen den Fall. Die Kommandokapsel wassert im Pazifik. Hubschrauber bergen erst die Astronauten, dann die Kapsel und bringen sie zu einem Flugzeugträger.

Die Reise zum Mond und wieder zurück erfordert eine Reihe von Kursänderungen und Andockmanövern, die zuvor im Simulator und bei vorangehenden Apollo-Missionen erprobt wurden. Von der 111 Meter hohen Saturn-V-Rakete kommt am Ende der Mission nur das kleine Kommandomodul (Kapsel) zurück zur Erde.

Als sich die NASA Anfang der 1960er-Jahre der Aufgabe einer bemannten Mondlandung stellte, war unklar, wie das Raumschiff aussehen könnte. Naheliegend war eine gigantische Mondrakete, deren obere Stufe auf dem Mond niedergeht und von dort auch wieder als Rakete startet. Doch eine solche Riesenrakete wäre in der kurzen Zeit bis Ende des Jahrzehnts nicht zu realisieren gewesen. So entwickelte man eine große dreistufige Rakete und ein kleines, leichtes Raumschiff, das aus einem Kommandomodul, einem Servicemodul und einer leichten Mondfähre bestand. Allerdings mussten einige knifflige Kopplungsmanöver im All durchgeführt werden. Doch diese Technik sollte sich letztendlich bewähren.

Die Mondlandefähre

Mit zwei Astronauten an Bord landete die Mondlandefähre auf dem Mond. Diese war extrem leicht gebaut, sodass sie möglichst wenig Treibstoff verbrauchte. Da die Fähre nie durch eine Atmosphäre fliegen würde, musste sie auch nicht stromlinienförmig sein. Von der ursprünglich gestarteten Apollo-Rakete kehrte am Ende der Mission lediglich das Kommandomodul (Kapsel) mit den drei Astronauten zur Erde zurück.

Schon gewusst?

Das Apollo-Programm ist nach dem römischen beziehungsweise griechischen Gott Apollon benannt, der als treffsicherer Bogenschütze galt.

Apollo-Raumschiff

Nach dem Andocken des Kommandomoduls an die Mondfähre können die Astronauten während des Fluges zum Mond beliebig zwischen den beiden Sektionen wechseln.

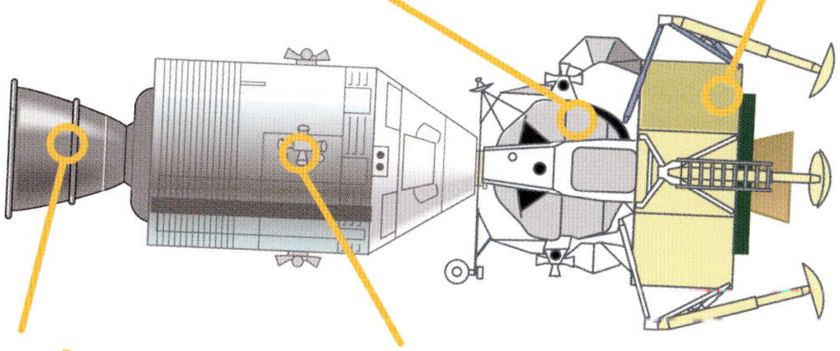

Aufstiegsmodul
Um Gewicht zu sparen, gibt es keine Sitze. Die Astronauten müssen bei Landung und Abflug stehen, sind aber festgegurtet.

Abstiegsmodul
Mit dem schwenkbaren Triebwerk können die Astronauten über der Mondoberfläche schweben.

Triebwerk
Das Raumschiff fliegt »rückwärts«, mit dem Triebwerk voran. So wird es in den Mondorbit eingebremst.

Servicemodul
Enthält unter anderem Brennstoffzellen für die Stromversorgung der Kapsel, Treibstoff- und Sauerstofftanks.

Ging durchs Feuer! Die Kapsel zeigt deutliche Spuren der Reibungshitze beim Wiedereintritt in die Atmosphäre. Ballons lassen die Kapsel aufrecht schwimmen.

Apollo 11 – die Reise zum Mond

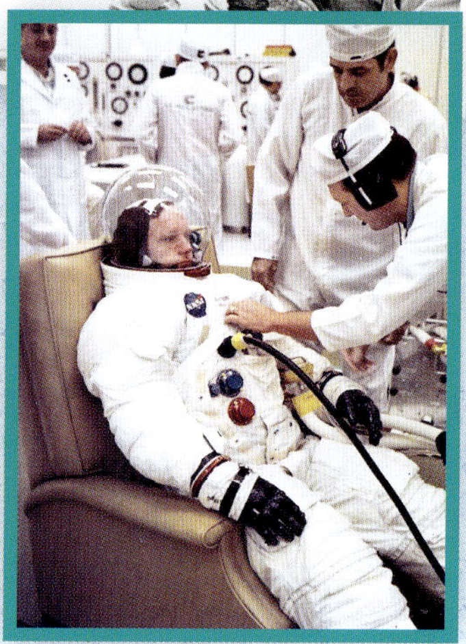

Monate vor dem Start

Die Saturn-V-Rakete trifft in Einzelteilen per Schiff oder im umgebauten Flugzeug in Cape Kennedy, Florida, ein. Dort werden in der größten Montagehalle der Welt die Teile zusammengebaut. Zum Schluss heben riesige Kräne das Apollo-Raumschiff an die Spitze der Rakete.

Noch zwei Monate

Die Rakete mit Startturm wird zur Startrampe gerollt. Der gigantische Raupenschlepper kriecht mit 600 Metern pro Stunde vorwärts.

T-05:02:00

Noch fünf Stunden und zwei Minuten. Die Astronauten werden ein letztes Mal medizinisch untersucht. Für den Notfall steht ein Ersatzteam bereit. Bei T-04:32:00 gibt es Frühstück für Helden: Steak mit Ei.

T-03:57:00

Die Astronauten legen die Raumanzüge an. Techniker helfen ihnen dabei.

Funny Fact

In den Apollo-Raumschiffen gab es keine Toilette. Die Astronauten trugen Windeln. Pipi fingen sie in Urinbeuteln auf. Die festen Sachen kamen in Plastikbeutel.

Der Aufwand war enorm. 400 000 Menschen waren am Apollo-Programm beteiligt. Sie haben die größte Rakete der Welt mit den leistungsfähigsten Triebwerken der Welt entwickelt. Das Raumschiff, bestehend aus Kommando- und Servicemodul, die Mondfähre, die Raumanzüge und Computer wurden gebaut und getestet. Mathematiker berechneten die Flugbahnen. Weltraumessen wurde entwickelt, das die Astronauten auch in der Schwerelosigkeit zubereiten können. Fast alles musste neu erfunden werden.

Nichts dem Zufall überlassen

Die Astronauten haben trainiert und kennen jede Phase und jeden Handgriff der Mission. Vor allem haben sie Störungen und Unfälle im Simulator geübt – und das immer wieder. Apollo 8 hatte schon den Mond besucht und umkreiste ihn in einem niederen Orbit. Eine Mondfähre hatten die Astronauten nicht dabei. Apollo 9 hatte zwar eine Mondfähre, doch die testeten die Astronauten in einer Erdumlaufbahn. Dort erprobten sie auch das erste Mal das Lebenserhaltungssystem im Außeneinsatz.

Dem Mond so nah

Apollo 10 führte erstmals einen Testflug mit der Mondfähre zum Mond durch. Mit Snoopy, so hieß die Fähre, stiegen die Astronauten bis auf 14 Kilometer zur Mondoberfläche hinunter, dann ging es wieder nach oben. Erst bei der Apollo-11-Mission sollten Menschen auf dem Mond landen.

T-02:40:00

Es geht zur Rakete und die Astronauten besteigen die Kapsel. Die Verbindung »Raumschiff – Bodenkontrolle« wird überprüft, der Sicherheitscheck der Rakete durchgeführt und das Raumschiff von der externen Energieversorgung abgetrennt.

Das Kennedy Space Center ist für den Start zuständig. Sobald die Rakete den Startturm vollständig passiert hat, wird an das Mission Control Center in Houston übergeben.

hrengäste

Von der Ehrentribüne beobachten geladene Gäste den Start von Apollo 11. Im dunklen Anzug Lyndon B. Johnson, der bis Januar 1969 Präsident der USA war.

Reise mit Risiko

Neil Armstrong glaubte, dass die Mission mit einer 50:50-Wahrscheinlichkeit misslingen könnte. Richard Nixon, der damalige US-Präsident, hatte schon eine Rede vorbereiten lassen, für den nicht ganz unwahrscheinlichen Fall, dass die Männer nicht mehr zurückkommen würden. Der Ausgang der Mission ist also alles andere als klar, als bei T-28:00:00 (T minus 28 Stunden) der offizielle Countdown beginnt.

T-00:00:10

Der Zehner-Countdown wird heruntergezählt. **10 ... 9 ... 8 ...** die Triebwerke werden gezündet ... **7 ... 6 ... 5 ... 4 ... 3 ...** alle Triebwerke laufen auf Hochtouren ... das Gerüst löst sich von der Rakete ... diese steht nun frei ... **2 ...1 ... 0** und **»Lift off«!** Wie in Zeitlupe hebt die Rakete von der Startrampe ab.

Der Countdown

Formal angegeben wird der Zeitpunkt des Raketenstarts mit T (das steht für »Take-Off«, englisch für Raketenstart) minus der noch fehlenden Zeitspanne (zum Beispiel 10 Minuten), sodass Durchsagen wie »T minus 10 Minuten« entstehen.

Apollo 11 – Menschen auf dem Mond

Buzz Aldrin. Im goldbeschichteten Visier des Helms spiegeln sich Fotograf Neil Armstrong und die Mondfähre.

Aldrin fotografiert seinen Fußabdruck im Mondstaub, der den Mondboden bedeckt. Es ist der wohl berühmteste Fußabdruck der Welt.

Am 20. Juli 1969 steigen Neil Armstrong und Buzz Aldrin mit der Mondlandefähre Eagle (Adler) zur Mondoberfläche hinab. Der Computerspeicher läuft über, weil zu viele Informationen einlaufen, die der Rechner nicht mehr verarbeiten kann. Soll die Mission so kurz vor dem Ziel abgebrochen werden? Von der Bodenstation in Houston kommt: »Ihr habt das GO für die Landung!« Der Autopilot steuert die Mondfähre auf riesige Felsbrocken zu. Armstrong übernimmt und lenkt die Eagle per Hand über Felsen und Geröllfelder und setzt sie sicher auf.

Monderkundung

In den frühen Morgenstunden des 21. Juli 1969 (nach UTC = Weltzeit) öffnet sich die Luke der Mondfähre und Neil Armstrong klettert die Leiter hinunter. Noch ist er angeseilt, denn er könnte ja im Mondstaub versinken. Vorsichtig setzt er den linken Fuß auf die Mondoberfläche. Er sagt: »Ein kleiner Schritt für einen Menschen, aber ein riesiger Sprung für die Menschheit.«
Es besteht keine Gefahr. Die Mondoberfläche ist fest und nur von einer dünnen Schicht pudrigem Mondstaub bedeckt.
Für den Fall, dass die Astronauten schnell

Angeberwissen

- Nur beim Start und bei der Landung bzw. Wasserung tragen die Astronauten den kompletten Raumanzug. Die Reise zum Mond dauert drei Tage, doch haben die Männer alle Hände voll zu tun. Sie überprüfen den Kurs und korrigieren ihn durch Zünden kleiner Steuertriebwerke. Außerdem bereiten sie die Mondfähre für die Landung vor und funken ständig Fotos zur Erde.
- Eine automatische Videokamera, die an der Mondfähre angebracht ist, sendet live zur Erde. Die schlechte Bildqualität ist 600 Millionen Zuschauern auf der Erde egal. Alle sind begeistert!

Während seine Kollegen Spaß auf dem Mond haben, umkreist Collins ihn und fotografiert dessen Oberfläche.

abreisen müssen, sammelt Armstrong als Erstes etwas Mondgestein auf. Aldrin steigt knapp 20 Minuten später aus. Die Astronauten beginnen mit Experimenten, fotografieren und sammeln weiteres Mondgestein, insgesamt 21,7 Kilogramm – mit einer irdischen Waage gewogen. Weil auf dem Mond nur ein Sechstel der Anziehungskraft herrscht, können sich die Astronauten trotz der schweren Anzüge mühelos bewegen. Der Spaziergang dauert nur zweieinhalb Stunden. Zögerlich erkunden sie die Umgebung. Der Landeplatz, die aufgestellten Geräte für die Experimente und die Wege, die die Astronauten zurücklegen, passen alle auf ein Fußballfeld.

Buzz Aldrin steigt die Leiter hinab und betritt als zweiter Mensch den Mond. Ein sensationeller Schnappschuss.

Die Mondfahrzeuge der Astronauten

Mit der Mondlandefähre reisten die Astronauten an und auch wieder ab – und sie war ihr Zuhause auf dem Mond. Die Astronauten von Apollo 11, 12 und 14 mussten den Mond zu Fuß erkunden. Die letzten drei Missionen (Apollo 15, 16 und 17) hatten jeweils ein Mondauto dabei. Das machte die Astronauten mobiler.

Das Mondauto

Das Mondauto war zusammengeklappt an der Außenseite der Mondfähre angebracht und musste von den Astronauten erst ausgeklappt werden. Aber nach nur 20 Minuten war es schon fahrbereit. Der zweisitzige Geländewagen hatte vier Räder, die von je einem Elektromotor angetrieben wurden. Offiziell hieß das Fahrzeug Lunar Roving Vehicle (LRV). Das LRV ermöglichte den Astronauten kilometerweite Ausflüge. Allerdings fuhren sie immer nur so weit, dass sie im Falle einer Panne auch wieder sicher zu Fuß zurück zur Fähre gelangen konnten. Es gab weder Lenkrad noch Gas- und Bremspedal. Der Fahrer steuerte das Fahrzeug mit einem T-förmigen Knüppel vor- und rückwärts, nach links und rechts. Er konnte mit dem Steuerknüppel auch bremsen. Instrumente zeigten die Geschwindigkeit, die zurückgelegte Entfernung und den Neigungswinkel an, wenn es mal bergauf ging.
Die Apollo-17-Astronauten legten mit ihrem LRV mehr als 35 Kilometer zurück.

Parabolantenne
Damit werden Videobilder live zur Erde gesendet.

Steuerknüppel
Damit lenkt, beschleunigt und bremst der Fahrer das LRV.

Sprechfunkantenne

Farbfernsehkamera
Die Videokamera ist zum Schutz vor der Sonnenstrahlung in goldbeschichtete Folie gewickelt. Die Kamera wird von der Missionskontrolle in Houston, Texas aus ferngesteuert.

Reifen aus Stahlfedern und Drahtgeflecht

Die Mondlandefähre

Die Mondlandefähre sah mit ihren dünnen Landebeinen spinnenförmig aus. Die Apollo-9-Astronauten, die das Fahrzeug erstmals im All testeten, nannten ihre Mondfähre deshalb auch »Spider« (Spinne). Die Fähre musste nicht stromlinienförmig gebaut sein. Sie durfte unförmig und sperrig sein, denn sie musste ja niemals in einer Atmosphäre fliegen. Um Gewicht zu sparen, war sie extrem leicht gebaut und zur Wärmeisolation stellenweise mit einer metallbedampften Kunststofffolie umwickelt.

Schon gewusst?

Insgesamt legten die zwölf Apollo-Astronauten bei den sechs Mondlandungen etwa 100 Kilometer zu Fuß und mit dem Mondauto (LRV) zurück. Die Techniker haben den Rover zwar nur für eine Höchstgeschwindigkeit von 13 Stundenkilometer konstruiert, doch Eugene Cernan (Apollo 17) gab mächtig Gas und beschleunigte auf 18 Stundenkilometer. Damit hält Cernan den inoffiziellen Geschwindigkeitsrekord auf dem Mond.

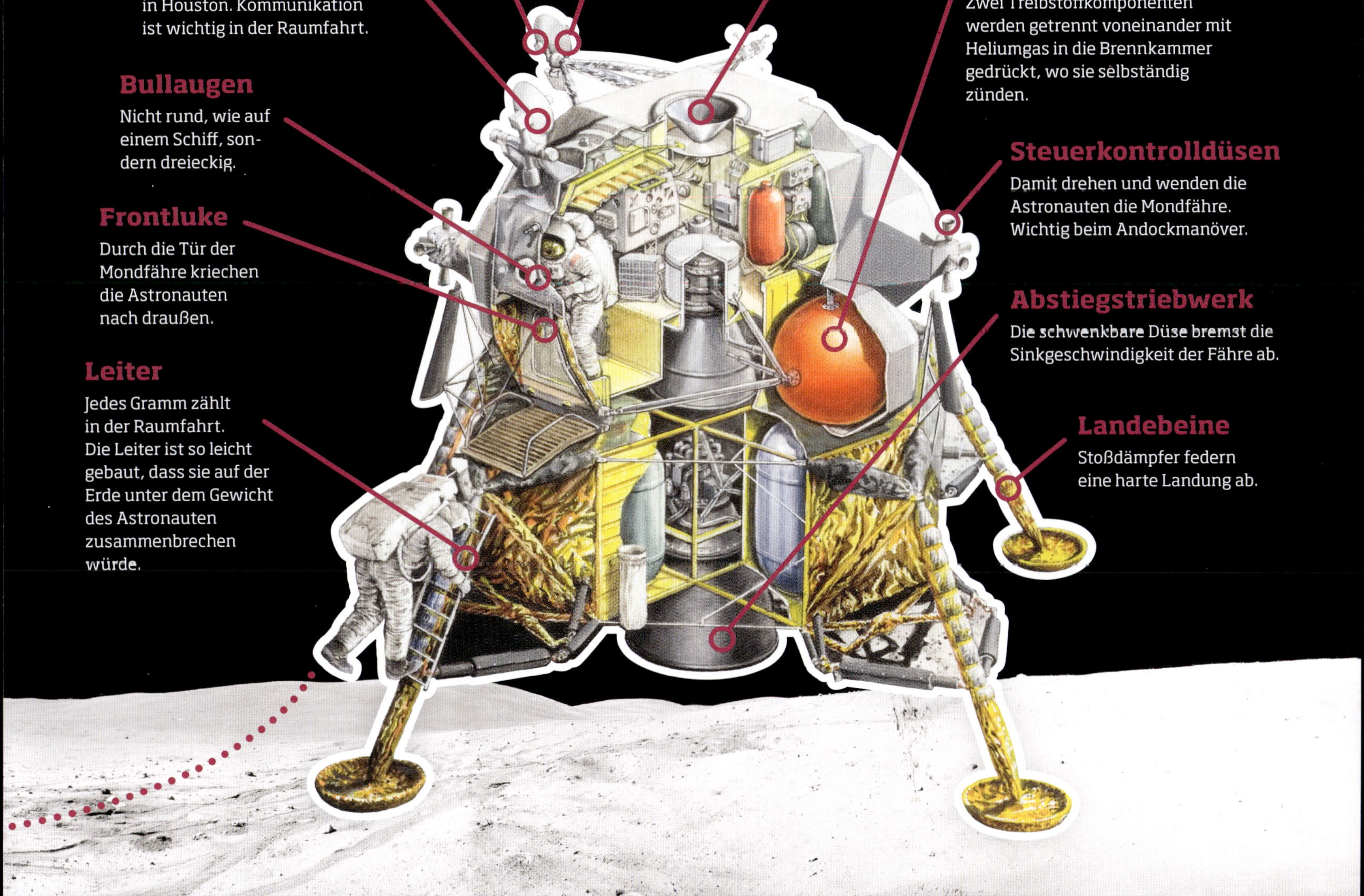

Woraus der Mond besteht

Die zwölf Apollo-Astronauten, die auf dem Mond landeten, brachten insgesamt 382 Kilogramm Mondgestein zur Erde zurück. Viele Mondgesteine sind älter als Gesteine auf der Erde. Das älteste Erdgestein ist 3,8 Milliarden Jahre alt. Das jüngste Mondgestein hingegen ist 4,5 Milliarden Jahre alt und damit fast so alt wie das Sonnensystem selbst.

Wertvoller als Gold und Diamanten

Dieses Mondgestein gilt in den USA als nationaler Schatz und der private Handel damit ist streng verboten. Nur ein kleiner Teil des Materials wurde zu Forschungszwecken an Labors in aller Welt vergeben – oder in Kunstharz eingegossen – Regierungschefs anderer Länder als Geschenk überreicht. Der größte Teil – 80 Prozent – ist bis heute nicht untersucht worden und lagert unter Schutzgas sicher in Tresoren der NASA. Wer aus Spaß »Mondgestein« im Internet anbietet, bekommt mächtig Ärger mit der NASA und dem FBI, der amerikanischen Bundespolizei. Ein Stück vom Mond kann man aber auch legal kaufen. Denn auf der Erde sind Mondmeteoriten gelandet, die bei Meteoriteneinschlägen ins All geschleudert wurden.

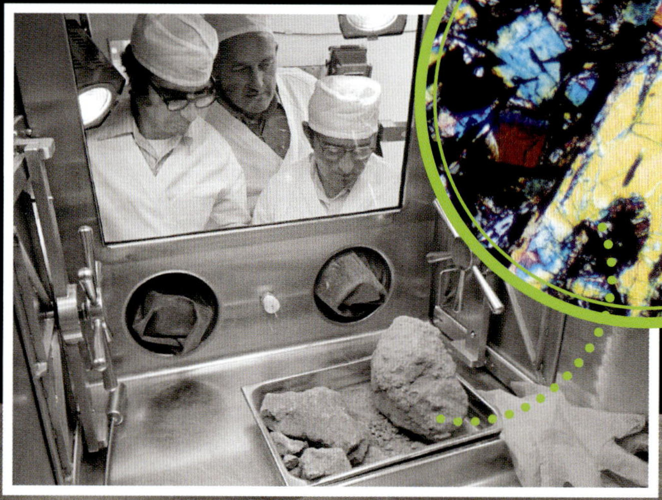

Wissenschaftler untersuchen Mondgestein in Handschuhboxen unter Schutzgas. Nichts darf die Proben verunreinigen. Die chemische Zusammensetzung lässt Rückschlüsse auf die Entstehung des Mondes zu. Der Dünnschliff zeigt unter dem Mikroskop Ähnlichkeit mit irdischem Basaltgestein.

Dieser gespaltene Felsen ist entstanden, als bei einem Meteoriteneinschlag aufgeschmolzenes Material ausgeworfen wurde.

Unglaublich!

Mondgestein gemopst. Im Jahr 2002 wurde ein Tresor der NASA gestohlen. Darin befanden sich Mondgestein und Stücke eines Marsmeteoriten. Für ein Gerichtsverfahren schätzte die NASA den Wert für 285 Gramm Material grob auf eine Million Dollar. Die Stücke wurden zum Glück wiedergefunden!

Der von den Astronauten aufgestellte Seismograf misst Mondbeben, aus denen sich auf den inneren Aufbau des Mondes schließen lässt.

Funny Fact

US-Präsident Richard Nixon hat Mondgestein an alle US-Staaten und 136 weitere Länder verschenkt. Zehn der US-Staaten und mehr als 90 Länder finden heute das wertvolle Geschenk nicht mehr.

Das Innere des Mondes

Der Mond war anfangs vulkanisch aktiv, kühlte aber schnell ab und ist heute weitgehend erstarrt. Die Mondkruste ist relativ dick und zusammenhängend. Das unterscheidet sie von der vergleichsweise dünnen Erdkruste.

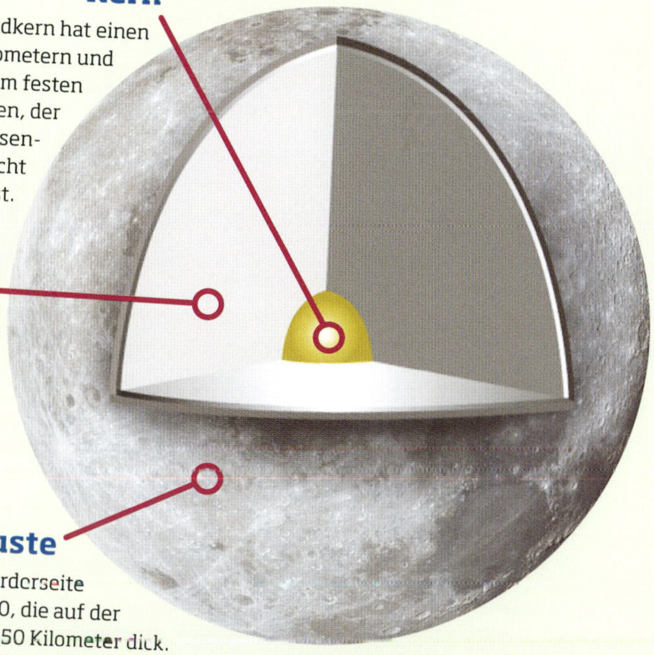

Öde und ohne Schutz

Dass der Mond so gut wie keine Atmosphäre hat, war schon vor den bemannten Mondlandungen bekannt. Es fehlt nicht nur Luft zum Atmen, auch sind die Astronauten ungeschützt der Strahlung von der Sonne und aus der Tiefe des Alls ausgesetzt. Auf der Erde schützt uns die Atmosphäre zum Beispiel vor gefährlicher UV-, Röntgen- und Gammastrahlung. Außerdem schützt uns das Magnetfeld der Erde vor elektrisch geladenen Teilchen, die von der Sonne ausgehen. Weil das Magnetfeld des Mondes sehr viel schwächer und unregelmäßig verteilt ist, fehlt auch dieser Schutz.

Wie die Erde zum Mond kam

Während auf der Erde ständig Krustenmaterial aufgeschmolzen und an anderer Stelle neu gebildet wird, ist der Mond vulkanisch inaktiv. Das macht ihn zu einer Art Geschichtsbuch, das einen Blick in die Frühzeit des Sonnensystems und die Entstehung der Erde erlaubt. Durch die Analyse des Mondgesteins und die seismischen Daten konnte schließlich geklärt werden, wie die Erde zu ihrem Mond kam.
Am wahrscheinlichsten ist eine gigantische Kollision mit einem anderen Planeten, den die Wissenschaftler Theia nennen. Bei dem Zusammenstoß hat Theia der Erde den größten Teil seines Eisens überlassen. Die äußeren Teile von Urerde und Theia haben sich vermischt. Das ist das wohl wichtigste Ergebnis der Apollo-Missionen.

Laserreflektor. Ein Laserimpuls, von der Erde zum Reflektor geschickt, wird zurück zur Erde gespiegelt. Aus der Zeit, die das Licht für den Weg benötigt, kann der genaue Abstand zwischen Erde und Mond ermittelt werden. Daher wissen wir auch, dass sich der Mond mit 3,8 cm pro Jahr von der Erde entfernt. Adios, Mond!

Alles nur Schwindel?

Die Mondlandung – eine technische Meisterleistung oder doch nur ein Riesenschwindel? Verschwörungstheoretiker behaupten, dass die Mondlandung in einem Filmstudio auf der Erde inszeniert wurde. Hätten sie recht, wäre die Mondlandung nichts anderes als die teuerste Filmproduktion aller Zeiten. Doch Stanley Kubrick, der angeblich Regie geführt haben soll, seien einige Fehler unterlaufen, die die Fälschung verraten. Da soll eine Fahne im Wind wehen, wie es nur auf der Erde, nicht aber auf dem Mond möglich ist. Studioscheinwerfer würden zu seltsamen Mehrfachschatten führen. Bemängelt wird auch, dass auf den Fotos vom Mond am Himmel keine Sterne zu sehen sind. Doch für alle diese Einwände gibt es eine Erklärung.

Und sie fand doch statt!

Die Mondlandung war eine technische Meisterleistung. Eine noch größere wäre es gewesen, sie im Studio nachzustellen. Die Filmtechnik und die Möglichkeiten des Trickfilms waren damals noch längst nicht

Auf der geheimen Militärbasis Area 51 in Nevada, USA, soll Stanley Kubrick die komplette Mondlandung gedreht haben – das behaupten jedenfalls Verschwörungstheoretiker.

Reflektoren

Die Apollo-Astronauten haben auf dem Mond mehrere Reflektoren zurückgelassen. Damit kann von der Erde aus mit Laserlicht der Abstand Erde-Mond zentimetergenau bestimmt werden.

Aufgewirbelter Staub

Ein Astronaut fährt das LRV, während sein Kollege die Fahrt auf Video festhält. Auf der Erde, die die sechsfach höhere Schwerkraft als der Mond hat, dürften Staub und Sand von den Reifen bei Weitem nicht so hochgeschleudert werden. Auf der Erde würde der Staub maximal 33,5 cm hoch geworfen werden, auf dem Mond sind es rein rechnerisch 220 cm. Gemessen wurden 215 cm. Der Staub beweist es: Dieses Auto ist auf dem Mond gefahren.

so weit entwickelt, dass das Apollo-Programm im Studio glaubhaft hätte nachgestellt werden können. Außerdem kann jeder selbst beweisen, dass die Astronauten auf dem Mond waren. Denn die Astronauten der letzten drei Apollo-Missionen haben mit ihrem Mondauto mächtig viel Staub aufgewirbelt. Die Reifen schleudern den Mondstaub sehr viel höher als das auf der Erde mit der stärkeren Gravitation der Fall gewesen wäre. Mit etwas Mathematik- und Physikkenntnissen kann man das ganz einfach nachrechnen. Außerdem hat eine Raumsonde Apollo-Landeplätze fotografiert, auf der man sogar die Fußspuren der Astronauten erkennen kann. Du kannst also sicher sein, dass im Juli 1969 tatsächlich Menschen auf dem Mond waren.

Angeberwissen

- Selbst mit den größten und modernsten Teleskopen können allenfalls Objekte mit einer Größe von mindestens 30 Metern auf dem Mond gesehen werden. Landefähre, Mondauto und all die anderen Dinge, die die Astronauten zurückgelassen haben, sind alle kleiner als zehn Meter. Auch das Hubble-Weltraumteleskop kann mit seinem zweieinhalb Meter messenden Hauptspiegel die Landeplätze nicht sehen.
- Um eines der Mondautos zu sehen, müsste das Teleskop etwa 80 Meter Durchmesser haben. Ein solches Teleskop gibt es aber (noch) nicht.

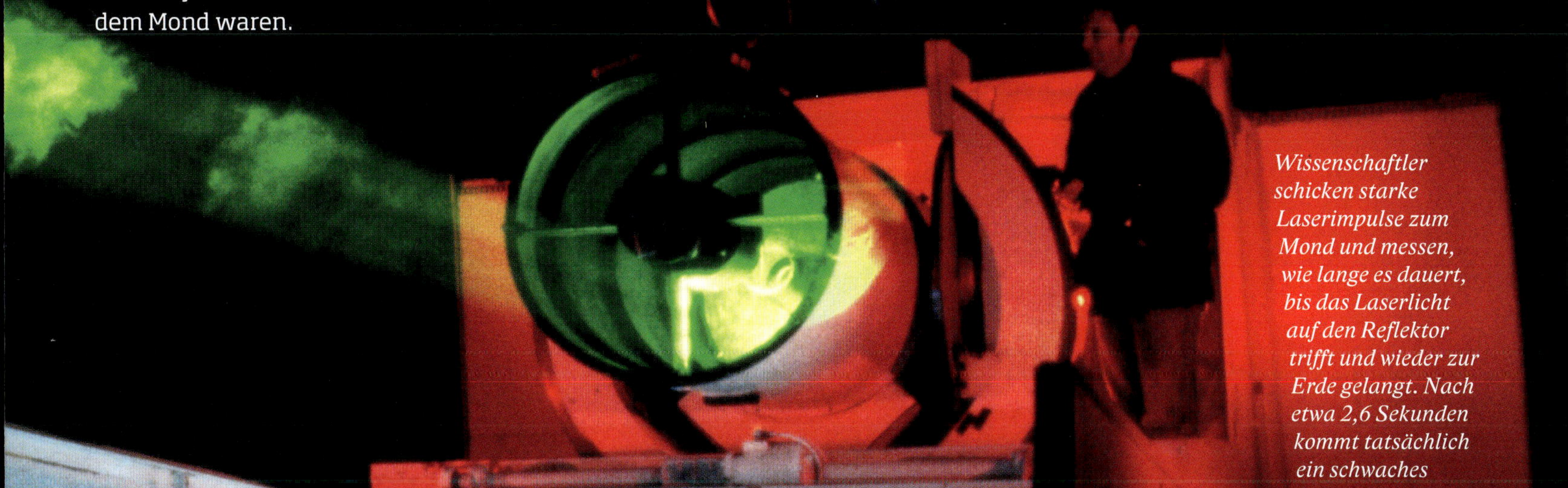

Wissenschaftler schicken starke Laserimpulse zum Mond und messen, wie lange es dauert, bis das Laserlicht auf den Reflektor trifft und wieder zur Erde gelangt. Nach etwa 2,6 Sekunden kommt tatsächlich ein schwaches Signal zurück.

Schwarzer Mondhimmel

Schwarzer Mondhimmel, aber an die Sterne hat der Regisseur nicht gedacht. Das behaupten die Anhänger der Therorie des großen Mondschwindels. Tatsächlich ist die sonnenbeschiene Mondoberfläche so hell, dass die Astronauten mit kurzer Belichtungszeit fotografierten und die schwach leuchtenden Sterne nicht abgebildet wurden.

Wehende Flagge

Ohne Atmosphäre auf dem Mond dürfte diese Fahne nicht wehen. Das tut sie auch nicht! Die Fahne zittert nur. Beim Aufstellen wurden die Bewegungen der Fahne durch Vibrationen der Fahnenstange und der Querstange übertragen.

Neue Mondmissionen

Nach der letzten bemannten Mondlandung im Jahr 1972 – Apollo 17 – sorgte nur noch die russische unbemannte Luna-24-Mission im Jahr 1976 für ein gewisses Aufsehen. Das Interesse am Mond erlahmte und es vergingen 14 Jahre, bis 1990 der Mond erneut Besuch von der Erde bekam. In jenem Jahr erreichte die japanische Raumsonde Hiten einen Mondorbit. Man begann sich nun wieder für den Mond zu interessieren. Neben den USA und Russland haben seitdem auch Japan, China, Indien und Europa Sonden zum Mond geschickt. Einige umkreisen nur den Mond, andere schlagen kontrolliert auf oder landen sogar weich. Einige Länder planen bemannte Mondprogramme: die USA, Russland, China, Japan, Europa und sogar Malaysia.

Indiens Trägerrakete PSLV

Blitzableiter

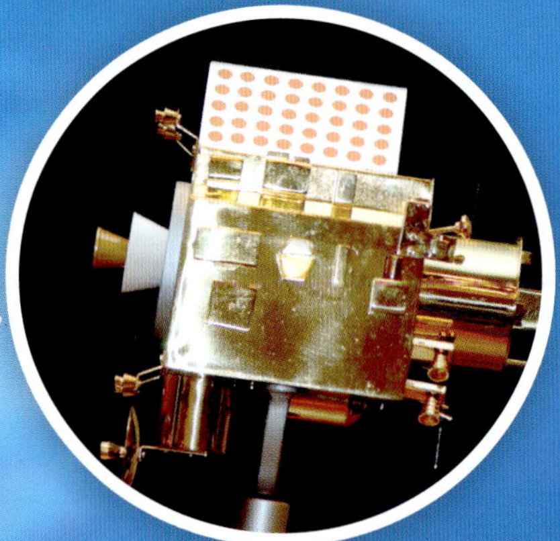

Goldener Würfel

2008 startet Indien seine Mondsonde Chandrayaan-1. Der Name bedeutet einfach »Die Reise zum Mond«. An Bord sind auch Instrumente der NASA, Bulgariens und der ESA.

Zwillinge Grail-A und Grail-B

Seit 2012 umkreisen die beiden amerikanischen Zwillingssonden Grail-A und Grail-B den Mond. Sie sind jeweils so groß wie eine Waschmaschine und vermessen das Schwerefeld des Mondes ganz genau. Wo ist die Gravitation stärker, wo schwächer? Am 17. Dezember 2012 schlagen beide Sonden wie geplant nahe des Mondnordpols auf. Mission erfolgreich beendet.

Privat zum Mond

Weltweit arbeiten mehrere Teams von Amateuren an privaten Mondsonden. Wer es wohl als erster auf den Mond schafft? Wer kann einen Rover absetzen und auf der Mondoberfläche fahren lassen? Wem gelingt es, einen Apollo-Landeplatz zu fotografieren? Wer wird die kalte 14-tägige Mondnacht überstehen? Es gibt sogar Preisgelder in Millionenhöhe zu gewinnen.

Clementine sieht Eis

1994 beobachtet die US-Sonde Clementine die Mondoberfläche durch verschiedene Farbfilter. Radarmessungen deuten auf gefrorenes Wasser hin, das sich in den dauerbeschatteten Kratern am Südpol befinden könnte.

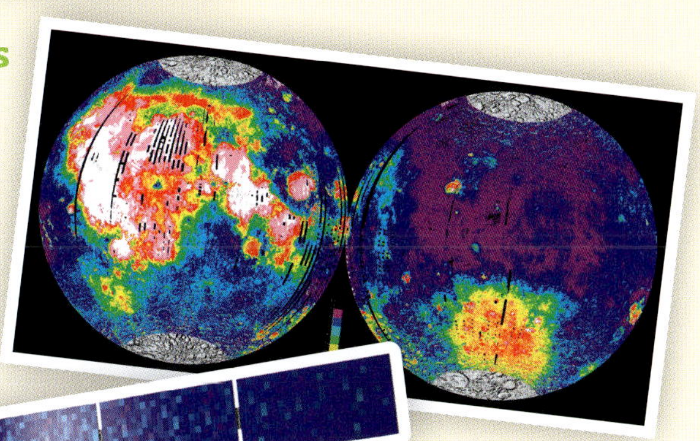

SMART-1

Europa gehört nun auch zum Club der Mondfahrer. 2003 beginnt die ESA-Sonde SMART-1 den Mond zu umkreisen. Dabei testet sie einen neuartigen Ionenantrieb. Es folgen SMART-2 und SMART-3.

Schon gewusst?

Technische Meisterleistung! Zwar gelingt der Sowjetunion keine bemannte Mondlandung, dennoch können drei Lunasonden insgesamt 326 Gramm Mondgestein einsammeln und zur Erde bringen.

Ein Hase landet auf dem Mond!

2007 startet bereits die erste Mondsonde Chang'e-1 zum Mond. Am 14. Dezember 2013 dann die Sensation: Eine chinesische Mondsonde setzt weich im Mare Imbrium auf. Acht Stunden später rollt der Mondrover Yutu (Jadehase) aus der Landesonde auf den Mond. Rover und Landesonde fotografieren sich gegenseitig.

Mondprinzessin

Japans neue Mondsonde Kaguya ist nach einer Mondprinzessin benannt. Die Prinzessin startete 2007 mit 13 verschiedenen Instrumenten zum Mond. An der Sonde sind zwei kleine Platten mit den Namen und Botschaften von 410 000 Menschen angebracht.

Rückkehr zum Mond

Nach der letzten Mission im Jahr 1972 – Apollo 17 – wurde das Interesse am Mond geringer. Zu teuer seien die Mondmissionen. Man verzichtete sogar auf drei weitere ursprünglich geplante Mondbesuche. Nun aber denken Politiker, Wissenschaftler und Techniker daran, wieder Menschen zum Mond zu bringen. Sie sollen dann auch länger bleiben und zunächst eine

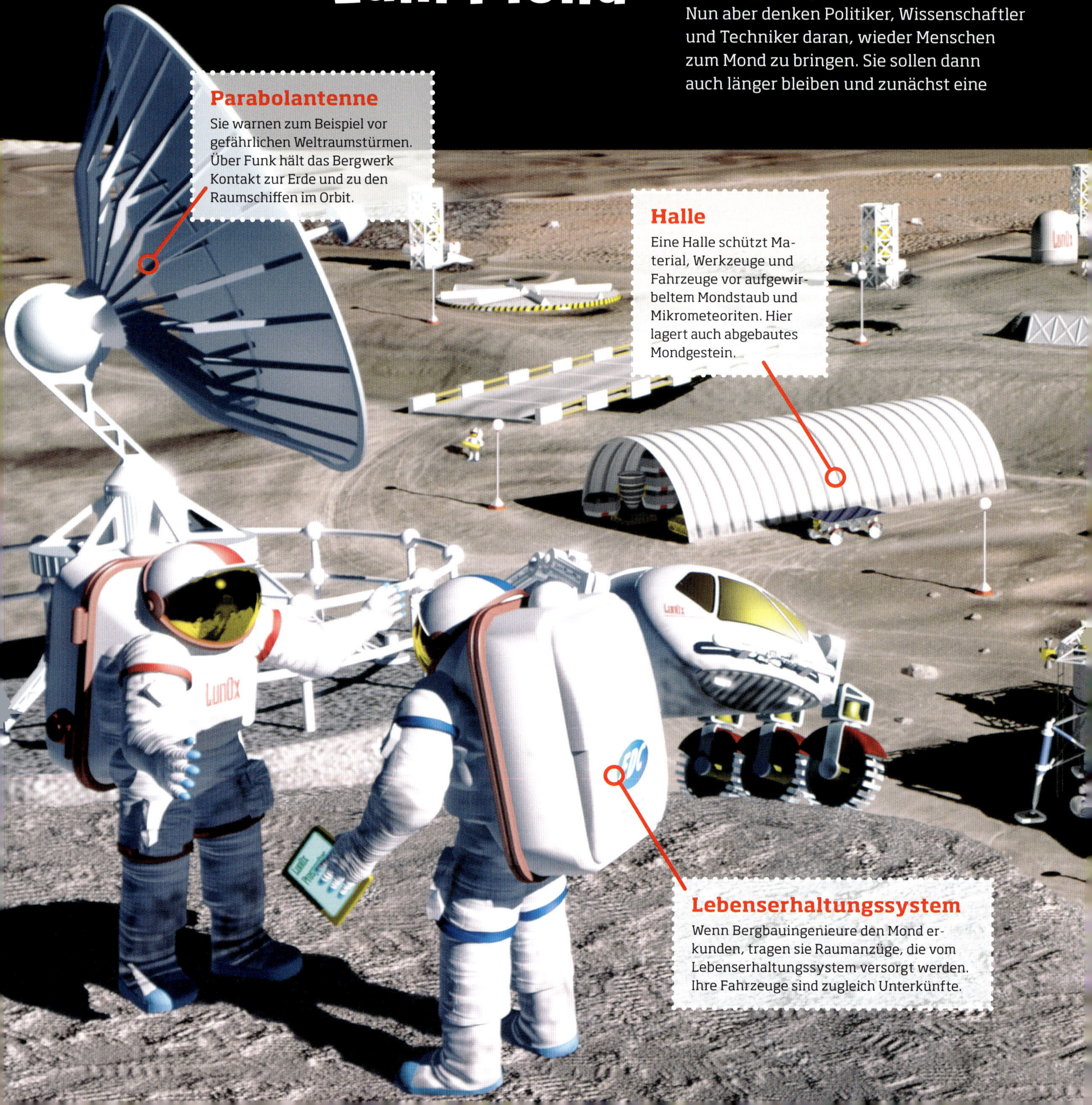

Parabolantenne

Sie warnen zum Beispiel vor gefährlichen Weltraumstürmen. Über Funk hält das Bergwerk Kontakt zur Erde und zu den Raumschiffen im Orbit.

Halle

Eine Halle schützt Material, Werkzeuge und Fahrzeuge vor aufgewirbeltem Mondstaub und Mikrometeoriten. Hier lagert auch abgebautes Mondgestein.

Lebenserhaltungssystem

Wenn Bergbauingenieure den Mond erkunden, tragen sie Raumanzüge, die vom Lebenserhaltungssystem versorgt werden. Ihre Fahrzeuge sind zugleich Unterkünfte.

wissenschaftliche Mondbasis einrichten, der später eine richtige Mondkolonie folgen könnte. Die Astronauten müssten sich allerdings selbst mit Nahrung, Energie und allem, was man zum Leben benötigt, versorgen. Die enormen Kosten könnten wohl nur von mehreren Ländern gemeinsam aufgebracht werden.
Auch könnten Mondhotels für reiche Mondtouristen gebaut werden.

Astronauten wollen trinken ...

Lange Zeit dachte man, dass Wasser allenfalls in den immer verschatteten, tiefen Mondkratern an den Mondpolen als Wassereis zu finden sei. Es könnte aber auch sein, dass Wasser über die gesamte Oberfläche des Mondes verteilt ist, eingebaut in den Kristallstrukturen des Mondgesteins. Aus dem Wasser lässt sich auch Atemsauerstoff gewinnen.

... und essen

Die Apollo-Astronauten, die nur eine Woche zum Mond und zurück zur Erde unterwegs waren, hatten genau abgezählt Frühstück, Mittag- und Abendessen dabei. Um eine Mondkolonie mit Hundert Menschen ein ganzes Jahr lang mit Nahrung zu versorgen, müssten Tonnen von Nahrung zum Mond geschafft werden. Doch das wäre teuer. Günstiger wäre es, Pflanzen in Gewächshäusern oder Algen in Aquakulturen auf dem Mond wachsen zu lassen. Pflanzen benötigen Dünger, Kohlendioxid, Stickstoff, Phosphor und Kalium zum Wachsen. Diese und andere wichtige Substanzen müssten erst einmal zum Mond transportiert werden. Später könnten diese Chemikalien in einem geschlossenen Kreislauf wiederverwertet oder aus dem Mondboden gewonnen werden.

Alles wird wiederverwertet

Doch um den Kreislauf zu starten, müssten erst Tonnen von Material zum Mond transportiert werden. Darunter die Unterkünfte, die, ähnlich wie eine Hüpfburg, aufblasbar sein, und mit Mondgestein abgedeckt werden könnten. Schwerere Materialien, wie Keramik und Metalle müssten in Fabriken auf dem Mond hergestellt werden. Damit könnten auch Raumstationen und Raumschiffe beliefert werden. So könnte sich eine eigene Mondwirtschaft entwickeln. Doch das wäre richtig teuer und würde mehrere Hundert Milliarden Dollar kosten.

Bergbau und Fabriken könnten auf dem Mond Treibstoff, Sauerstoff, Wasser und Metalle wie Titan herstellen – Materialien, die für Expeditionen benötigt werden.

Mit Füßen getreten

Zwölf Männer haben in sechs Apollo-Missionen den Mond betreten. Das wohl größte Abenteuer der Menschheit, so denken viele. Doch was denkt der Mond darüber? Wir haben keine Kosten und Mühen gescheut und unseren Reporter zum Mond geschickt. Wie hat er die Mondlandungen in Erinnerung?

Hallo und Hallöchen. Schön, dass du dir Zeit genommen hast.

Ich hab ja jede Menge davon. Das bisschen Um-die-Erde-Kreisen mache ich ja mit links.

Dein Alter – oder redest du nicht gerne darüber?

Ach was! 4,5 Milliarden Jahre, das weiß doch inzwischen jeder. Man könnte auch sagen, dafür sehe ich noch ganz gut aus.

Name: Mond
Alter: 4,5 Milliarden Jahre
Typ: Treuer Trabant (Begleiter)
Hobbys: Kreisen und Wasserspiele (Ebbe und Flut)

Aber die Krater …

Was soll mit denen sein? Jeder Krater macht mich schöner und interessanter.

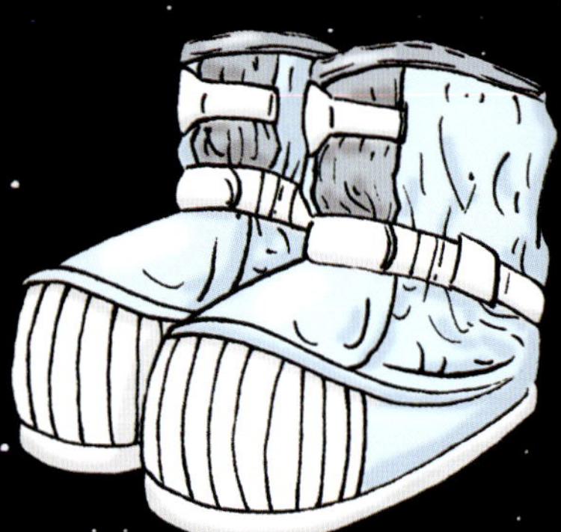

Moonboots, kaum getragen. Die teuren Maßanfertigungen liegen noch heute auf der Mondoberfläche.

Das mit den bemannten Mondlandungen ist ja jetzt auch schon ein Weilchen her. Erinnerst du dich gerne daran?

Damals, 1969, als die ersten kamen, dieser Armstrong und Aldrin, wie ich die da so heranfliegen hab sehen, da hab ich mir gedacht: Schaffen sie es oder schaffen sie es nicht. Die sind ja mit dieser Blechspinne …

… Adler, so hieß die Mondlandefähre …!

Adler, dass ich nicht lache. Adler fliegen anders. Sie ist also herumgetaumelt. Das war schon mal was. Aber dann haben sie es geschafft. Da habe ich mir gedacht: Tolle Leute sind das. Alle Achtung!

Und dann, als die beiden ausgestiegen sind … wie war das für dich?

Dann steigt er aus, dieser Armstrong, und hat sich festgebunden. So ein Angsthasenastronaut war der. Ganz vorsichtig hat er mit dem Fuß gefühlt … da war aber fester Boden, kein Treibsand, nein, nix.

Die amerikanische Sonde Lunar Reconnaissance Orbiter (LRO) hat den Mond umkreist und aus dem Orbit den Landeplatz der Apollo-11-Mission fotografiert: Die feine dunkle Linie ist die Fußspur von Neil Armstrong, der dem Krater »Little West« einen Besuch abstattete.

Aber da waren ja zwei …

Dann kommt der andere, und ich seh, wie sein dicker Windelhintern sich durch diese Luke schiebt. Wenn das erste, was du von jemandem siehst, ein dicker Hintern ist, dann wirst du das nie wieder los. Hoppeln die da herum. Das fand ich dann lustig. Ich wurde natürlich ein bisschen mit Füßen getreten, aber nicht wirklich schlimm.

Gab es auch mal Momente, wo du gedacht hast: »Jetzt ist aber gut!«

Den Fahnenquatsch hab ich ja nicht verstanden. Die ist ja dann auch umgefallen, wie sie wieder gestartet sind. Und noch eines, die sollen mal jemand herschicken, der hier aufräumt. Du glaubst ja nicht, was die alles hier haben rumliegen lassen. Nur Kram. Die Stiefel, ihre Rucksäcke und sogar ihre K***-Beutel, wo sie reingemacht haben. Tut man so etwas, wenn man zu Besuch ist?! Nein, tut man nicht!

Du meinst Fäkalienbeutel?

Nein, ich meine K***-Beutel!

War noch irgendwas, was du unbedingt loswerden willst?

Logo, einen Witz. Ich kenne nur den einen.

Dann lass mal hören!

Treffen sich zwei Planeten. Sagt der eine: »Wie geht´s dir?« Sagt der andere: »Ach, frag mich nicht, ich hab Homo sapiens.« Tröstet ihn der andere: »Mach dir nichts draus, das geht vorüber.« Gut, was?

Tja, worüber Himmelskörper so lachen. War echt toll bei dir. Deine Schwerkraft gefällt mir sehr. Man fühlt sich so leicht …

Als Zeichen des Friedens haben die Astronauten einen vergoldeten Olivenzweig auf dem Mond zurückgelassen.

Der teuerste Anzug der Welt

Ein Raumanzug kostet etwa 10 Millionen Dollar. Dafür bekommt man nicht nur eine hochwertige Berufsbekleidung, sondern ein »Ein-Mann-Raumschiff«. Der Raumanzug schafft ein erträgliches Klima, versorgt den Astronauten mit Sauerstoff und hält sogar Mikrometeoriten ab. Würde ein Astronaut seine Kapsel oder die Raumstation ohne Raumanzug verlassen, wäre er nach 15 Sekunden bewusstlos und würde kurz darauf sterben. Dank des Raumanzuges machen dem Astronauten selbst extreme Temperaturen von minus 150 °C bis 120 °C nichts aus. Die Anzüge der NASA enthalten reinen Sauerstoff mit einem Druck, der einem Drittel des Drucks der Erdatmosphäre entspricht.

Helm

Das Visier ist mit Gold beschichtet und schützt die Augen vor dem grellen Sonnenlicht.

Sichthilfen

Auf jeder Seite des Helms sind Kameras und Lampen angebracht.

Kopfsprechhörer

Im Helm befinden sich Lautsprecher und ein Mikrofon. Über Funk sprechen die Astronauten miteinander und mit dem Kontrollzentrum auf der Erde. Weil die Funkwellen über eine Sekunde zur Erde brauchen, entstehen bei Gesprächen mit der Kontrollstation kurze Pausen.

Gasdichter Anzug

Der Raumanzug ist aus mehreren Schichten aufgebaut. Weil er unter Druck steht, ist er sehr steif. Damit sich der Astronaut darin bewegen kann, sind besondere Gelenkstücke eingebaut. Die äußeren Schichten sind aus besonderen hitze- und reißfesten Materialien.

Die Instrumententafel

vor der Brust des Astronauten versorgt ihn mit Energie, überwacht das Lebenserhaltungssystem und sorgt für die Sprechverbindung zu den Kollegen im All und in der Bodenstation.

Handschuhe

Mit den gummierten Fingerspitzen kann der Astronaut besser greifen.

Unterwäsche

Unter dem Anzug trägt der Astronaut einen eng anliegenden Gummianzug. Und darunter eine ganz besondere Unterwäsche, in die zur Kühlung Wasser gepumpt werden kann.

Karabiner

Die großen Karabiner kann der Astronaut auch mit Handschuhen benutzen. Damit hakt er sich bei Außenbordeinsätzen an der Raumstation ein, sodass er nicht davonfliegt.

Weltraummode von morgen

Ein Anzug, den auch Superhelden tragen würden. Noch in der Entwicklung befindet sich der BioSuit, ein bequemer, leichter und elastischer Anzug. Die alten Apollo-Raumanzüge waren klobig und unbeweglich. Der neue Raumanzug liegt hauteng an und verschafft mehr Bewegungsfreiheit. Die ersten Mars-Astronauten könnten solche Anzüge tragen.

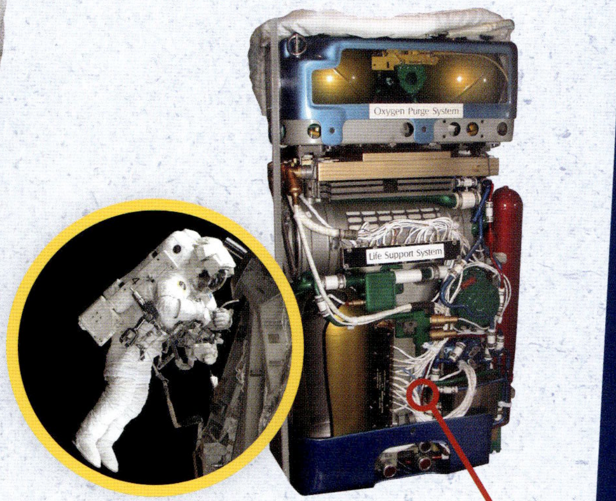

Lebenserhaltungssystem

Auf dem Rücken trägt der Astronaut alles, was er zum Überleben braucht: Batterien, Wasser zum Kühlen des Anzugs, Sauerstoff zum Atmen und eine Substanz, die das ausgeatmete Kohlendioxid bindet. Es enthält auch ein Funkgerät mit Antenne.

So hat es angefangen

Ritterrüstung oder Raumanzug? Druckanzug aus dem Jahr 1934 für einen Rekordflug. Der Pilot Wiley Post wollte damit in größeren Höhen fliegen.

Nur die Besten schaffen es!

Training für den Notfall: Bei einer Notwasserung im Meer kann der Astronaut in einem Spezialanzug auf seine Rettung warten.

Astronauten haben keine Superkräfte, sie sind ganz normale Menschen. Astronautsein kann man lernen: in den USA, in Russland und auch in Europa. Die Europäische Weltraumorganisation ESA bildet immer wieder Astronauten aus. Doch von den vielen Tausend Bewerbern werden nur die Besten genommen.

Was du als Astronaut können musst

- Klar, du bist clever. Du wirst eine Universität besuchen und Technik, Medizin oder eine Naturwissenschaft studieren. Viele Astronauten lassen sich auch zum Piloten ausbilden.
- Die Astronauten der ESA stammen aus den unterschiedlichsten europäischen Ländern und nehmen an internationalen Missionen mit Kollegen aus den USA, aus Russland und Japan teil. Du sprichst auf jeden Fall Englisch, am besten auch Russisch. Du hast viel Spaß beim Sprachenlernen.
- Raumflüge sind anstrengend. Aber das macht dir nichts aus, denn du bist fit und liebst Sport. Du musst aber kein Spitzensportler sein.
- In einem Raumschiff oder auf einer Raumstation ist es sehr eng. Du schläfst, isst und arbeitest unter beengten Verhältnissen. Natürlich kommst du gut mit anderen Menschen aus.

Du willst immer noch Astronaut werden? Gut, dann könntest du zu den wenigen Frauen und Männern gehören, die einmal die Erde in einer Raumkapsel umkreisen, dort einen Weltraumspaziergang machen oder eines Tages zum Mars fliegen, um den roten Planeten hautnah zu erleben.

Astronautentraining

Die Ausbildung zum Astronauten umfasst oft viele Jahre, in denen neben einer Grundausbildung zahlreiche weitere Trainingsprogramme absolviert werden. Wird der Astronaut für einen bestimmten Raumflug eingeteilt, beginnen intensive Vorbereitungen für diese ganz spezielle Mission. Dabei werden auch Simulatoren eingesetzt, in denen alle Phasen des Fluges geprobt werden. Immer wieder werden kritische Situationen und Störfälle simuliert. Mit dieser Vorbereitung ist der eigentliche Raumflug dann ein »Kinderspiel«. Viel Spaß und guten Flug!

Funny Fact

Raumfahrer werden je nach Herkunft anders genannt:

Astronaut
USA

Kosmonaut
Russland

Taikonaut
China

Spationaut
Frankreich

Wiomanaut
Indien

Flugsimulatoren

Bei der ISS dient im Notfall eine russische Sojus-Raumkapsel als Rettungskapsel. Die Astronauten trainieren die Landung mit der Kapsel am Sojus-Cockpitsimulator. Der Simulator ist mit den exakt gleichen Instrumenten ausgestattet wie die Original-Sojus-Kapsel.

Training unter Wasser

Der Auftrieb des Wassers ermöglicht es den Astronauten, Reparaturen und Montagearbeiten unter Schwerelosigkeit zu üben. Teile der Raumstation sind dazu in Orginalgröße in einem Wasserbecken eingesetzt. Ballons lassen Bauteile ähnlich wie unter Schwerelosigkeit schweben. Sicherungstaucher achten auf die Astronauten und greifen bei Problemen ein. Ein anderer Taucher nimmt das Training mit der Unterwasserkamera auf.

Parabelflug. In Flugzeugen, die besondere Flugbahnen fliegen, können Astronauten für kurze Zeit Schwerelosigkeit erfahren. Das Flugzeug steigt steil in die Höhe und nimmt dann Kurs nach unten. Nun befinden sich die Astronauten für rund 25 Sekunden im freien Fall und damit in einem Zustand der Schwerelosigkeit. Deswegen sind die Innenwände gut gepolstert. Das geht vielen auf den Magen, weswegen die Flugzeuge auch »Kotzbomber« genannt werden.

Bewerbung

Wenn die Europäische Raumfahrtagentur ESA wieder neue Astronauten sucht, melden sich immer mehrere Tausend Interessenten. Bewerben kann sich jeder, der zwischen 27 und 37 Jahre alt ist, über einen guten Gesundheitszustand verfügt und körperlich sowie psychisch belastbar ist. Die Bewerber müssen über eine gehobene Bildung verfügen: Sie haben nach dem Abitur technische oder naturwissenschaftliche Fächer studiert, außerdem Berufserfahrung als Naturwissenschaftler, Mediziner oder Ingenieur der Luft- und Raumfahrttechnik. Ein Pilotenschein ist nicht notwendig, aber ein Pluspunkt. Flüssiges Englisch ist unerlässlich, Kenntnisse in Russisch sind von Vorteil. Die Bewerbung erfolgt online über einen ausführlichen Fragebogen.

Strenge Auswahl

Weltraumorganisationen wie die ESA oder die NASA investieren viel Zeit und Geld in die Ausbildung von Astronauten und wählen deshalb nur jene Bewerber aus, die am besten für die anspruchsvolle Arbeit am Boden und im All geeignet sind. Als im Jahr 2008 neue Astronauten gesucht wurden, haben sich mehr als 8 000 Bewerber gemeldet – und davon kamen nur 900 in die nächste Runde. In psychologischen Tests und persönlichen Gesprächen wurden Verhalten, Feinmotorik, Intelligenz und andere Dinge beurteilt. Besonders wichtig sind logisches Denken und räumliche Vorstellungskraft. Weil auf der Internationalen Raumstation Menschen aus unterschiedlichsten Ländern und Kulturen zusammenarbeiten, wird großer Wert auf zwischenmenschliche Fähigkeiten gelegt.

Der Siebte im Team

Der Deutsche Matthias Maurer durfte später nachrücken. Nun besteht die Klasse 2009 aus sieben Astronauten. Maurer studierte Materialwissenschaft und Werkstofftechnik.

Die Auserwählten

Für die Astronautenklasse 2009 der ESA haben sich sechs Männer und eine Frau qualifiziert. Fast alle waren schon im All, nur Matthias Maurer wartet noch auf seine Mission. Am Boden ist er aber bereits unentbehrlich und leistet wichtige Arbeit.

Timothy Peake

Der militärische Testpilot kommt aus Großbritannien und war ab Ende 2015 für sechs Monate auf der ISS.

Andreas Mogensen

Er ist Ingenieur der Luft- und Raumfahrttechnik, kommt aus Dänemark und führte 2015 einen Raumschifftausch an der ISS durch.

Alexander Gerst

Der Geophysiker und Vulkanologe aus Deutschland war 2014 und 2018 für jeweils sechs Monate auf der ISS.

Luca Parmitano

Er ist Testpilot der Luftwaffe und kommt aus Italien. 2013 war er sechs Monate auf der ISS.

Samantha Cristoforetti

Sie kommt aus Italien, ist Ingenieurin und Militärpilotin und verbrachte ab Ende 2014 ein halbes Jahr auf der ISS.

Thomas Pesquet

Der französische Pilot und Ingenieur für Raumfahrttechnik war ab Ende 2016 für sechs Monate auf der ISS.

Weitere Tests

Nur eine kleine Gruppe kam in die nächste Runde und wurde tiefergehenden psychologischen und medizinischen Tests unterzogen. Nur wer absolut gesund war und auch extreme Beschleunigungen, Schwerelosigkeit und enge Räume gut verkraftet, hatte eine Chance, in die nächste Astronautenklasse aufgenommen zu werden. Zuvor aber erfolgten noch Gespräche mit Führungskräften der ESA und schließlich mit deren Generaldirektor. Nach etwa einem Jahr – so lange dauerte das gesamte Auswahlverfahren – standen die sechs neuen Teilnehmer der Astronautenklasse 2009 fest. Als Bewerber benötigt man also viel Zeit, Geduld sowie Ausdauer – und auch ein bisschen Glück.

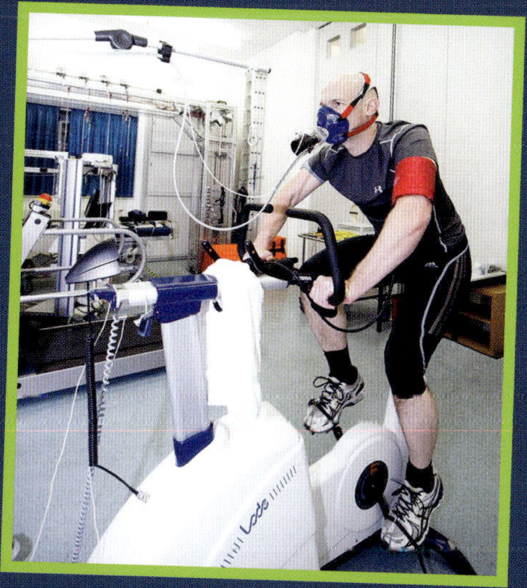

Fit fürs All

Astronauten müssen keine Leistungssportler sein, aber Fitness ist wichtig. Mit dem Belastungstest auf dem Fahrrad wird die Lungenfunktion geprüft.

Teamgeist und Neugier

Die idealen Bewerber haben ein gutes Gedächtnis, können Situationen gut erfassen und treffen selbst unter Stress und Zeitdruck schnell die richtigen Entscheidungen. Sie können sich auf eine Aufgabe konzentrieren, haben eine gute räumliche Orientierung und sind handwerklich geschickt. Außerdem sind sie hoch motiviert, flexibel und arbeiten gerne im Team. Die Astronauten leben auf der ISS monatelang auf engem Raum mit anderen Menschen zusammen. Dabei kann es zu Missverständnissen und Spannungen kommen. Astronauten müssen deshalb in der Lage sein, solch kritische Situationen zu meistern und zwischenmenschliche Probleme zu lösen. Ein guter Astronaut ist darüber hinaus in den sozialen Medien wie Twitter oder Instagram aktiv, hält Unterrichtsstunden aus dem All und beantwortet gerne Fragen von Journalisten, Lehrern und Schülern. Da Astronauten schon während der Ausbildung viel unterwegs sind, sollten sie gerne reisen. Auch wenn sie wieder zurück auf der Erde sind, geht es zu wissenschaftlichen Kongressen und Vorträgen. Ein Astronaut ist immer neugierig – sei es auf neue Situationen, Herausforderungen oder darauf, fremde Menschen kennenzulernen.

Raumfahrt hautnah erleben

Wer sich näher für den Beruf Astronaut interessiert, sollte sich an das Europäische Astronautenzentrum EAC in Köln wenden. Hier gibt es Vorträge, Touren und Besichtigungen der Einrichtungen für Erwachsene, aber auch für Kinder. Dort kann man einen originalgetreuen Nachbau des europäischen Forschungsmoduls Columbus erleben. Ähnliche Angebote findet man auch beim Deutschen Zentrum für Luft- und Raumfahrt (DLR).

Der Nachwuchs übt

Ausbildung

Schleudertest

In der Zentrifuge erfahren Astronauten Beschleunigungen bis zum Fünffachen der g-Kraft: Wer auf der Erde 80 Kilogramm wiegt, wird nun mit 400 Kilogramm in den Sitz gedrückt.

Ab ins Wasser

Alexander Gerst steigt hier in den russischen Orlan-Anzug. Er wird damit bis zu sieben Stunden im Pool einen Außenbordeinsatz simulieren. So gewöhnt er sich an den sperrigen Raumanzug. Jeder Handgriff wird geprobt und Notfälle werden trainiert.

Gratulation! Nachdem das Auswahlverfahren erfolgreich absolviert wurde, ist man in der nächsten Astronautenklasse. Nun folgen viereinhalb Jahre Ausbildung und Training. Jede Weltraumorganisation hat eigene Trainingspläne, doch folgen diese den Richtlinien, die unter den ISS-Partnern abgestimmt wurden. Die Ausbildung erfolgt in drei Phasen und wird von zahlreichen Prüfungen begleitet.

Grundausbildung

Die von der ESA ausgewählten Kandidaten bekommen im Europäischen Astronautenzentrum in Köln zunächst eine etwa einjährige Grundausbildung. Darin werden Informationen über die ESA und die anderen an der ISS beteiligten Raumfahrtorganisationen vermittelt. Danach stehen Raumfahrttechnik, Elektrotechnik und weitere wissenschaftliche Fachrichtungen auf dem Plan. Schließlich geht es um die ISS selbst und um die Transportsysteme zur ISS – also um Raketen, Raumschiffe und unbemannte Raumfrachter. Das sind die Raumfahrzeuge, mit denen Astronauten es später zu tun haben werden. Die Astronautenschüler befassen sich mit Robotertechnik und Andockmanövern; außerdem lernen sie Tauchen und Russisch. Russisch ist wichtig, weil man wahrscheinlich mit einem russischen Sojus-Raumschiff zur ISS fliegen wird.

Aufbauausbildung

Die Aufbauausbildung dauert ein weiteres Jahr. In dieser zweiten Phase geht es unter anderem um Betrieb und Wartung der verschiedenen ISS-Module und der Transportraumschiffe. Die Inhalte, die schon in der Grundausbildung behandelt wurden, werden nun vertieft – darunter sind Robotertechnik, Navigation, Innen- und Außenbordeinsätze sowie medizinisches Wissen. Diese Phase findet an verschiedenen Ausbildungszentren in den USA, Europa, Russland, Japan und Kanada statt. Man wird also viel mit dem Flugzeug unterwegs sein und in dieser spannenden Zeit auch seine späteren Teammitglieder kennenlernen.

Missionsspezifische Ausbildung

Wenn der Astronaut einem Astronautenteam für eine bestimmte ISS-Mission zugeordnet ist, kann die dritte Phase beginnen: die missionsspezifische Ausbildung. Diese dauert mindestens eineinhalb Jahre und vermittelt alle Fähigkeiten und Kenntnisse, die für die jeweilige Mission benötigt werden. Da eine Mannschaft gleichzeitig auch Ersatzmannschaft für die vorhergehende Mission ist, wird jedes Team für zwei unterschiedliche Missionen ausgebildet. Nun ist die Ausbildung abgeschlossen und es kann losgehen zur Internationalen Raumstation!

Vorgeschmack auf das All

Matthias Maurer lernt hier während des Parabelflugs die Schwerelosigkeit kennen.

Wasserungsübung

Im Notfall kann die Rückkehrkapsel überall auf der Welt landen oder wassern. Deshalb wird auch trainiert, wie man im Meer überlebt, bis die Bergungsmannschaft zu Hilfe kommt. In der engen Kapsel den Überlebensanzug anzuziehen, ist gar nicht so einfach.

Überlebenstraining in Russland

Wer mit der russischen Sojus-Kapsel fliegt, muss ein zweitägiges Überlebenstraining in Russland absolvieren. Dabei lernt man sich selbst und das Team besser kennen.

199 Tage im All

Die Italienerin Samantha Cristoforetti ist ihren Weg gegangen und im All gelandet. Ganze 199 Tage verbrachte sie zwischen November 2014 und Juni 2015 auf der Internationalen Raumstation.

Samantha Cristoforetti

Die italienische Astronautin Samantha Cristoforetti interessierte sich schon als Kind für Science-Fiction und wollte ins All reisen. Zum Glück hatte sie hervorragende Lehrer, die schon in der Grundschule ihr Interesse für Sterne, das Sonnensystem und Raumfahrt weckten.

Ein langer Weg

Nach der Schule studierte sie Maschinenbau mit dem Schwerpunkt Luft- und Raumfahrttechnik in Deutschland, Frankreich und Russland. Schließlich wurde sie Militärpilotin bei der italienischen Luftwaffe. 2008 gab es dann eine Ausschreibung der ESA – Cristoforetti wusste, dass es eine solche Chance nur einmal im Leben gibt. Also bewarb sie sich und hatte das Glück, alle Auswahlrunden zu bestehen und sich gegen Tausende Bewerber durchzusetzen. Denn Glück spielt dabei auch eine Rolle.

Mehr Frauenpower im All

Die Ingenieurin schaffte es also in die Astronautenklasse von 2009. Dort war sie die einzige Frau unter sechs Männern. Das spiegelt in etwa das Verhältnis von Frauen und Männern in den Bewerbungen wider. Denn beide Geschlechter haben die gleichen Chancen und werden nach denselben Kriterien ausgewählt. Würden sich mehr Frauen bewerben, gäbe es sicherlich mehr Astronautinnen. Mädchen wie Jungen, die sich für die Raumfahrt interessieren, sollten einfach ihren Weg gehen und ihre Inspiration finden. Sie sollten mit Leidenschaft studieren und niemals das Ziel aus den Augen verlieren. Dann kann es klappen mit dem Traumberuf Astronaut – so wie bei Samantha Cristoforetti.

Alexander Gerst

Weil Gerst mit einer russischen Sojus-Rakete ins All flog, stand sein Name auch in kyrillischer Schrift auf dem Anzug.

Schon zweimal durfte der deutsche Astronaut Alexander Gerst auf die Internationale Raumstation. 2014 flog er zum ersten Mal für ein halbes Jahr zur ISS. Am 6. Juni 2018 startete er dann zum zweiten Mal dorthin. Bei der Mission 2018 war er in der zweiten Hälfte seines Aufenthalts für rund drei Monate sogar Kommandant der Raumstation. Sein Wissen, seine Erlebnisse sowie Erfahrungen als Vulkanologe und als Astronaut gibt Gerst oft in Vorträgen weiter – besonders gerne an Kinder.

Name:
Dr. Alexander Gerst
Ausbildung:
Promovierter Geophysiker
Beruf:
Vulkanologe und Astronaut
Erfahrung:
Expeditionen unter anderem in die Antarktis und zum Ätna auf Sizilien, ISS-Astronaut
Hobbys:
Sport, Natur, neugierig sein
Lieblingsort auf der ISS:
Aussichtskuppel Cupola

Sein Weg in den Weltraum

Aber wie kommt ein Geophysiker und Vulkanologe wie Alexander Gerst eigentlich ins All? Einfache Antwort: Schon im Kindesalter wurde sein Interesse für diese Themen geweckt. Und schließlich hat es ihn in den Weltraum gebracht. Gerst sagt über sich selbst: »Als kleiner Junge schon habe ich mich für alles interessiert, was mit der Entdeckung der Welt zu tun hatte: für Vulkane, Stürme, Erdgeschichte, ferne Kulturen und Länder – und für das All.«

Weltreisen

Geboren wurde der deutsche Astronaut 1976 im baden-württembergischen Künzelsau. Als er sechs Jahre alt war, schickte sein Großvater – ein Amateurfunker – Alexanders Stimme per Radiowellen zum Mond und empfing mit gut zweieinhalb Sekunden Verzögerung das Echo. Der Junge wurde in seiner Neugierde von der Familie bestärkt und begann, die Welt zu erforschen. Nach Abitur und Zivildienst ging er ein ganzes Jahr lang auf Weltreise.

Gersts erste Mission hieß »Blue Dot« (Blauer Punkt) – gemeint ist unsere Erde (1). Das Motto der zweiten Mission »Horizons« (Horizonte) spielt darauf an, dass der Mensch auch in Zukunft neue Welten jenseits des Horizonts für sich erschließen wird (2).

Danach studierte er Geophysik in Karlsruhe und im neuseeländischen Wellington. Sein Spezialgebiet wurden die Vulkane. Um diese zu erforschen, nahm Gerst an mehreren wissenschaftlichen Expeditionen teil. Sie führten ihn an viele spannende Orte auf der Welt: nach Äthiopien, Indonesien, Guatemala, auf die Südseeinsel Vanuatu und in die eiskalte Antarktis. Er entwickelte Geräte und Methoden, um jenes Grummeln der Vulkane zu messen, das sie kurz vor ihrem Ausbruch von sich geben.

Reiseziel All

Doch egal was Alexander Gerst tat und wo er war, verlor er niemals sein großes Ziel aus den Augen: Astronaut werden. Doch das wollen viele. Als 2008 die europäische Raumfahrtagentur ESA wieder Astronauten suchte, meldeten sich mehr als 8 400 Bewerber. Nach einem strengen Auswahlverfahren blieben nur eine Handvoll übrig, darunter Alexander Gerst. Es folgte ein jahrelanges Training, denn der Beruf Astronaut will gelernt sein.

Fernziel Mars

Die Mühen haben sich gelohnt. 2014 startete Gerst zu seiner ersten Mission »Blue Dot«. Dabei führte er Experimente in der Schwerelosigkeit durch, unter anderem an Metallschmelzen und am eigenen Körper. Aber Raumfahrt ist mehr als nur ein Abenteuer. Denn die Aufenthalte im Erdorbit dienen zudem als Vorbereitung für längere Missionen, etwa zum Mars. Mond und Mars sind die nächsten Ziele der bemannten Raumfahrt, möglicherweise auch ein Ausflug zu einem Asteroiden. Bei einem Flug zum Roten Planeten oder zum Mond wäre Alexander Gerst sofort dabei.

Die Erde im Blick

Von der ISS aus, die 400 Kilometer über der Erde fliegt, gibt es einen Anblick, den Alexander Gerst am meisten schätzt: den Blauen Planeten. Dieser ist ihm besonders wichtig: »Selbst von der Raumstation ISS, aus dem nahen Orbit von nur 400 Kilometern Höhe, haben wir unsere Welt so gesehen: als eine erstaunlich kleine, zerbrechlich wirkende Steinkugel, geschützt nur von einer hauchdünnen, bläulich schimmernden Atmosphäre: Das ist alles, was wir haben!«

Selfie im All

Höhepunkt einer jeden ISS-Mission sind die Weltraumspaziergänge. Alexander Gerst durfte im Rahmen der »Blue Dot«-Mission für Wartungsarbeiten vor die Tür der ISS. Dort musste er eine neue Kühlpumpe an der ISS montieren. Bevor es mit der Arbeit losging, machte er noch ein Foto von sich.

In der Antarktis verbrachte Alexander Gerst sechs Wochen bei bis zu minus 45 Grad – und das auf einem aktiven Vulkan.

Blick in den Vulkan

Alexander Gersts Neugier macht vor nichts halt. Mit solchen Messgeräten erforscht er das Innere eines Vulkans.

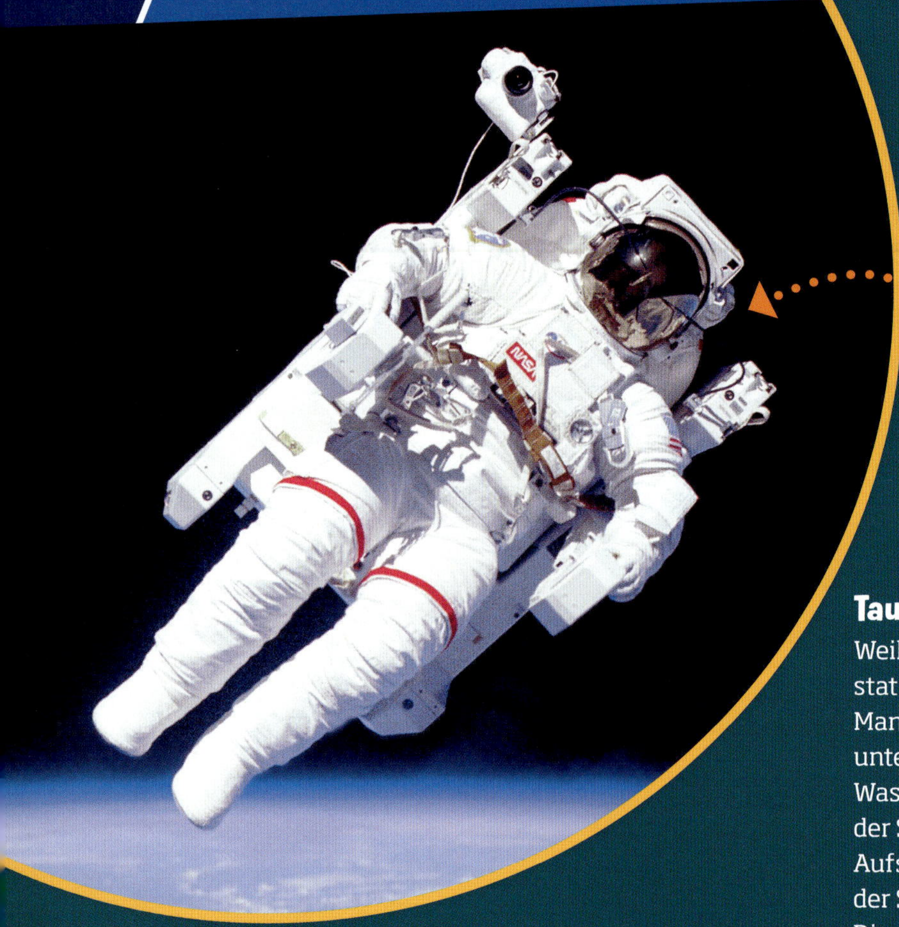

Weltraumspaziergang

Völlig losgelöst

Mit einer Art Raketenrucksack, der Manned Maneuvring Unit (MMU) genannt, aber nicht mehr eingesetzt wird, konnte sich der Astronaut ohne Sicherungsleine von der Station entfernen und frei im All bewegen. Kleine Düsen gaben ihm die gewünschte Richtung und Geschwindigkeit.

Zu den spannendsten, aber auch gefährlichsten Tätigkeiten im All gehört der Weltraumspaziergang. Offiziell wird er Extravehicular Activity (deutsch: Außenbordaktivität) genannt und mit EVA abgekürzt. Bei einem solchen Einsatz verlässt der Raumfahrer die sichere Umgebung seines Raumfahrzeugs, beispielsweise der Raumkapsel, des Spaceshuttles oder der Raumstation. Ein spezieller Raumanzug schützt ihn vor Hitze, Kälte, Strahlung und dem Vakuum.

Weltraummarathon

Außenbordeinsätze dauern in der Regel etwa sechs Stunden und sind sehr anstrengend. Statt von einem Weltraumspaziergang sollte man also besser von einem Weltraummarathon sprechen. Die Beweglichkeit im steifen Raumanzug ist sehr eingeschränkt; ein Werkzeug mit den Handschuhen zu fassen ist, als würdest du einen Tennisball kneten. Die Klimaanlage im Anzug dröhnt ständig und belastet den Astronauten zusätzlich. EVAs auf der ISS sind meist Montage- und Reparatureinsätze. Manchmal werden auch Experimente auf Außenplattformen außerhalb der Station angebracht und später wieder an Bord geholt.

Taucherkrankheit im All

Weil der Druck im Raumanzug geringer ist als in der Raumstation, besteht die Gefahr einer Dekompressionskrankheit. Man kennt sie von Tauchern, die längere Zeit in großer Tiefe unter hohem Druck verbracht haben und zu schnell zur Wasseroberfläche aufsteigen. Unter Druck löst sich im Blut der Stickstoff, der im Atemgas enthalten ist. Bei zu schnellem Aufsteigen und dem damit verbundenen Druckabfall perlt der Stickstoff aus und es bilden sich Gasbläschen im Blut. Dies ist so ähnlich, wie wenn man eine Mineralwasserflasche öffnet und das Kohlendioxidgas das Wasser aufschäumt. Das ausperlende Stickstoffgas im Blut ist eine große Gefahr, denn die Stickstoffbläschen können kleinere Blutgefäße blockieren und zu Lähmungen führen – im schlimmsten Fall sogar zum Tod. ISS-Astronauten müssen sich daher vor Außenbordeinsätzen einem »Camp Out« unterziehen. Dabei verbringen sie die letzten Stunden vor dem Ausstieg in der Schleuse, wo sie Luft mit vermindertem Druck atmen. So löst sich weniger Stickstoff im Blut.

An der Leine

Bei einem Außenbordeinsatz besteht grundsätzlich die Gefahr, dass der Astronaut in den Weltraum abdriftet und nicht mehr zur Station zurückkehren kann. Deshalb sind die Astronauten über Leinen gesichert. Sollte eine Leine dennoch reißen – was allerdings noch nie passiert ist –, trägt der Astronaut in den amerikanischen Raumanzügen ein kleines Rucksacksystem zur Rettung bei sich. Es heißt SAFER; die Abkürzung steht für Simplified Aid For EVA Rescue (deutsch: vereinfachte Hilfe zur EVA-Rettung). Das Rettungssystem besteht aus 24 kleinen Schubdüsen, aus denen Stickstoffgas austritt und den Astronauten zur ISS zurückbringen kann. SAFER wurde aus dem MMU, einem sehr sperrigen Düsenrucksack, entwickelt, der heute nicht mehr verwendet wird.

Strahlen im All

In der ISS wird die Besatzung durch die Außenwände der Station geschützt, die einen Teil der Strahlung abschirmen. Außerhalb der ISS ist die Strahlenbelastung etwa doppelt so hoch wie in der Station. Zum einen kommt aus den Tiefen des Weltalls kosmische Strahlung. Zum anderen gehen von der Sonne Strahlen aus – sie werden Sonnenwind genannt. Wenn die Strahlungsintensität der Sonne sehr hoch ist, werden Außenbordeinsätze entweder abgekürzt oder auf einen späteren Zeitpunkt verschoben.

Rekord

8 Std. 56 Min.

dauerte der bisher längste Weltraumspaziergang. Er wurde von NASA-Astronauten am 11. März 2001 durchgeführt.

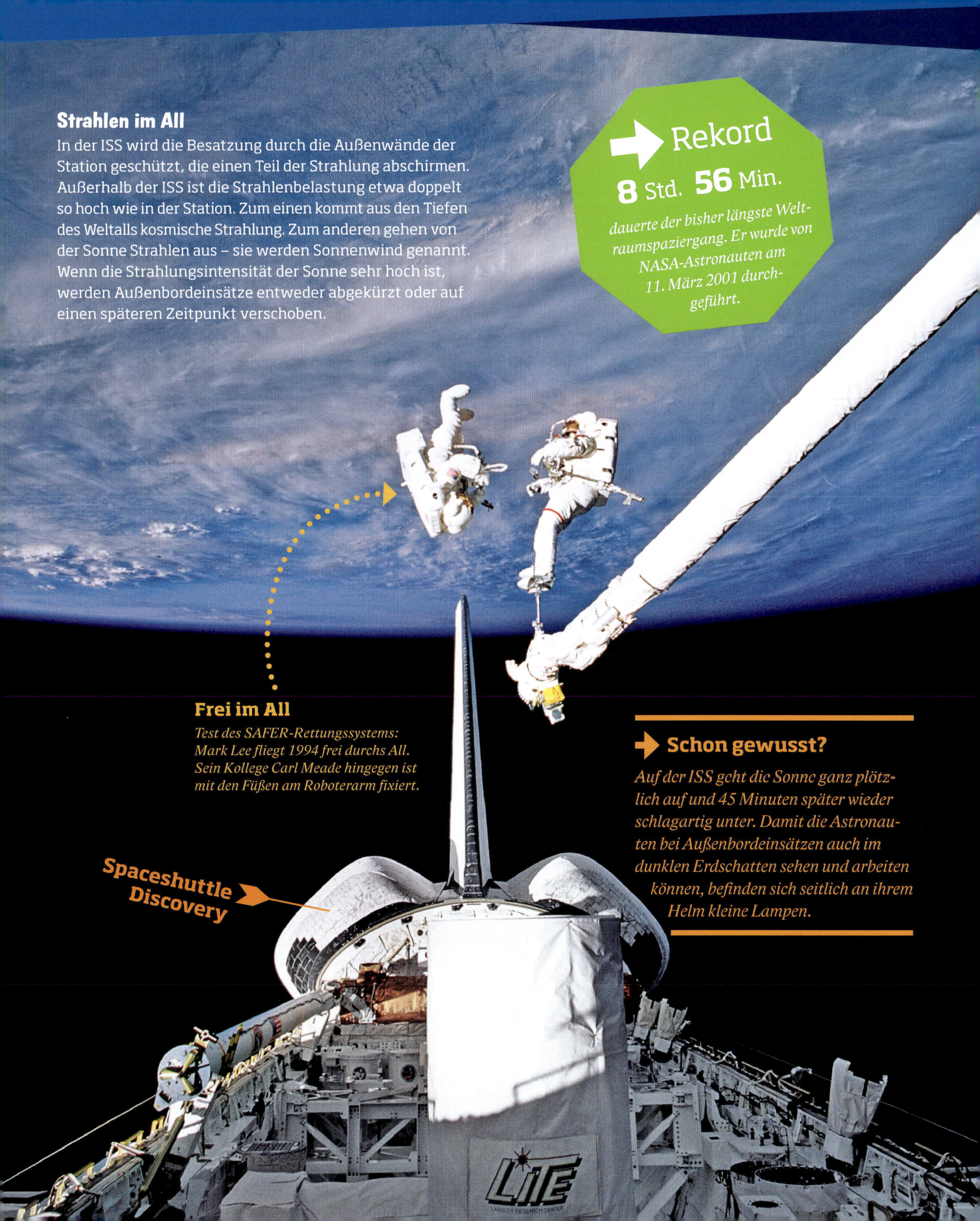

Frei im All

Test des SAFER-Rettungssystems: Mark Lee fliegt 1994 frei durchs All. Sein Kollege Carl Meade hingegen ist mit den Füßen am Roboterarm fixiert.

Schon gewusst?

Auf der ISS geht die Sonne ganz plötzlich auf und 45 Minuten später wieder schlagartig unter. Damit die Astronauten bei Außenbordeinsätzen auch im dunklen Erdschatten sehen und arbeiten können, befinden sich seitlich an ihrem Helm kleine Lampen.

Vision Raumstation

Lange bevor Flüge ins All überhaupt technisch möglich waren, gab es die Idee von bewohnten Raumstationen. Science-Fiction-Autoren und Filmemacher konnten dabei ihrer Fantasie freien Lauf lassen und achteten nicht auf die Umsetzbarkeit. Diese Freiheiten hatten Raumfahrttechniker und Designer, die im Auftrag nationaler Weltraumbehörden realistischere Projekte entwarfen, nicht. Aber auch die meisten ihrer Konzepte wurden aus verschiedensten Gründen nicht realisiert.

Das Wohnrad

Das Wohnrad von Hermann Noordung sollte rotieren und so eine künstliche Schwerkraft erzeugen. Die gekrümmten Spiegel fangen die Wärmestrahlung der Sonne ein. Die Idee stammt aus dem Jahr 1928.

Der Backstein-Mond

Im Jahr 1869 erschien die Kurzgeschichte des amerikanischen Schriftstellers Edward Everett Hale »The Brick Moon« (deutsch: »Der Backstein-Mond«). Ein kugelförmiger künstlicher Mond wird aus zwölf Millionen Backsteinen gemauert. Die Kugel mit einem Durchmesser von 61 Metern soll als künstlicher Stern eine Navigationshilfe für Schiffe auf der Erde sein. Als sie in die Erdumlaufbahn geschossen wird, sind versehentlich Menschen an Bord. Sie überleben jedoch den Flug und so wird in dieser Geschichte aus dem Backstein-Mond die erste Raumstation im All.

The von Braun Station

Der Raketenpionier Wernher von Braun hatte wohl bei Hermann Noordung abgeschaut. Von Brauns Raumstation aus dem Jahr 1946 sollte eine Art dreistöckiges Rad sein, in dessen Innerem die Astronauten leben und arbeiten. Indem sich die Ringe langsam drehen, soll für eine künstliche Schwerkraft gesorgt werden. Das würde die Arbeit der Besatzung erleichtern.

Kernkraft im All

Ab den 1960er-Jahren machte man sich Gedanken, Raumstationen mit Atomreaktoren zur Energieversorgung auszurüsten. Zum Schutz der Mannschaft vor radioaktiver Strahlung sollte der Reaktor am Ende einer langen Stange montiert werden. Die atomgetriebene Station war so groß geplant, dass sie in Einzelteilen in den Orbit gebracht und erst dort zusammengebaut werden sollte. Das Bild zeigt den US-Satelliten Snapshot, mit dem 1965 der erste Atomreaktor im All getestet wurde.

Spider Space Station

In den 1970er-Jahren kündigte die NASA das Spaceshuttle-Programm an. Damit die wiederverwendbare Raumfähre ein Reiseziel hatte, entwarf man 1977 die Raumstation Spider (Spinne). Der wie ein dicker Bleistift geformte Hauptkörper der Station ist ein leerer Haupttank des Shuttles. Die untertassenförmige Schale sollte mit Solarzellen bestückt werden und die Raumstation mit Energie versorgen. Die Station war als Zwischenstopp für Astronauten gedacht, die zum Mond oder Mars unterwegs sind.

Inflatable Station

Die aufblasbare Raumstation ist ein großer Gummischlauch und wurde 1961 von Ingenieuren des Reifenherstellers Goodyear ausgedacht. Der Vorteil: Die Raumstation ist leicht und kann für den Start zusammengefaltet werden. Sie wird erst im All aufgeblasen.

O´Neill-Zylinder

Die NASA ließ diese Raumstation mit zwei Zylindern von Künstlern zeichnen. Ein solcher Zylinder misst im Durchmesser über sechs Kilometer und ist über 30 Kilometer lang. Mehrere Millionen Menschen sollten solche Weltraumkolonien bevölkern. Es gibt darin sogar Wälder und Seen.

Raumstation Mir

Wer soll sich da noch auskennen?

Das Basismodul der Mir enthielt den Wohnbereich und das Hauptsteuerpult, von dem aus die Station überwacht und gesteuert wurde. Es gab sogar Stühle. Um nicht davon zu schweben, mussten die Kosmonauten ihre Füße unter der Sitzfläche verschränken. Die Besatzung lebte und arbeitete in einem Wirrwarr aus Experimenten, Kabeln und Alltagsgegenständen. Als ausgebildeter Kosmonaut kommt man damit aber gut zurecht.

Auf die eher kleinen Saljut-Stationen der UdSSR folgte die Raumstation Mir – die erste größere Raumstation, die erst im All aus Modulen zusammengesetzt wurde. Mir heißt übersetzt Frieden oder auch Welt. Im Februar 1986 wurde das erste Modul in den Orbit gebracht. Dieses Basismodul verfügte über sechs Andockstellen für weitere Module und zum Anlegen von Raumschiffen. Nur knapp einen Monat nach dem Start wurde die Station von zwei Kosmonauten bezogen. In den folgenden zehn Jahren kamen sechs weitere Module hinzu und die Station wuchs zu einer beachtlichen Größe heran. In dieser Zeit kam es auf der Erde ebenfalls zu großen Veränderungen. Die Sowjetunion löste sich Ende 1991 endgültig auf und Russland übernahm das sowjetische Raumfahrtprogramm – und damit auch die Mir. Die Raumstation wurde nun ebenfalls für westliche Astronauten geöffnet und es begann eine internationale Zusammenarbeit im All.

Ost und West im All

Frankreich war bereits vor dem Zerfall der Sowjetunion und dem Ende des Kalten Krieges an sowjetischen Raumfahrtprojekten beteiligt. Nach dem Ende der UdSSR besuchten Astronauten anderer westlicher Staaten regelmäßig die Mir. Außer Frankreich waren dies Großbritannien, Japan, die USA, Österreich und Deutschland. Besonders umfangreich war die Zusammenarbeit mit den USA. Damit das amerikanische Spaceshuttle anlegen konnte, wurde extra ein Koppeladapter an der Mir angebracht. Die gemeinsame Forschungsarbeit und die Erfahrungen auf der Mir dienten der Vorbereitung für den Bau der Internationalen Raumstation ISS.

Ein halbes Jahr im All

Ab Ende 1995 verbringt der deutsche Astronaut Thomas Reiter 179 Tage auf der Mir. Hier bereitet er sich gerade für die Rückkehr zur Erde vor.

Pleiten, Pech und Pannen

Wie gefährlich es auf einer Raumstation werden kann und dass Raumfahrer selbstständig und besonnen Probleme lösen müssen, zeigten einige Zwischenfälle auf der Mir. Im Februar 1997 entzündete sich ein chemischer Sauerstoffgenerator und giftiger Rauch breitete sich aus. Die drei Kosmonauten mussten Sauerstoffmasken anlegen und die Station lüften. Nur zwei Wochen später fiel die Sauerstoffversorgung aus und es musste auf das Ersatzsystem umgeschaltet werden. Ein anderes Mal versagte das automatische Lagekontrollsystem und die Mir musste von Hand manövriert werden. Auch die Kommunikation mit der Erde war zeitweise eingeschränkt. Im Juni 1997 kam es dann noch beim Andocken eines unbemannten Versorgungsraumschiffs zu einem Auffahrunfall. Durch das entstandene Leck entwich Luft aus der Station und die Besatzung musste das Loch versiegeln. Da die Solarpanele ebenfalls betroffen waren, fiel ein Großteil der Stromversorgung aus und die Besatzung musste die Station verlassen.

Das Ende der Mir

Natürlich sind auf einer Weltraumstation lebenswichtige Systeme immer doppelt und dreifach vorhanden. Dennoch hat jede Station nur eine begrenzte Lebensdauer; dies galt auch für die Mir. Die letzte Besatzung koppelte im Juni 2000 ab. Knapp zehn Monate später wurde die Mir kontrolliert zum Absturz gebracht. Dazu verringerte der noch angedockte letzte Raumfrachter die Umlaufgeschwindigkeit durch drei Bremsschübe. Die Mir trat in die Erdatmosphäre ein und endete dort als Feuerball. Mehr als 1 500 Trümmer stürzten in der Nähe der Fidschi-Inseln in den Pazifik. Solche kontrollierten Abstürze werden immer über unbewohntem Gebiet durchgeführt. Ursprünglich war eine Nachfolgestation Mir 2 geplant, doch dann beschloss Russland, sich ebenfalls an der Internationalen Raumstation zu beteiligen. Bereits im November 1998 – die Mir umkreiste damals noch die Erde – wurde das erste Modul der ISS gestartet: Sarja. Damit begann das Zeitalter der ISS.

Igel im All

Die Mir besteht aus dem Basismodul mit einem Kopplungsadapter, an dem vier weitere Stationsmodule angedockt wurden. Jedes Modul hat eigene Solarflügel für die Stromversorgung. Wenn die Station auf der Nachtseite der Erde in den Erdschatten eintritt, kommt der Strom für Lebenserhaltungssysteme und Experimente aus diesen Batterien. Am Ende sah die Mir mit all den Modulen und Solarpanelen wie ein Igel aus.

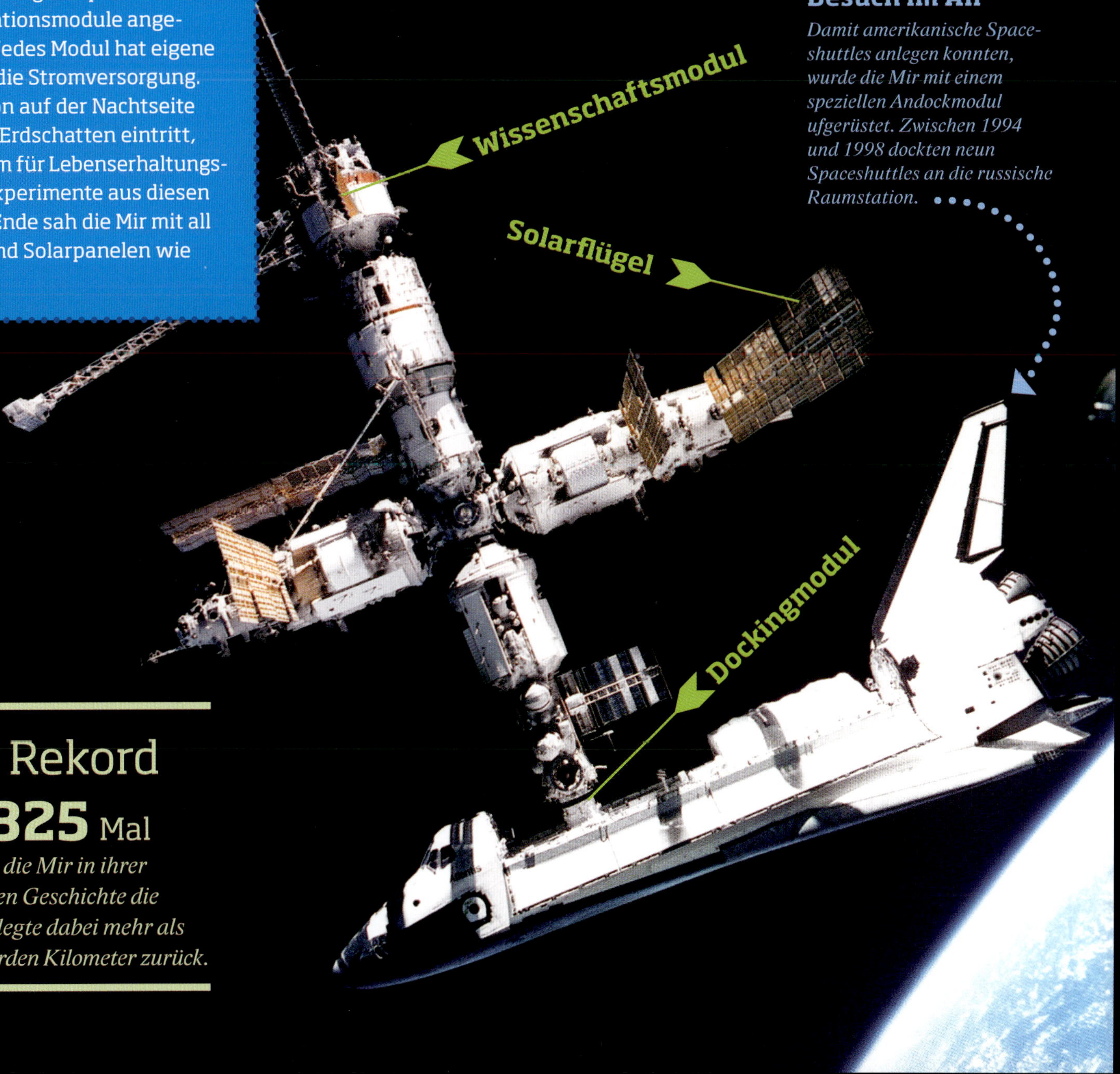

Besuch im All

Damit amerikanische Spaceshuttles anlegen konnten, wurde die Mir mit einem speziellen Andockmodul ufgerüstet. Zwischen 1994 und 1998 dockten neun Spaceshuttles an die russische Raumstation.

Rekord

86 325 Mal

umkreiste die Mir in ihrer 15-jährigen Geschichte die Erde und legte dabei mehr als 3,6 Milliarden Kilometer zurück.

Chinas Raumstationen

Gleich geht´s los

Die zweite Besatzung von Tiangong 1 kurz vor dem Start im Juni 2013. Die Astronautin Wang Yaping unterrichtete vom All aus 330 Schüler in Peking per Videokonferenz. Millionen von chinesischen Schülern waren live vor dem Fernseher dabei.

Chinas Raumfahrtbehörde heißt China National Space Administration. Die CNSA verfügt über eigene Raketen, Raumschiffe und Startanlagen, um Satelliten, Raumsonden und Menschen ins All zu befördern. Mit den Raumlaboren Tiangong 1 und Tiangong 2 (deutsch: Himmelspalast) verzeichnete China erste große Erfolge. Diese ermöglichten es chinesischen Raumfahrern, erste Erfahrungen bei Langzeitaufenthalten im All zu sammeln. Die CNSA testete außerdem den unbemannten Weltraumfrachter Tianzhou 1 für die Versorgung zukünftiger Raumstationen. Gleichzeitig wurde dabei Tiangong 2 mit Treibstoff versorgt. China hat somit alle nötigen Technologien, um eine eigene Raumstation ins All zu befördern, diese mit Nachschub und sonstigem Material zu versorgen und natürlich Raumfahrer zur Station zu bringen. Aktuell wird an einer eigenen chinesischen Raumstation gearbeitet.

Europäische Gäste

Auf Chinas großer Raumstation könnten auch ESA-Astronauten arbeiten. 2017 übte Matthias Maurer (links) die Wasserung mit der chinesischen Rückkehrkapsel.

Schon gewusst?

2016 ging der Funkkontakt zum damals unbemannten Raumlabor Tiangong 1 verloren. In der Nacht vom 1. zum 2. April 2018 verglühte es in der Atmosphäre; Reste stürzten in den Pazifik.

Schwere Lasten

Tonnenschwere Stationsmodule sollen mit der Schwerlastrakete Changzheng 5 vom neuen Weltraumbahnhof auf der Insel Hainan starten. Wenn alles nach Plan läuft, sind bis 2023 alle drei Module zusammengefügt. Während die ISS 450 Tonnen wiegt, wird Chinas Raumstation nur etwa ein Fünftel so groß sein und eine Masse von etwa 66 Tonnen haben. Wenn die ISS den Betrieb einstellt, könnte die chinesische Raumstation zunächst der einzige Außenposten der Menschheit im All sein.

Berufsbezeichnungen

Oft liest man von Taikonauten, wenn es um chinesische Raumfahrer geht. Das Wort setzt sich aus dem chinesischen Wort für Weltraum und dem griechischen Wort für Seefahrer zusammen. Die eigentliche chinesische Bezeichnung bedeutet wörtlich übersetzt »Raumfahrtmitarbeiter« beziehungsweise »Weltraummenschen«. In englischen Texten nennt die CNSA ihre Raumfahrer aber Astronauten. Dieser Begriff geht auf die griechischen Worte für Stern und Seefahrer zurück und bedeutet »Sternenreisender«. Das russische »Kosmonaut« wiederum setzt sich aus den griechischen Worten für Weltall und Seefahrer zusammen. Alle Begriffe bezeichnen aber das Gleiche.

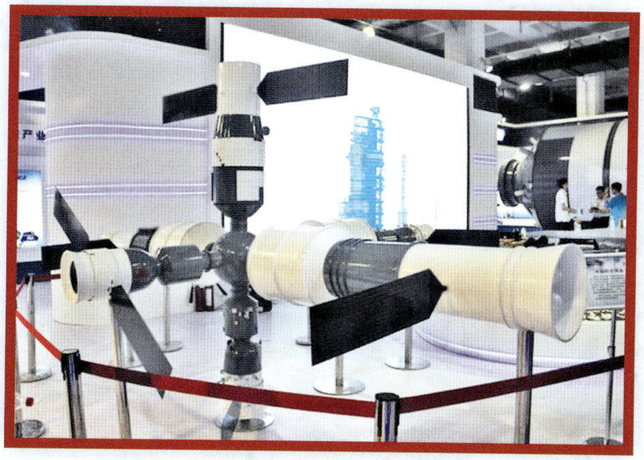

Modell der Raumstation

Chinas neue Raumstation wird über Wohn- und Labormodule sowie über zwei Roboterarme verfügen. Eine maximal dreiköpfige Besatzung soll drei Monate oder länger dort arbeiten und leben können.

Tiangong 1

Das chinesische Raumschiff Shenzhou **(1)** *besteht aus drei Teilen: Orbitalmodul, Landemodul und Gerätemodul. In dieser Grafik ist es an das Raumlabor Tiangong 1* **(2)** *angedockt. Das Beherrschen von Kopplungsmanövern ist eine unerlässliche Voraussetzung für das Betreiben einer großen Raumstation.*

Tiangong 2

Das zweite Raumlabor wurde im September 2016 mit dieser Rakete in den Orbit gebracht. Die erste, zweiköpfige Besatzung verbrachte vier Wochen im Labor.

Technisches Wunderwerk

Die Internationale Raumstation ISS ist das größte Objekt, das der Mensch je ins All gebracht hat. Tausende Entwickler, Raumfahrttechniker, Ingenieure und Wissenschaftler aus 15 Nationen haben zusammengearbeitet und eine komplexe Technik geschaffen, die es dem Menschen erlaubt, in der lebensfeindlichen Umgebung des Weltalls zu überleben. Die Station wurde mittels zahlreicher Raketenstarts und Flüge mit Spaceshuttles in Einzelteilen in den Erdorbit gebracht. Erst dort wurde die ISS in rund 160 Außenbordeinsätzen montiert. Heute ist sie Arbeitsplatz und Zuhause für meist sechs Personen. Die Arbeit der wechselnden Besatzungen dient unter anderem der Vorbereitung bemannter Missionen zum Mond und zum Mars. Somit ist die ISS Sprungbrett für die nächsten großen Raumfahrtprojekte.

»Die ISS ist eine Mensch-Maschine – die komplexeste und wertvollste Maschine, die die Menschheit jemals gebaut hat.«

Alexander Gerst

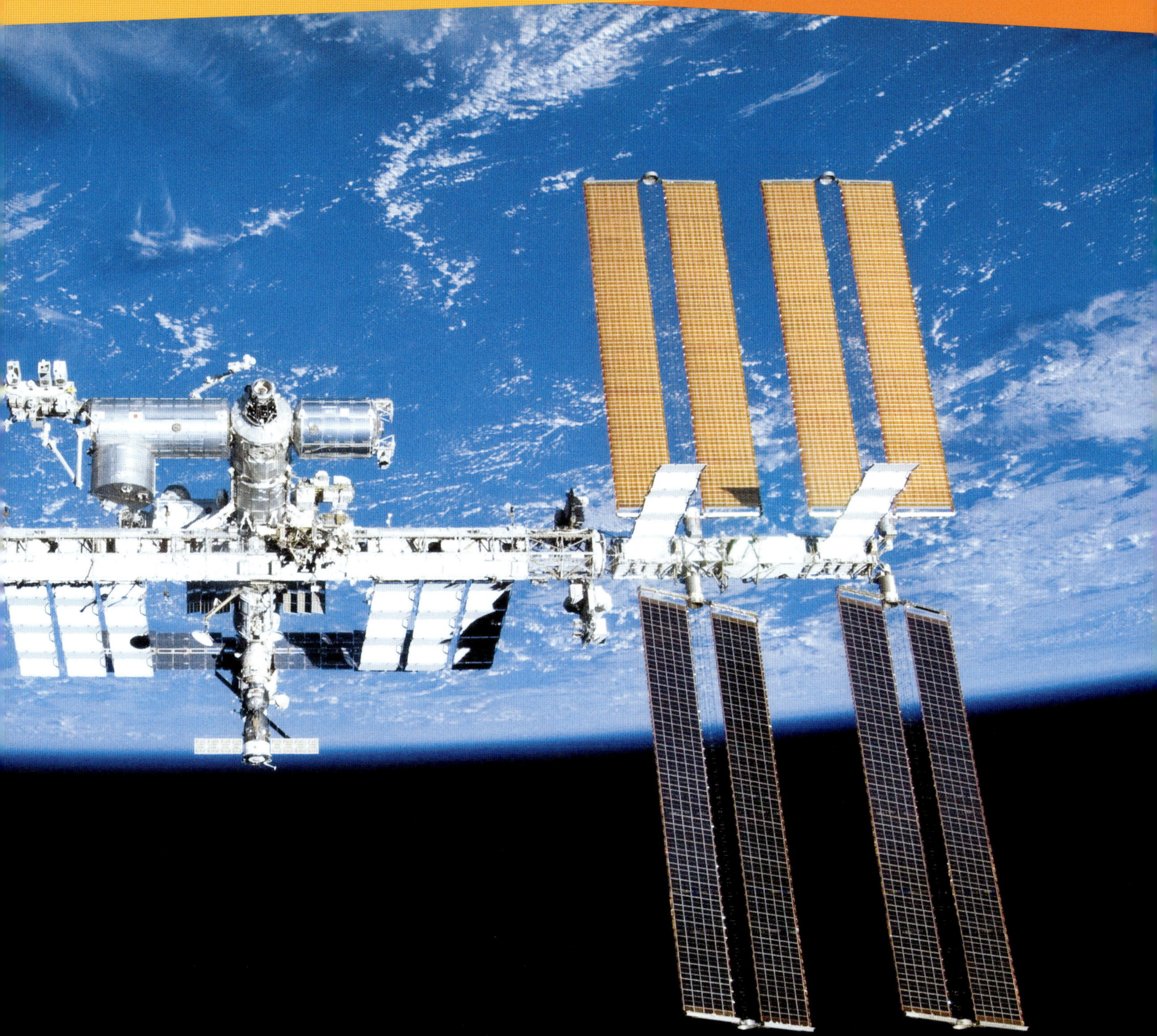

Die Internationale Raumstation

Aufbau der ISS

Um alle Bauteile für die Internationale Raumstation ins All zu bringen, waren innerhalb mehrerer Jahre über 50 Raumflüge mit amerikanischen Spaceshuttles und russischen Raketen notwendig. Im Juni 2011 wurde die Raumstation endgültig fertiggestellt, aber schon Ende 2000 bezogen. Nach und nach kamen neue Bauteile hinzu. Insgesamt verbrachten Raumfahrer für die Montage und Verbindung der Module mehr als 1 000 Stunden im freien All!

Bausatz im All

Die ISS ist das größte künstliche Objekt im Erdorbit. Mit 110 x 100 x 30 Meter hat sie eine Ausdehnung so groß wie ein Fußballfeld. Die einzelnen Bauteile wurden von verschiedenen Ländern beigesteuert.

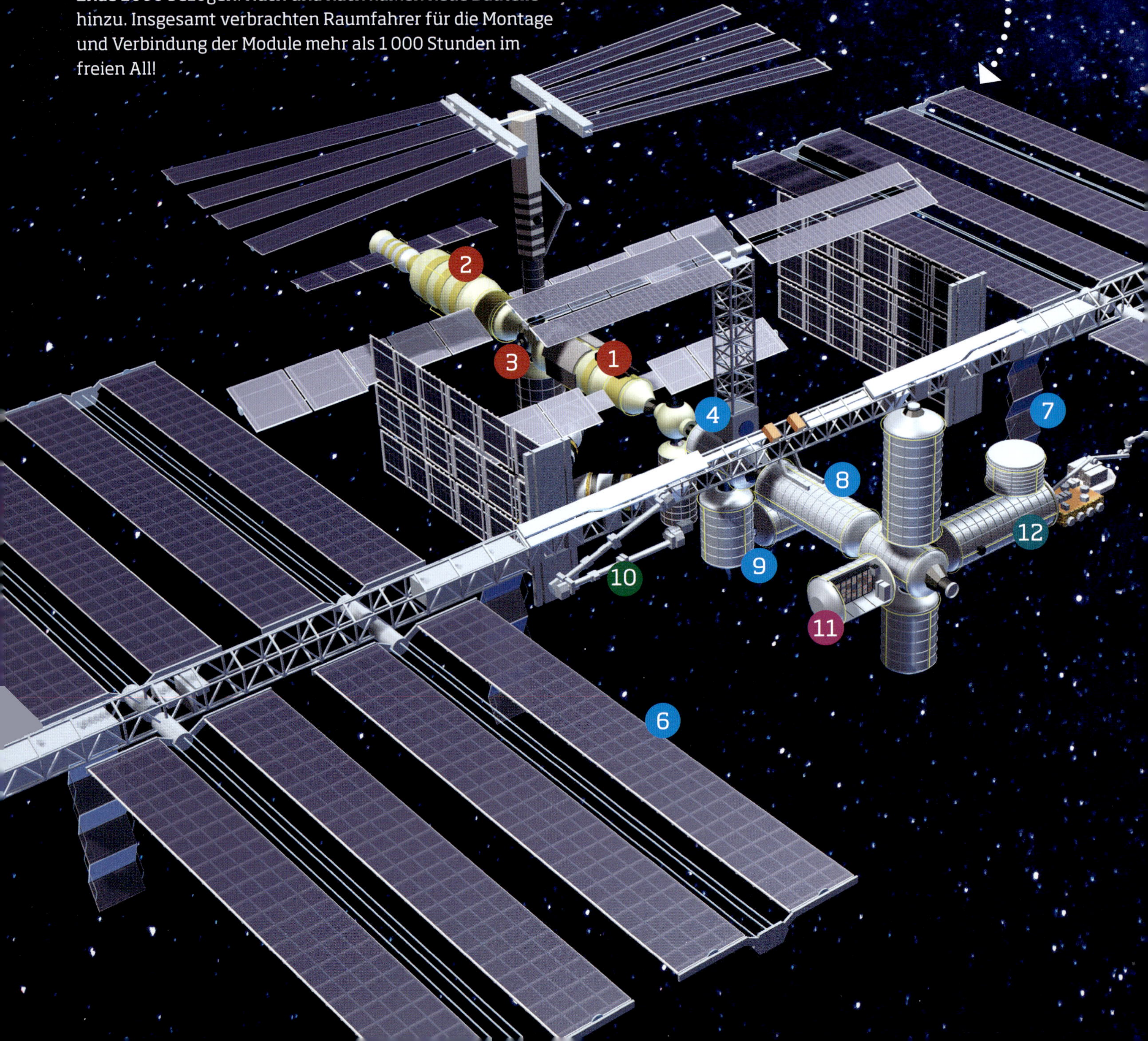

Schon gewusst?

Die Solarzellen der ISS haben eine Leistung von insgesamt 120 Kilowatt. Laut NASA entspricht dies dem Verbrauch von 40 Haushalten auf der Erde.

Steckbrief

International Space Station

Besatzung: 3–6

Betrieb: ab 2000

Ende: voraussichtlich 2024

Masse: ca. 450 Tonnen

wichtige Bauteile der ISS

Russland

(1) **Sarja:** Das allererste Modul der ISS war Sarja. Es wurde von Baikonur mit einer Proton-Rakete ins All gebracht.

(2) **Swesda:** Das Modul Swesda enthält unter anderem Lebenserhaltungssysteme, Unterkunft für zwei Kosmonauten und eine Toilette.

(3) **Pirs:** Aus diesem Andock- und Ausstiegsmodul kann man mit russischen Raumanzügen aussteigen. Hier legen auch Raumfrachter an und die ISS kann so betankt werden.

USA

(4) **Unity:** An diesem Verbindungsknoten können weitere Module angebracht werden. Seitlich an Unity befindet sich die Luftschleuse Quest, durch die Astronauten mit amerikanischen Raumanzügen die ISS verlassen können.

(5) **Trägerstruktur:** Hier sind Teile wie Solarpanele, Kühlsegel und der große Roboterarm angebracht.

(6) **Solarzellenanlage:** Vier Paare Solarzellenflächen sind die elektrische Hauptversorgung der Station.

(7) **Radiatoren:** Über Radiatoren wird überschüssige Wärme ins Weltall abgestrahlt und so die Station gekühlt.

(8) **Destiny:** Das Forschungslabor wiegt 14,5 Tonnen. Seitlich an Destiny befindet sich eine von drei Außenplattformen. Hier werden Ausrüstungsgegenstände und Ersatzteile verstaut.

(9) **Tranquility:** Dieser Verbindungsknoten wurde für die USA in Europa gefertigt. Er enthält wichtige Lebenserhaltungssysteme. Seitlich an Tranquility befindet sich das Aussichtsmodul Cupola mit seinen sieben Fenstern. Das ist der Lieblingsort der Astronauten und von hier aus wird auch der Roboterarm gesteuert.

Kanada

(10) **Canadarm2:** Der Roboterarm kann Astronauten sowie ganze Stationselemente ferngesteuert bewegen und Raumfrachter einfangen. Er ist die größere Version des Canadarm, der am Spaceshuttle angebracht war.

Europa

(11) **Columbus:** Das Raumlabor ist der größte Beitrag der europäischen Raumagentur ESA. Innen findet man Racks für Experimente und außen Experimentierplattformen.

Japan

(12) **Kibo:** Das japanische Raumlabor Kibo hat eine eigene Luftschleuse, Stauraum und einen zweiteiligen Roboterarm für die außen angebrachte Experimentierplattform. Kibo heißt auf Japanisch Hoffnung.

2
Der Anfang
(1) Millimeterarbeit mit dem Roboterarm des Spaceshuttles: Sarja wurde als erstes Modul vorsichtig auf den Verbindungsknoten Unity gesetzt.
(2) Das Unity-Modul war hier noch mit dem Spaceshuttle Endeavour verbunden. Oben sitzt das Modul Sarja mit den Solarmodulen. Zwei Astronauten brachten bei ihrem ersten Außeneinsatz im Dezember 1998 zahlreiche Kabel sowie eine thermische Abdeckung an. Zwei Tage später entfernten sie die Halterungen, mit denen Unity an der Ladebucht des Spaceshuttles befestigt war.

Eine Raumstation bauen

Entwicklung, Bau und Betrieb einer Raumstation sind aufwendig und teuer. Schätzungsweise mehr als 100 Milliarden Dollar soll die ISS gekostet haben. Pläne für den Bau der großen Raumstation gab es in den USA bereits seit den 1980er-Jahren; damals hieß sie allerdings noch Freedom, später Alpha. Doch es stellte sich heraus, dass das Projekt für eine Nation alleine zu gewaltig war und nur gelingen kann, wenn mehrere Länder zusammenarbeiten. Insgesamt kooperierten 16 Länder und errichteten die International Space Station – unter anderem waren Wissenschaftler und Techniker aus den USA, Russland, Europa, Kanada und Japan beteiligt.

Der ISS-Baukasten

Das amerikanische Skylab konnte man noch in einem Stück in den Erdorbit bringen. Die ISS hingegen ist viel zu groß und zu schwer, als dass man sie als Ganzes ins All schicken könnte. Große Raumstationen wie die ISS oder die Mir müssen in Einzelteilen, sogenannten Modulen, ins Weltall transportiert werden. Erst vor Ort werden diese zusammengesetzt. Zum ISS-Baukasten gehören zylinderförmige Module und Knoten, mit denen die einzelnen Module verbunden werden. Außerdem zählt bei der ISS ein Traggerüst dazu, an dem unter anderem Solarmodule und ein ferngesteuerter und versetzbarer Roboterarm angebracht sind.

Das erste Modul

Bereits am 20. November 1998 startete das erste Modul der ISS mit Namen Sarja (deutsch: Morgenröte) mit einer russischen Proton-Schwerlastrakete vom Weltraumbahnhof Baikonur ins All. Dieses Modul war der Grundstein für die ISS und bestand hauptsächlich aus Stauraum sowie Treibstofftanks. Alle weiteren Bauteile wurden in den folgenden Jahren angebaut.

Adapter nicht vergessen

Zwei Wochen später brachten die USA mit dem Spaceshuttle Endeavour das zweite Bauteil Unity (deutsch: Einheit) ins All und verbanden dieses mit Sarja. Unity ist ein Verbindungsknoten mit insgesamt sechs Kopplungsstücken, an dem weitere Module befestigt werden können. Mit an Bord des Spaceshuttles waren auch zwei Kopplungsadapter, sodass russische und amerikanische Bauteile sowie Raumfahrzeuge miteinander verbunden werden konnten. Unity und die Adapter waren bereits auf der Erde zu einem Stück montiert worden. Mit dem Roboterarm des Spaceshuttles wurde dieses Stück aus der Ladebucht und auf den Kopplungsadapter der Raumfähre gehoben. Nun näherte sich die Raumfähre vorsichtig dem Sarja-Modul und griff es mit dem rund 15 Meter langen Roboterarm. Mit viel Feingefühl wurde es ferngesteuert an Unity herangezogen und damit mechanisch verbunden. Nun folgten weitere Installationsarbeiten.

Elektriker im All

Astronaut James Newman hält sich mit einer Hand am Unity-Modul fest. Gemeinsam mit seinem Kollegen Jerry Ross hat er mit 40 Strom- und Datenkabeln das russische Sarja-Modul und den amerikanischen Unity-Knoten miteinander verbunden. Der ausgedehnte Weltraumspaziergang dauerte sieben Stunden und 21 Minuten.

Aus zwei mach eins

Nach dem Zusammenschluss stiegen zwei NASA-Astronauten zu einem Weltraumspaziergang aus. Sie verbrachten mehr als sieben Stunden damit, die Module Sarja und Unity mit Strom- und Datenkabeln zu verbinden. Außerdem montierten sie ein Haltekabel und Hitzeabdeckungen gegen die extreme Sonneneinstrahlung. Zwei weitere Außenbordeinsätze folgten – außerdem Arbeiten in den Modulen Sarja und Unity selbst. Rund acht Tage verbrachten mehrere amerikanische und ein russischer Raumfahrer damit, die beiden Bauteile zu verbinden. Nun konnten die Astronauten durch eine Schleuse in die ersten beiden Module der ISS gelangen, um dort weitere Montagearbeiten durchzuführen.

Aller Anfang ist klein

Im Dezember 1998 bestand die ISS nur aus dem Sarja-Modul **(1)** *und dem Unity-Knoten* **(2)**. *Doch die Station war bereits funktionstüchtig. Sie hatte eine eigene Stromversorgung und eine Atmosphäre, in der sich Astronauten ohne Raumanzug aufhalten konnten. Aber es war noch viel Arbeit nötig, um die weiteren Bauteile zu einer wirklich großen Raumstation zusammenzufügen.*

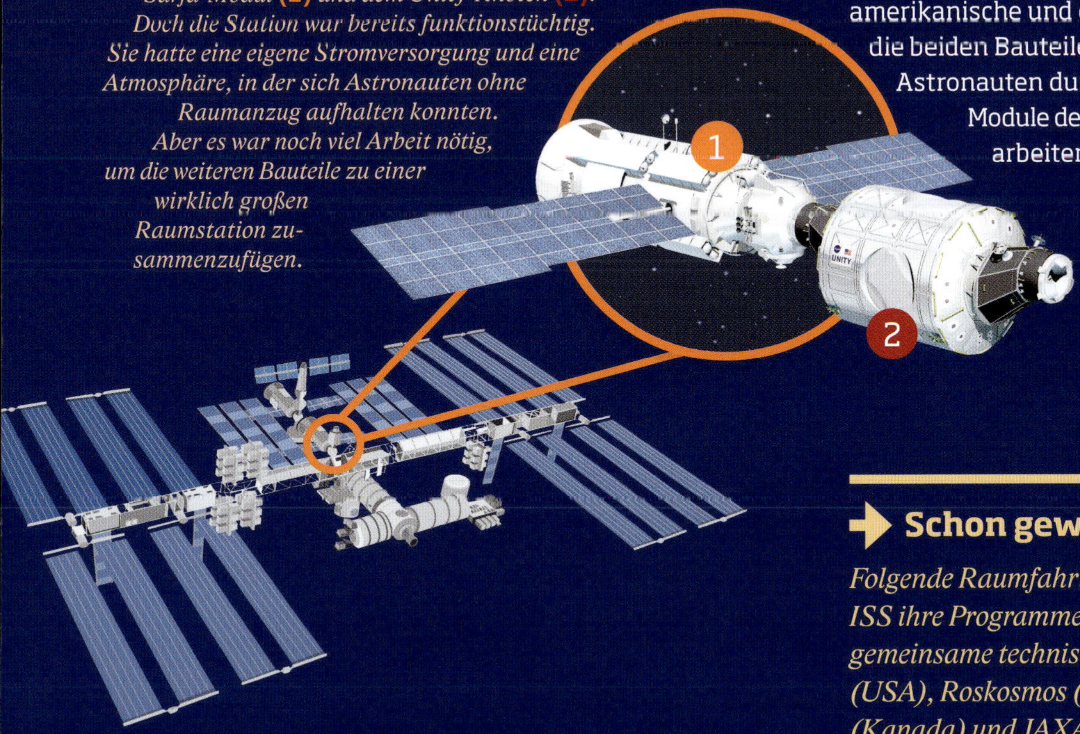

Schon gewusst?

Folgende Raumfahrtbehörden haben für den Bau der ISS ihre Programme aufeinander abgestimmt und gemeinsame technische Standards geschaffen: NASA (USA), Roskosmos (Russland), ESA (Europa), CSA (Kanada) und JAXA (Japan).

Bezug der Raumstation

ISS Expedition 1

Bill Shepherd, Juri Gidsenko und Sergei Krikalev in ihrem neuen Zuhause. Gidsenko zeigt ein Modell der Station. Die ISS war zu dieser Zeit noch ziemlich klein, aber schon voll funktionsfähig.

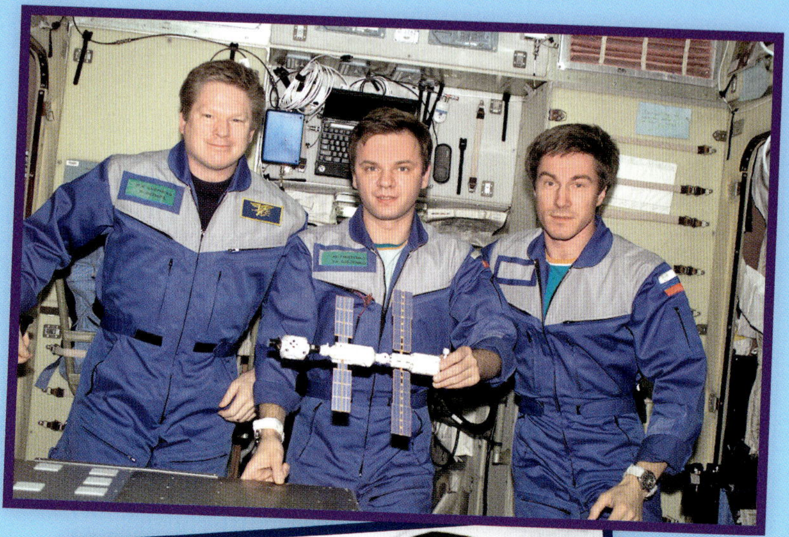

Zwei Jahre nach Baubeginn bezog am 2. November 2000 die erste Langzeitbesatzung mit drei Raumfahrern die Station. Damals war die Internationale Raumstation allerdings noch längst nicht fertiggestellt – das sollte sie erst 2011 sein.

Die ersten Bewohner

Die beiden Russen Gidsenko und Krikalev sowie der Amerikaner Shepherd verbrachten die folgenden Wochen damit, die Systeme der ISS zu aktivieren. Zu ihren ersten Aufgaben gehörte es, die Kommunikationssysteme zu testen sowie die Wasseraufbereitung und den Luftkreislauf in Betrieb zu nehmen. Außerdem wurde – ganz wichtig – die Toilette aktiviert. Zu Beginn ihrer Mission mussten sie aber vor allem eines: auspacken. Denn bereits im August 2000 hatte ein Progress-Frachter mit Material an der Station angedockt. Für den Flug in den Weltraum wurden alle Geräte sicher verpackt und festgegurtet. So konnte beim Flug nichts zu Bruch gehen. Teilweise fehlten aber noch Ersatzteile und Werkzeuge, die zu einem späteren Zeitpunkt geschickt werden sollten. Weil die drei Männer aber nicht so lange warten wollten, haben sie ein paar Mal auf eigene Faust Dinge repariert.

CDR und FE

Nach den offiziellen Bezeichnungen war Shepherd der Kommandant (Commander, CDR) der ISS Expedition 1, die beiden russischen Kosmonauten waren Flugingenieure (Flight Engineer, FE). Die Besatzung verbrachte rund fünf Monate auf der ISS. Nach der erfolgreichen Inbetriebnahme der Station begannen die drei mit ersten wissenschaftlichen Arbeiten.

Forschungsmodul Destiny

Februar 2001: Noch sind nur die Racks mit elektrischen Systemen, Lebenserhaltungseinrichtungen, Kühlwasseraufbereitung und Luftversorgung sowie der Temperatur- und Feuchtigkeitskontrolle installiert. Weitere Racks kommen mit späteren Shuttle-Flügen hinzu. Sie werden dort eingesetzt, wo jetzt noch Abdeckplatten angeschraubt sind.

Unglaublich!

Im All gibt es kein Oben und Unten. Daher können in allen vier Wänden sogenannte Racks mit Experimenten eingesetzt werden. Racks sind standardisierte Schrankelemente. Sie sind etwa 100 Kilogramm schwer, knapp zwei Meter hoch und einen Meter breit.

Besuch für die ISS

In die Zeit von ISS Expedition 1 fielen auch zwei Spaceshuttle-Missionen, bei denen weitere Bauteile geliefert wurden. Anfang Dezember 2000 brachte die Raumfähre Endeavour ein Strukturelement und die dazugehörigen Solarpanele für die Stromversorgung. Außerdem wurde noch ein Radiatoren-Segel mitgeliefert, um die von den elektrischen Geräten produzierte, überschüssige Wärme ins All abzustrahlen. Die Raumfähre Atlantis startete Anfang Februar 2001 und fügte das amerikanische Forschungslabor Destiny am Knoten 1 zur ISS hinzu. Destiny ist das Kernstück des amerikanischen Teils der ISS. Das Labormodul dient der wissenschaftlichen und technologischen Forschung. Nur 19 Stunden nach dem Andocken des Labormoduls musste die ISS bereits ihre Bahn verändern, um Weltraummüll auszuweichen.

Ablösung kommt

Im März 2001 koppelte das Spaceshuttle Discovery mit einer Shuttle-Besatzung von vier Mann und der neuen Dreierbesatzung an der Internationalen Raumstation an. In der Ladebucht befand sich außerdem das europäische Versorgungsmodul Leonardo mit mehr als fünf Tonnen Material an Bord. Die Station wurde an die neue Crew übergeben und die alte ISS-Besatzung flog mit der Discovery zurück zur Erde. Der Transport der Besatzungen mit dem Spaceshuttle war damals die übliche Art, zur ISS und zurück zur Erde zu gelangen. Dies fand erst mit dem Unglück des Spaceshuttles Columbia ein Ende.
Seit der ISS Expedition 1 ist die Internationale Raumstation permanent besetzt. Anfangs noch mit drei, manchmal auch mit nur zwei und später meist mit sechs Besatzungsmitgliedern.

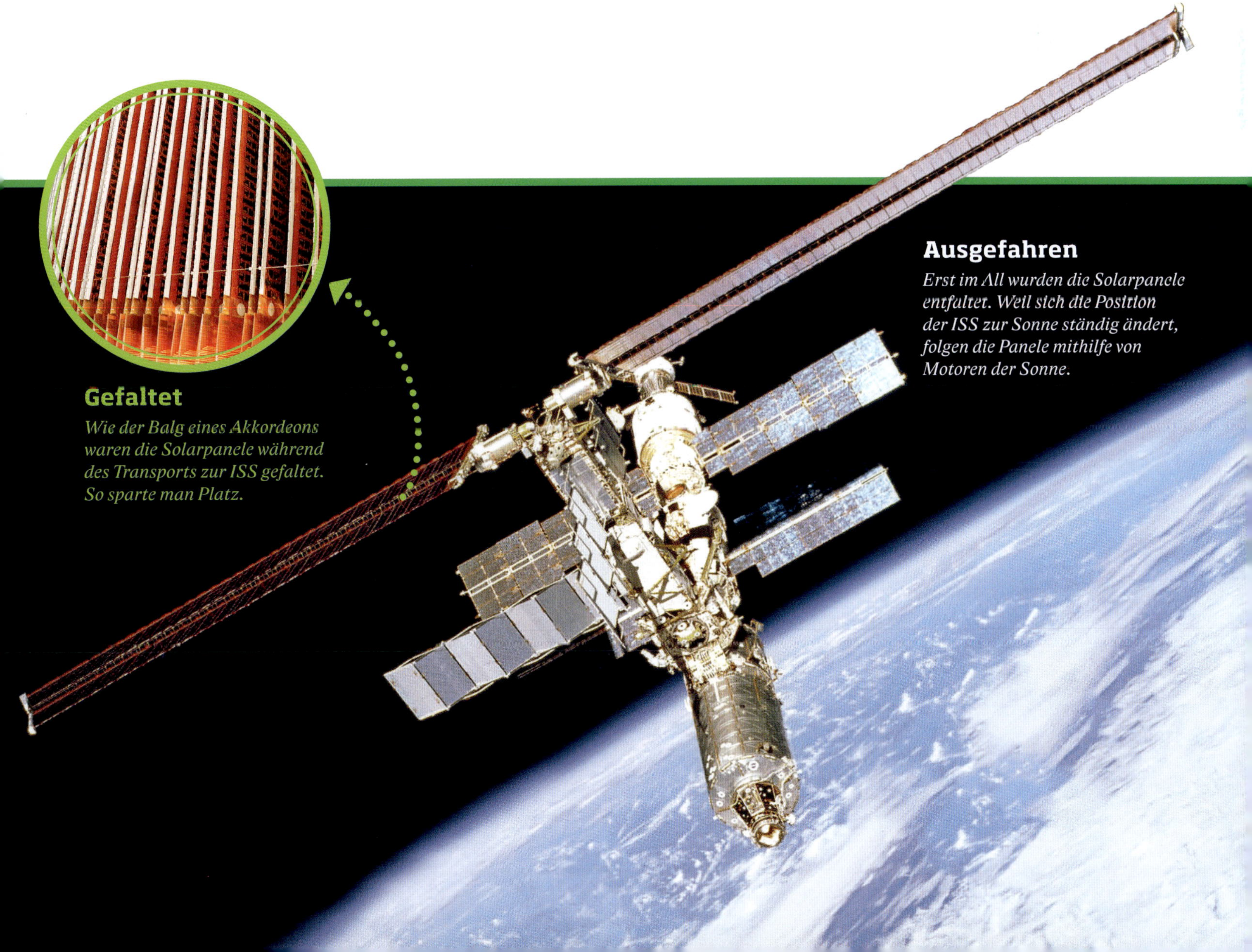

Gefaltet

Wie der Balg eines Akkordeons waren die Solarpanele während des Transports zur ISS gefaltet. So sparte man Platz.

Ausgefahren

Erst im All wurden die Solarpanele entfaltet. Weil sich die Position der ISS zur Sonne ständig ändert, folgen die Panele mithilfe von Motoren der Sonne.

Flug zur ISS

Seit 1957 starteten vom Kosmodrom Baikonur sowjetische Weltraummissionen. Nach dem Ende der Sowjetunion wurde der Weltraumbahnhof, der sich auf kasachischem Boden befindet, an Russland vermietet. Russland zahlt seitdem Miete, um das Kosmodrom benutzen zu können. Der Weltraumbahnhof Baikonur ist rund 6 750 Quadratkilometer groß; hinzu kommen die ebenfalls in der Steppe Kasachstans befindlichen Landegebiete. Das Kosmodrom umfasst 15 Startvorrichtungen, Tankstellen, Montage- sowie Versuchseinrichtungen, zwei Flugplätze, ein eigenes Wärmekraftwerk, 470 Kilometer Eisenbahngleise und über 1 200 Kilometer Straße. Es ist der größte Weltraumbahnhof der Welt.

Mit Sojus zur ISS

1

Zündung und Start

Die Sojus-Rakete startet vom Kosmodrom in Baikonur. Vier Booster lassen die Rakete vom Startplatz abheben.

2

Ausgebrannt

Nach rund 200 Sekunden ist der Treibstoff verbraucht. Die Booster werden abgetrennt, danach auch Rettungsturm und Nutzlastverkleidung.

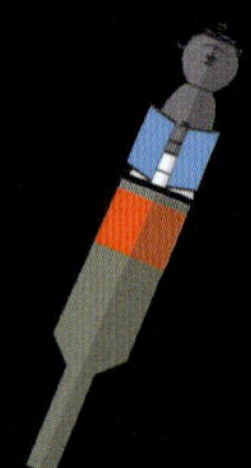

3

Ziel: Orbit

Nachdem auch die zweite Stufe ausgebrannt ist und abgetrennt wurde, zündet die dritte Stufe. So gelangt der Rest der Rakete in den Erdorbit.

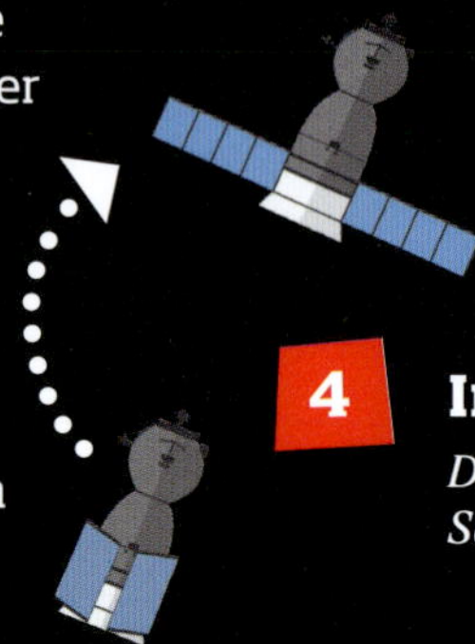

4

Im Orbit angekommen

Das Sojus-Raumschiff klappt nun die Solarpanele aus und nähert sich der ISS.

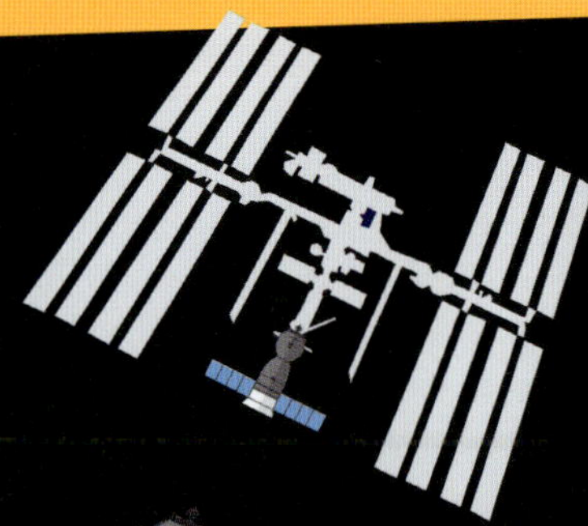

5

ISS erreicht

Obwohl die ISS nur 400 km über dem Boden fliegt, müssen die Kosmonauten zwischen sechs Stunden und zwei Tagen Anreise in Kauf nehmen.

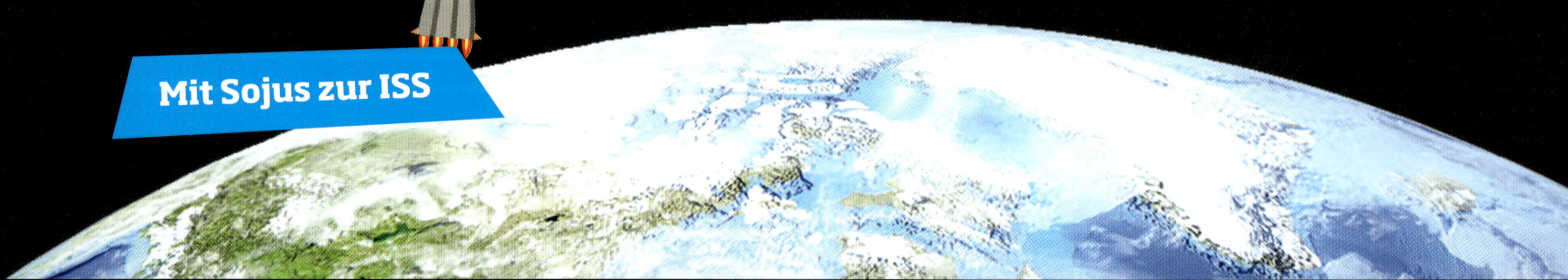

Zum Startplatz

Die Sojus-Rakete wird auf dem Gelände in einer großen Montagehalle zusammengesetzt und getestet. Erst kurz vor dem Start wird die Rakete liegend auf einem speziellen Eisenbahnwaggon zum Startplatz gezogen. Dort wird sie dann aufgerichtet und betankt. Zweieinhalb Stunden vor dem Start wird die dreiköpfige Besatzung mit dem Bus zur Rakete gefahren. Ein Aufzug im Startturm bringt sie hoch zum Raumschiff. Dort kriechen sie durch die enge Luke und nehmen Platz in den Sitzen, die für den jeweiligen Astronauten angepasst wurden; dann wird die Luke geschlossen. Über Funk bereiten Bodenkontrolle und Kosmonauten nun gemeinsam Rakete und Raumschiff für den Start vor.

Letzter Check

Damit die Kosmonauten den Start und den ersten Teil des Flugs gut überstehen, liegen sie beim Start in Sitzen. So wird verhindert, dass durch die starke Beschleunigung das Blut aus dem Kopf nach unten gedrückt wird und es zu einer Ohnmacht kommt.

Garantiesache

Wann eine Mannschaft startet, richtet sich auch nach der Haltbarkeit des Sojus-Raumschiffs. Dessen Dichtungen dürfen nämlich – aus Garantie- und Sicherheitsgründen – nur sechs Monate dem Vakuum des Alls ausgesetzt sein. Die alte Kapsel, die an der ISS angedockt ist und im Notfall als »Rettungsboot« dient, muss spätestens dann wieder zurück zur Erde und ein neues Raumschiff bringt die Ablösung zur ISS. Sojus-Raumschiffe können nur einmal verwendet werden.

Startfenster

Damit das Raumschiff die ISS mit möglichst wenig Treibstoff erreichen kann, wird erst gestartet, wenn die Raumstation einen bestimmten Punkt auf ihrer Umlaufbahn erreicht hat. Die Bahnen der ISS und des Raumschiffs müssen möglichst ähnlich und aufeinander abgestimmt sein. Kann der Start am vorgesehenen Termin nicht durchgeführt werden, muss er auf das nächste Startfenster verschoben werden. Das ist zum Beispiel bei schlechtem Wetter der Fall.

3, 2, 1, Start!

Wer Achterbahn fährt, erlebt kurzfristig starke Beschleunigungen. Diese können mehr als 5 g betragen. Dann wird man mit dem fünffachen Körpergewicht in den Sitz gedrückt. Die Kosmonauten erfahren bei einem Sojus-Start Beschleunigungen von etwa 3 g, allerdings über einige Minuten hinweg. Die einfache g-Kraft entspricht der einfachen Erdbeschleunigung, so wie wir sie auf der Erde täglich erfahren.

Orbit erreicht

Nach etwa achteinhalb Minuten trennt sich das Sojus-Raumschiff von der dritten und letzten Raketenstufe und hat nun einen niederen Erdorbit in etwa 200 Kilometer Höhe erreicht. Ab hier befinden sich Raumschiff und Kosmonauten im freien Fall um die Erde. Die Kosmonauten fühlen sich schwerelos. Um die Flugbahn der Raumstation zu erreichen, zünden mehrmals die Triebwerke des Raumschiffs. Schließlich ist die ISS in Sichtweite und es wird automatisch angedockt. Im Notfall kann der Pilot manuell eingreifen. Vom Start in Baikonur bis zum Andocken an die Station dauert es je nach Verfahren zwischen sechs und 48 Stunden.

Zunächst wird die Sojus-Rakete mit einer Lokomotive auf Gleisen zum Startplatz transportiert **(1)**. *Am Startplatz halten die Stahlarme die Rakete in Position. Erst nach erfolgter Zündung werden diese weggeklappt und die Rakete kann abheben* **(2)**.

Angeberwissen

- Damit abgetrennte Raketenteile nicht auf chinesischem Boden niedergehen, sondern noch in der kasachischen Steppe, erfolgen die Starts in Baikonur nicht in der eigentlich günstigeren östlichen, sondern in nordöstlicher Richtung.

Technik der ISS

Wertvolles Wasser

Der belgische ESA-Astronaut Frank de Winne nimmt hier eine Wasserprobe, um sie zu analysieren.

Angeberwissen

- Während man auf der Erde bei einer gewöhnlichen Dusche etwa 50 Liter Wasser verbraucht, wird pro Person auf der ISS nur etwa ein halber Liter für die tägliche Hygiene verwendet.
- Da der russische Teil der ISS keinen Urin wiederaufbereiten kann, übernimmt das der US-Teil.
- Im US-Segment werden dem Trinkwasser nachträglich keine Mineralien mehr hinzugefügt – im russischen Segment dagegen schon.

Der Weltraum ist ein lebensfeindlicher Ort. Astronauten, die die Erde verlassen und in den Weltraum vordringen, sind verschiedenen Gefahren ausgesetzt: Vakuum, Strahlung und extremen Temperaturen. Dass Menschen auf der Internationalen Raumstation leben können, verdanken sie aufwendigen Lebenserhaltungssystemen, welche die Bedingungen der Erde nachahmen. Alle Systeme sind mehrfach vorhanden und im amerikanischen Destiny-Labor sowie im russischen Swesda-Modul untergebracht.

Luft zum Atmen

In der ganzen Station sind Sensoren angebracht, die Temperatur, Luftfeuchtigkeit, Druck und chemische Zusammensetzung der Luft messen. Auf der Erde leben wir in der Biosphäre – das heißt in einer Atmosphäre, die uns auf natürliche Weise mit Sauerstoff versorgt. Auf der ISS dagegen wird die Atmosphäre künstlich hergestellt. Wie auf der Erde besteht sie aus 79 Prozent Stickstoff und 21 Prozent Sauerstoff. Ausgeatmetes Kohlendioxid und andere Gase werden laufend aus der Luft entfernt; ebenso werden Staub und kleinste Lebewesen wie Bakterien herausgefiltert. Verbrauchter Sauerstoff wird durch frischen

Schon gewusst?

Derzeit werden etwa 75 Prozent des Wassers wiedergewonnen, der Rest wird von der Erde zur ISS transportiert. Für längere Weltraummissionen, etwa zu Asteroiden oder zum Mars, bei denen keine Versorgungsflüge von der Erde aus möglich sind, muss die Wasserwiedergewinnung noch verbessert werden.

ersetzt, der mit Raumtransportern angeliefert oder im Sauerstoffgenerator aus Wasser erzeugt wurde. Dabei wird wiederaufbereitetes Wasser mit elektrischem Strom in Wasserstoff und Sauerstoff aufgespalten. Dieser Vorgang geschieht in sogenannten Elektrolyseapparaturen, die mehrfach auf der ISS vorhanden sind. Aus einem Liter Wasser wird so viel Sauerstoff gewonnen, wie ein Astronaut am Tag verbraucht.

Wasser zum Trinken

Der Transport eines Liters Wasser von der Erde zur ISS kostet mehr als 10 000 Euro! Auf der ISS ist Wasser also sehr kostbar. Alles Wasser, das auf der ISS verbraucht wird, fangen die Astronauten auf, um es zu recyceln. Wasser wird sowohl aus der Kabinenluft als auch aus dem Urin der Astronauten gewonnen. Dazu wird der Urin gefiltert, destilliert und dann mit dem restlichen Abwasser weiterbehandelt. Das recycelte Wasser hat dabei beste Trinkwasserqualität! Der Kaffee von gestern wird so zum Kaffee von morgen. Um die Qualität garantieren zu können, wird das Wasser laufend auf Verunreinigungen untersucht. Nach den Erfahrungen auf der ISS werden inzwischen ähnliche Wasseraufbereitungssysteme auf der Erde eingesetzt, um in abgelegenen Regionen Menschen mit sauberem Trinkwasser zu versorgen.

Für den Notfall

Alexander Gerst und Serena Auñón-Chancellor trainieren in einem Nachbau der ISS-Module in Houston, was bei einem Feuer zu tun ist.

Luft holen

Zum Schutz gegen Rauch und giftige Gase tragen die Astronauten im Notfall Sauerstoffmasken.

Raumschiff Erde

Alles Leben spielt sich in der Biosphäre ab. Die hauchdünne Atmosphäre versorgt uns mit Sauerstoff und über den Wasserkreislauf auch mit Trinkwasser.

Mögliche Notfälle

An Bord können verschiedene Notfälle eintreten, auf die Astronauten vorbereitet sein müssen. Am schlimmsten sind Feuer an Bord, ein Leck in der Raumstation oder mit giftigen Gasen verunreinigte Atemluft. Zur Vorbereitung einer Mission trainieren die Besatzungen alle nur denkbaren Notfälle. Auch an Bord werden diese regelmäßig simuliert. Die Raumstation ist mit zahlreichen Sensoren versehen, die empfindlich auf Rauch und giftige Gase reagieren. Im Falle eines Feuers bekämpft die Besatzung den Brand mit Feuerlöschern. Die Astronauten schützen sich dabei mit tragbaren Atemgeräten. Bei einem Leck und einem damit verbundenen Druckabfall werden die Luken zu den entsprechenden Modulen geschlossen und es wird versucht, das Leck abzudichten. Als allerletzte Maßnahme würde die Mannschaft mit den stets bereiten Sojus-Raumschiffen die Raumstation verlassen. Die Raumschiffe, mit denen die Raumfahrer zur ISS gelangt sind, dienen somit auch als »Rettungsboote«.

ISS an Erde

Kontrollzentrum für Columbus

Die technischen Systeme des europäischen Weltraumlabors Columbus werden von Oberpfaffenhofen bei München aus überwacht. Hierher werden auch die Ergebnisse der Experimente gesendet.

Die Besatzung der ISS fliegt nie komplett selbstständig. Verschiedene Bodenstationen stehen fast rund um die Uhr in Kontakt mit der ISS und den Astronauten. Das Bodenpersonal überwacht unter anderem den Zustand der Raumstation, die wissenschaftlichen Experimente und den Gesundheitszustand der Besatzungsmitglieder. Treten Probleme auf, unterstützen mehrere Teams von Experten die Astronauten im All mit Lösungen.

Kommunikation ist alles

Die Kommunikation zwischen ISS und Bodenstationen ist genau festgelegt und erfolgt auf mehreren Ebenen. Anstehende Arbeiten oder aufgetretene Probleme werden regelmäßig besprochen. Die Daten wissenschaftlicher Experimente oder medizinischer Untersuchungen, die die Astronauten an sich vornehmen, werden zur Erde gesendet. Außerdem müssen Software-Updates zur ISS geschickt und die Lebenserhaltungssysteme gecheckt werden. Für die Astronauten sind auch regelmäßige Telefonate und E-Mails mit Freunden und Familie sehr wichtig.

»Houston, bitte kommen!«

Von Houston aus wurden früher die Mondlandungen koordiniert. Heute sorgt das Hauptkontrollzentrum in den USA für den reibungslosen Betrieb der ISS und den Datenaustausch.

Kommunikationsnetz

Für den Draht zur Internationalen Raumstation sorgen ein weltweites Kommunikationssystem aus Bodenantennen und Bodenstationen sowie ein Netz aus geostationären Satelliten. Spricht ein Astronaut mit der Bodenstation oder sendet er eine Videobotschaft zur Erde, so wandern diese digitalen Informationen über ein spezielles Satellitennetz zunächst zur NASA-Bodenstation ins amerikanische White Sands. Danach wird das Signal zur Hauptbodenstation nach Houston und Huntsville, ebenfalls beides Städte in den USA, weitergeleitet. Houston ist mit den weiteren Kontrollzentren vernetzt. Wegen der langen Signalwege kann es bei der Kommunikation allerdings zu zeitlichen Verzögerungen kommen. Das zweite Hauptkontrollzentrum in Russlands Hauptstadt Moskau hat kein solches Satellitennetz. Da es nur über Bodenantennen verfügt, steht es lediglich etwa zehn Minuten pro Erdumrundung in direktem Kontakt mit der ISS.

Houston an ISS

Der Funkverkehr mit der Raumstation läuft über eine einzige Person im Mission Control Center in Houston. Dieser Ansprechpartner wird Capcom (Abkürzung für Capsule Communicator) genannt und ist traditionell ein Astronaut. Er kann Anweisungen von Technikern besser in die Astronautensprache übersetzen und kennt die Arbeit im All und ihre Anforderungen aus eigener Erfahrung. Damit es nicht zu Missverständnissen kommt, wird die Funksprache der Astronauten verwendet.

Funksprache

Für englische Funksprüche gibt es Spezialwörter, die eine festgelegte Bedeutung haben und auch besser zu verstehen sind als zum Beispiel ein schnell gesagtes Ja oder Nein. Hier sind einige davon:

Affirmative!	Ja!
Negative!	Nein!
Copy!	Ich habe verstanden.
How copy?	Ist meine letzte Aussage bei Ihnen angekommen?
Correction	Was ich eben gesagt habe, war falsch. Es folgt nun die Korrektur.
Go ahead!	Weitermachen!
Read back	Ich wiederhole Ihre letzte Aussage, um sicherzugehen, dass sie korrekt angekommen ist.
Stand by!	Bitte kurz warten, ich melde mich gleich wieder.

Schwierige Wörter werden in Funksprache nach dem NATO-Alphabet buchstabiert: Alpha, Bravo, Charlie, Delta …

Weltweit vernetzt

Die Internationale Raumstation trägt ihren Namen völlig zu Recht. Kontrollstationen, Startplätze, Ausbildungszentren, Forschungs- und Entwicklungseinrichtungen sowie die Hauptquartiere der Raumfahrtagenturen sind über die ganze Welt verteilt und miteinander vernetzt.

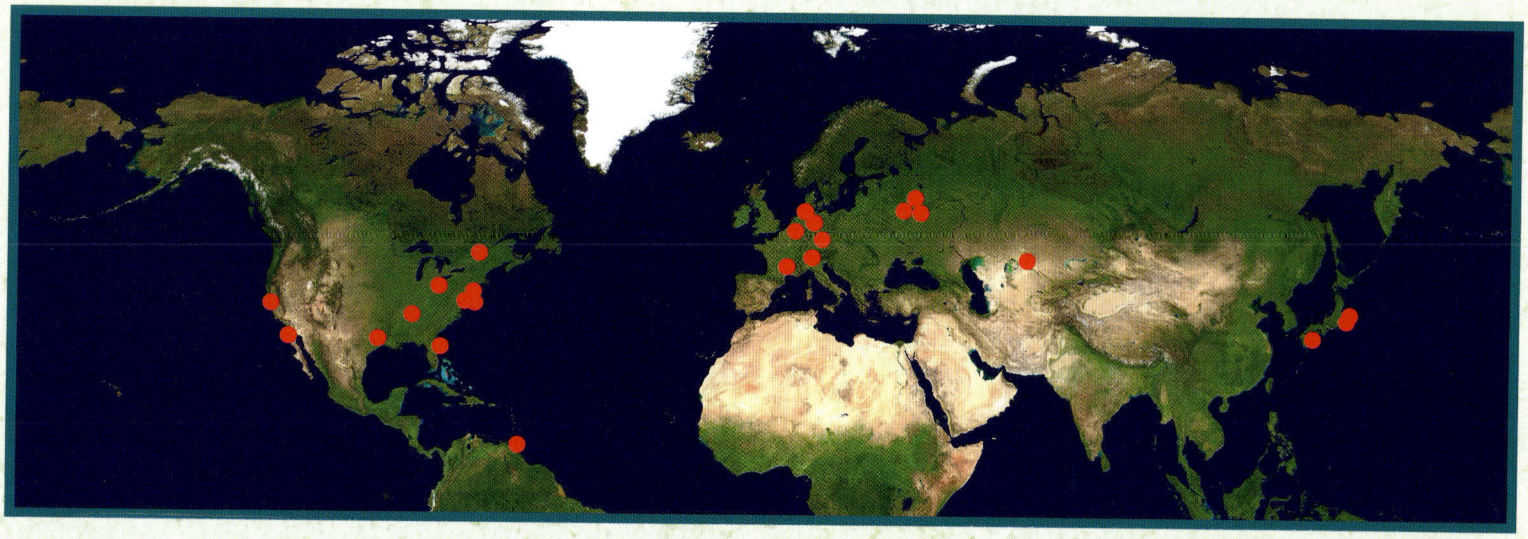

Versorgung der ISS

Die Sojus-Kapsel, mit der in der Regel drei neue Besatzungsmitglieder zur ISS anreisen, ist klein und beengt. Sie hat keinen Platz für zusätzlichen Proviant oder Ausrüstungsgegenstände. Deshalb kann jeder Kosmonaut nur eineinhalb Kilogramm persönliche Dinge als Handgepäck mitnehmen. Alles andere wird separat zur ISS geliefert.

Frachtdienst ins All

Lebensmittel, Wasser, Sauerstoff, Treibstoff, Handtücher, Kleidung und neue Raumanzüge werden mit unbemannten Raumfrachtern zur ISS gebracht. Auf diese Weise gelangen auch Ersatzteile und Experimente zur Raumstation. Um diese regelmäßigen Lieferungen kümmern sich Hunderte von Menschen in den Kontrollzentren, Forschungseinrichtungen, Unternehmen und Weltraumflughäfen, von wo aus die Lieferungen starten. Jährlich sind das etwa 40 Tonnen Material!

Energie für die Raumstation

Nur bei der Versorgung mit elektrischer Energie ist die ISS von der Erde unabhängig. Der Strom wird in Solarzellen aus Sonnenlicht gewonnen. Die Solarmodule sind am Traggerüst angebracht und folgen durch Elektromotoren der Sonne. Für den Flug im Erdschatten wird die elektrische Energie in Akkus gespeichert. In etwa 400 Kilometer Höhe ist die Erdatmosphäre zwar dünn, aber immer noch so dicht, dass sie die Station merklich bremst und diese allmählich an Höhe verliert. Um die ISS wieder anzuheben oder ihre Lage zu regeln, wird deshalb Treibstoff benötigt, der mit Raumfrachtern geliefert wird. Diese werden auch dazu verwendet, die ISS regelmäßig anzuheben.

Entladen

Nach dem Andocken an die ISS wird die Luke geöffnet und das ATV entladen (3).

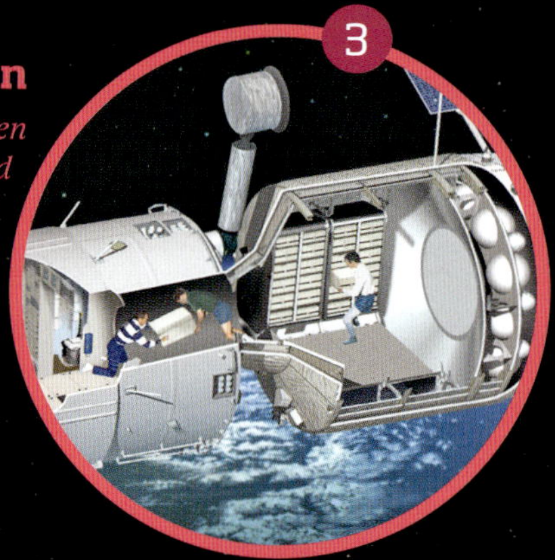

Anreise

Der ATV-Raumfrachter sitzt unter der Nutzlastverkleidung an der Spitze einer Trägerrakete (1).

Ankunft im Weltraum

Im All angekommen, nähert sich das ATV mit eigenem Antrieb und Steuerraketen der ISS. Über Solarpanele wird der Raumfrachter mit Solarstrom versorgt (2).

Angeberwissen

- Fünf europäische ATV-Raumtransporter haben zwischen 2008 und 2014 die ISS angeflogen. Diese Missionen trugen die Namen berühmter Wissenschaftler: Jules Verne, Johannes Kepler, Edoardo Amaldi, Albert Einstein und Georges Lemaître.
- Die Technik des ATV ist die Basis für das Europäische Servicemodul (ESM) und damit Teil des neuen amerikanischen Raumschiffs Orion.

Voll beladen

Das ATV ist genau wie die ISS mit Racks ausgestattet. Darin wird die Fracht in Form von Einschüben und Säcken untergebracht. Die sackförmigen Taschen werden noch mit Spanngurten fixiert.

Tankstelle

Das ATV Jules Verne ist ein vollautomatisches Raumschiff mit eigenem Antrieb und muss deshalb betankt werden. Zum Schutz vor dem giftigen Treibstoff tragen die Mitarbeiter Schutzanzüge und Helme.

Wohin mit dem Müll im All?

Die Besatzungen der ISS versuchen natürlich, möglichst wenig Müll zu produzieren. Doch wo Menschen leben und arbeiten, fällt unweigerlich Abfall an: Das reicht von Verpackungsmüll, kaputter Ausrüstung, schmutziger Kleidung bis hin zu Reinigungs- und Handtüchern oder den festen Ausscheidungen der Astronauten. Den Müll einfach im Orbit kreisen zu lassen, ist keine gute Idee, denn er würde nur die ISS und Satelliten gefährden. Den Müll zur Erde zu fliegen und dort zu entsorgen, wäre aufwendig und teuer. Es gibt einfach keine Müllabfuhr im All. Die Astronauten packen stattdessen den Müll in den entleerten Raumfrachter und schicken diesen Richtung Erde, wo er dann in der Erdatmosphäre verglüht: Im Gegensatz zu Landekapseln verfügen Raumfrachter weder über Hitzeschutz noch über Landefallschirme.

Kontrollstelle

Das ATV wird den größten Teil des Flugs vom ATV-Kontrollzentrum im französischen Toulouse überwacht. Etwa eineinhalb Stunden bevor der Raumfrachter die äußere Sicherheitszone um die ISS erreicht, geht die Verantwortung an die Kontrollzentren in Houston und Moskau über. Diese Sicherheitszone hat einen Radius von rund zwei Kilometern.

Raumtransporter

Zur Versorgung der ISS wurden neben den Spaceshuttles unterschiedliche unbemannte Raumfrachter eingesetzt: das russische Progress-Raumschiff, das europäische Automated Transfer Vehicle (ATV) und das japanische H-II Transfer Vehicle (HTV).

Das japanische HTV kann nur an amerikanischen Kopplungsstellen andocken; diese sind größer als die russischen. Deshalb werden mit dem HTV auch die sperrigeren Labormodule zur Station gebracht. Die russische Raumfähre Progress und das europäische ATV hingegen legen an den kleineren Dockingstellen des russischen Teils der ISS an. Diese verfügen über Leitungen für Treibstoff, Wasser und Sauerstoff. Wasser kann auch in Beuteln mit dem HTV zur Station gebracht werden. Das ATV kann zudem durch kurzzeitiges Zünden seiner Triebwerke die Internationale Raumstation auf eine höhere Bahn anheben – das HTV dagegen kann das nicht.

Daneben wurden bereits Cygnus und Dragon, zwei unbemannte Raumfrachter von privaten Raumfahrtunternehmen, erfolgreich für Versorgungsflüge zur ISS eingesetzt.

Die ISS beobachten

Die ISS fliegt in einer Höhe von etwa 400 Kilometern und mit einer Geschwindigkeit von rund 28 000 Kilometern in der Stunde. Bei dieser Geschwindigkeit benötigt sie nur 90 Minuten, um die Erde einmal zu umrunden. An einem Tag schafft die Internationale Raumstation also fast 16 Erdumrundungen! Weil ihre Bahn knapp 52 Grad schräg gegenüber dem Äquator geneigt ist, überfliegt sie Orte, die sich zwischen dem nördlichen 52. Breitengrad und dem südlichen 52. Breitengrad befinden.

Mit dem bloßen Auge

Wenn der Überflug nachts über der eigenen Region stattfindet und der Himmel nicht mit Wolken bedeckt ist, sieht man die ISS als hellen Lichtpunkt für einige Minuten über den Himmel ziehen. Es sind die Solarpanele, die sie so hell strahlen lassen. Und anders als Flugzeuge blinkt die ISS nicht. Sie kommt immer aus Westen und fliegt Richtung Osten. Mal sieht man sie näher am Horizont, mal zieht sie ihre Bahn hoch am Himmel, bis sie in den Erdschatten eintaucht. An manchen Tagen kann man nach etwa 90 Minuten sogar einen zweiten Überflug der Station beobachten.

Schnappschüsse

Besonders beeindruckend sind Vorbeiflüge vor Sonne oder Mond. Auf diesen Fotos erkennt man sogar die Solarpanele und die weiteren Module der ISS. Bei Sonnenbeobachtungen gilt besondere Vorsicht, denn es besteht Erblindungsgefahr. Niemals ohne geeignete Filter mit bloßem Auge, Fernglas oder Teleskop in die Sonne blicken!

Schon gewusst?

Auch andere künstliche Objekte im Erdorbit lassen sich am Nachthimmel beobachten, etwa Satelliten oder das chinesische Raumlabor Tiangong 2.

Langzeitbelichtung

Mit einer Fotokamera auf einem Stativ lässt sich die ISS leicht als Spur fotografieren. Eine ISS-App hilft, die Kamera auf den richtigen Himmelsausschnitt zu richten. Nun die Blende ganz öffnen und eine Belichtungszeit von etwa einer Minute wählen.

Mit dem Fernrohr

Einige Leute setzen in ihrer Freizeit alles daran, die ISS mit dem Teleskop zu fotografieren: entweder direkt vor dem Nachthimmel oder wenn sie sich vor dem Mond befindet. Sogar Aufnahmen tagsüber sind möglich – dann, wenn sich die Raumstation als Schatten vor der Sonne abzeichnet. Das geht natürlich nur unter Einhaltung bestimmter Vorsichtsmaßnahmen, denn der direkte Blick in die Sonne kann den Augen starke Schäden zufügen. Dafür benötigt man spezielle Teleskope mit Schutzvorrichtungen. Um scharfe Bilder zu bekommen, wird das Fernrohr mit der ISS mitgeführt. Anschließend müssen die Fotos noch am Computer nachbearbeitet werden.

Wann kann ich die ISS sehen?

Für Smartphones, Tablets und Computer gibt es kostenlose Apps und Programme, die den genauen Zeitpunkt angeben, zu dem die Internationale Raumstation den eigenen Standort überfliegt. Auch kann man sich im Internet die Überflüge berechnen lassen. Suchworte sind hier »ISS Spotter«, »ISS Finder«, »ISS Tracker« oder »Aktuelle Position der ISS«. Diese Programme geben außerdem an, wie hell die ISS am Himmel zu sehen ist. Sie ist meist heller als der hellste Stern und manchmal ähnlich hell wie der Planet Venus. Außerdem wird die Höhe der Raumstation über dem Horizont in Grad angegeben. Gut zu sehen ist die ISS meist nur, wenn sie höher als 10 Grad über dem Horizont ist. In der Stadt können Häuser und Straßenbeleuchtung die Beobachtung jedoch erschweren.

ISS-Flugbahn

Aufgrund der Neigung ihrer Bahn überfliegt die Internationale Raumstation Orte mit maximal 52 Grad nördlicher beziehungsweise südlicher Breite. Während des rund 90-minütigen Umlaufs dreht sich die Erde unter der ISS um 22,5 Grad weiter – das entspricht etwa einem Sechzehntel einer ganzen Erdumdrehung. Deshalb überfliegt die ISS nach jeder Erdumrundung einen anderen Streifen der Erdoberfläche. Projiziert man diese dreidimensionale, räumliche Bahn auf eine zweidimensionale Weltkarte, so erhält man diese seltsam erscheinenden Kurven. Die Bahnneigung von 52 Grad wurde gewählt, damit die ISS sowohl vom amerikanischen Weltraumbahnhof Cape Canaveral als auch vom russischen Startplatz in Baikonur gut erreichbar ist.

Freunde im All

Hat man sich erst an die fehlende Schwerkraft gewöhnt, macht das Leben und Arbeiten richtig Spaß. Hier sieht man die Mitglieder der Expedition 42 im Jahr 2015.

Supernauten

Die Astronauten schweben wie Superman und Superwoman zur Arbeit und haben jede Menge Spaß dabei. Anfangs gilt es noch, die richtige Körperhaltung zu finden, doch dann geht alles mühelos.

Die ersten Tage im All

In der Schwerelosigkeit funktioniert vieles anders als auf der Erde. Die fehlende Schwerkraft führt bei einigen Raumfahrern zu Schwindelanfällen, Kopfschmerzen und Übelkeit. Die Symptome dieser Raumkrankheit ähneln denen der See- oder Reisekrankheit. Der Grund hierfür sind jene Sinneszellen im Innenohr, die für das Gleichgewicht zuständig sind und uns sagen, wo oben und unten ist. Sie sind für ein Leben auf der Erde gemacht und senden in der Schwerelosigkeit zum Teil widersprüchliche Signale ans Gehirn. Die Übelkeit muss aber niemandem peinlich sein, denn viele Neulinge auf der ISS leiden darunter. Doch schon nach wenigen Tagen hat sich der Körper an die neue Situation gewöhnt. Aber es gibt noch ein paar andere Probleme im All.

Weltraumschnupfen

Die Astronauten dürfen vor ihrer Mission Probe essen und sich zusammen mit Ernährungswissenschaftlern das Menü für ihren Aufenthalt im All zusammenstellen. Doch Geschmacks- und Geruchssinn auf der ISS sind anders als auf der Erde. Was am Boden noch hervorragend geschmeckt hat, kann im Orbit schon nicht mehr ganz so gut sein. Ein Grund dafür ist die unterschiedliche Verteilung von Wasser im Körper. Auf der Erde hält die Gravitation das Wasser vermehrt in den Beinen. In der Schwerelosigkeit hingegen sammeln sich Blut und Gewebeflüssigkeit im Oberkörper und im Kopf. Deshalb sehen die Gesichter der Astronauten im All oft etwas aufgeschwemmt und die Beine recht dünn aus. Der Wasserüberschuss im Kopf lässt die Schleimhäute von Mund und Nase wie bei einer Erkältung anschwellen. Durch diesen Weltraumschnupfen schmeckt das Essen weniger intensiv, weshalb Astronauten gerne kräftig nachwürzen.

Geisterblitze

Als die ersten Astronauten nicht mehr nur kurze Abstecher ins All wagten, sondern mehrere Tage dort verbrachten, sahen sie beim Einschlafen seltsame Lichtblitze bei geschlossenen Augen. Ihre Beobachtung behielten sie aber lieber für sich. Sie nahmen an, sie hätten sich die Blitze nur eingebildet und die Ärzte könnten denken, die Astronauten würden an übermäßigem Stress leiden. Die Raumfahrer befürchteten, deswegen fluguntauglich zu sein. Doch die Blitze sind echt und werden hervorgerufen, wenn hochenergetische kosmische Strahlung auf die Netzhaut des Auges trifft. Auf der Erde sehen wir ebenfalls solche Blitze – wenn auch sehr viel seltener. Das Erdmagnetfeld und unsere Atmosphäre halten einen Großteil der kosmischen Strahlung ab.

Weltallträume

Auf der ISS gerät die innere Uhr einiger Besatzungsmitglieder recht durcheinander. Immerhin sehen sie während ihrer Wachzeit die Sonne mehrmals auf- und untergehen. Wenn dann Schlafenszeit ist, träumen die Astronauten mehr und intensiver als zu Hause auf der Erde. Ihr Schlaf im All ist sehr wahrscheinlich flacher – vielleicht können sie sich aber nur besser an ihre Träume erinnern. Übrigens: Alle Astronauten schlafen zur gleichen Zeit. Anders als auf einem Schiff auf dem Ozean muss keiner aufbleiben und Wache halten. Das übernehmen im Fall der ISS die Männer und Frauen in den Kontrollzentren am Boden.

Auf der Suche

Fällt uns auf der Erde ein Stift aus der Hand, dann suchen wir ihn auf dem Boden. Auf der ISS hingegen schwebt ein verlorener Stift durch die Station und verschwindet manchmal an einem unvermuteten Ort. Oft findet man Dinge erst Tage später an Plätzen wieder, an denen man sie nie vermutet hätte. Am besten beginnt man mit der Suche nach verlorenen Dingen an den Öffnungen der Umluftanlage – hier wird leicht etwas angesaugt und bleibt hängen.

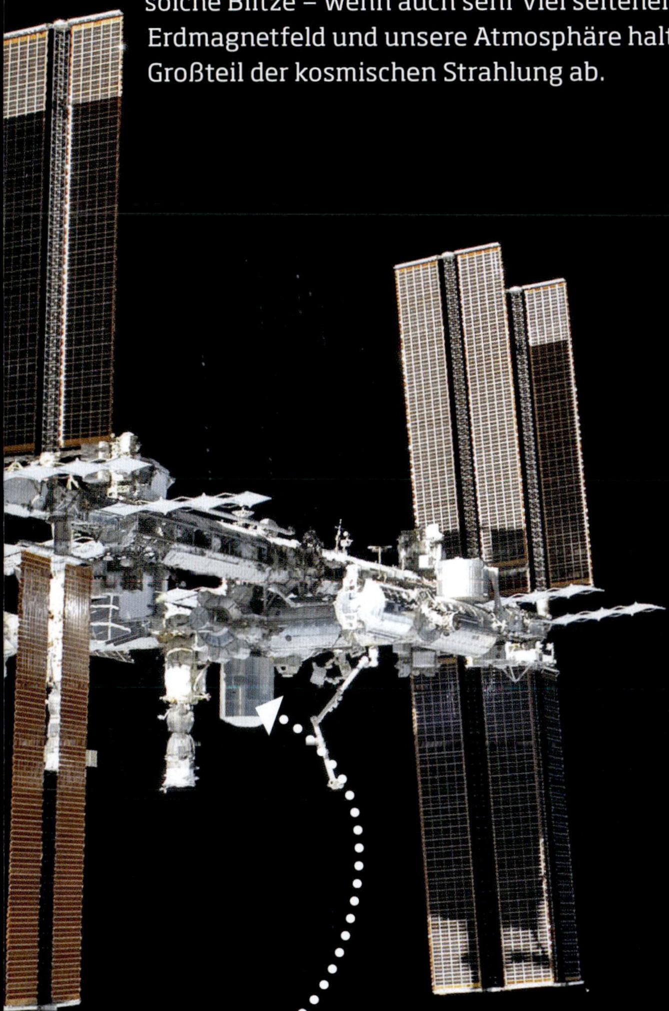

Neues Zuhause

Die ISS besteht aus Modulen, die Wohn- und Arbeitsraum von 1 200 Kubikmetern bieten. Darin leben die Astronauten.

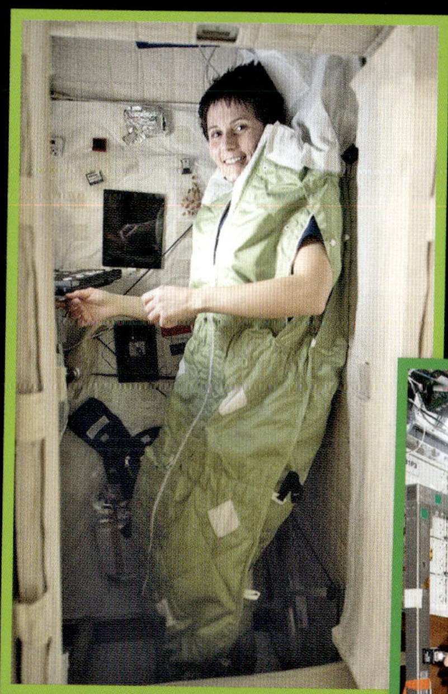

Es wird Nacht im All

Auf der ISS ist man immer mit den gleichen Menschen auf engem Raum zusammen. Da ist es gut, dass jeder seine eigene kleine Schlafkoje hat. Gute Nacht!

Rekordverdächtig

Auf der ISS kann man einmal um die Welt radeln. Man muss dazu nur 90 Minuten lang in die Pedale treten. In dieser Zeit hat die Station die Erde einmal umkreist.

Alltag im All

Essen und Schlafen, Arbeit und Freizeit – jeder einzelne Tag ist für jedes Besatzungsmitglied der ISS genau geplant. Die Uhr wird nach der Weltzeit (UTC) gestellt. Vorläufige Timelines, wie die Stundenpläne der Astronauten heißen, stehen schon lange vor dem Flug ins All fest. Endgültige Zeitpläne werden jeweils am Tag zuvor an die ISS übermittelt. Änderungen, die kurzfristig notwendig werden, besprechen Bodenstationen und Besatzung bei den zweimal am Tag stattfindenden Konferenzen.

Wochenplan

Montag bis Freitag sind Arbeitstage. Es gibt keinen Schichtdienst, das heißt, alle Besatzungsmitglieder arbeiten zur gleichen Zeit, in der Regel acht Stunden am Tag. Samstag und Sonntag sind grundsätzlich arbeitsfrei; nur in Ausnahmefällen werden Experimente durchgeführt. Samstags sind etwa drei Stunden zum Saubermachen der Station eingeplant. Dann versuchen die Besatzungsmitglieder, mit Reinigungstüchern Küche, Toilette und jedes Modul bis zum letzten Winkel sauber zu machen. Auf keinen Fall dürfen sich Bakterien oder Schimmelpilze auf der ISS festsetzen. Sonntags telefonieren viele Astronauten per Video mit ihren Familien. Sport ist auch am Wochenende Pflicht. Um Muskeln und Skelett zu stärken sowie Herz und Kreislauf gesund zu erhalten, stehen täglich mindestens zweieinhalb Stunden Sport auf dem Plan. Damit die Weltraumsportler auf dem Laufband trainieren können, müssen sie sich mit Gummibändern fixieren.

Haarige Sache

Auch auf der ISS müssen Haare geschnitten werden. An der Schneidemaschine sitzt ein Schlauch, der abgeschnittene Haare einsaugt.

7:00 Uhr – Aufstehen und Waschen

Um 7:00 Uhr wird die Crew vom Kontrollzentrum geweckt, meist mit Musik. Wer länger schlafen möchte, kann sich auch erst um 7:30 Uhr wecken lassen. Duschen haben sich auf anderen Raumstationen als ungeeignet erwiesen. Stattdessen wäscht man sich mit feuchten Tüchern. Für die Haare gibt es Trockenshampoo. Manche Astronauten, wie Alexander Gerst, kennen das Haarproblem gar nicht: Sie rasieren sich die Haare einfach ab. Die Zähne putzt man mit essbarer Zahnpasta. Erst putzen, dann schlucken oder in ein Tuch spucken. Die Kleidung wird mehrmals getragen und nicht gewaschen.

8:00 Uhr – Frühstück

Gewöhnlich frühstückt jeder für sich allein. Manchmal aber trifft man sich zufällig im Küchenbereich und kommt ins Gespräch – auf Englisch oder Russisch. Man trinkt Kaffee oder Tee, beides mit dem Strohhalm aus Kunststoffbeuteln. Dazu gibt es zum Beispiel krümelfreie Biskuits. Statt Brot oder knuspriger Brötchen essen die Astronauten weiche Teigwaren wie Tortillas.

8:45 Uhr – Planungskonferenz

Nach dem Frühstück ist Planungskonferenz mit Anwesenheitspflicht. Die Aufgaben des Tages werden besprochen. Die Crew wird nacheinander mit den betreuenden Bodenstationen in den USA, in Russland, Europa und Japan verbunden. Experimente und anstehende Arbeiten werden durchgegangen. Das dauert meist 15 bis 30 Minuten.

Funny Fact

Teure Geschäfte

Auf der ISS gibt es zwei Toiletten. Wegen der fehlenden Schwerkraft müssen die Raumfahrer ihre Beine an der Toilette festklemmen. Wasser zum Spülen gibt es keins. Stattdessen saugt ein Luftstrom alles Feste in einen Behälter. Der Urin wird über einen Schlauch aufgefangen und zu Trinkwasser aufbereitet. Eine Weltraumtoilette ist ein teurer Spaß: Sie kostet 15 Millionen Euro!

9:15 Uhr

Forschung

Nun beginnt der eigentliche Arbeitstag. Tagsüber sind die Astronauten mit Experimenten beschäftigt. Bei vielen Experimenten ist der Astronaut sein eigenes Versuchskaninchen, denn ein Großteil der Forschung befasst sich mit Untersuchungen am menschlichen Körper.

12:00 Uhr

Mittagessen

Zwischen 12:00 und 14:00 Uhr haben die Astronauten eine einstündige Mittagspause. Wenn es die unterschiedlichen Zeitpläne zulassen, wird gemeinsam zu Mittag gegessen. Es wird genau Buch geführt, was die Astronauten gegessen haben. Danach geht es weiter mit Experimenten oder Sport. Auch sind wöchentliche Gespräche mit Ärzten auf der Erde und alle zwei Wochen mit Psychologen vorgesehen – alles streng vertraulich über eine abhörsichere Funkverbindung.

18:00 Uhr

Abendessen

Die Besatzung versammelt sich zum Abendessen. Wenn kein Platz mehr am Tisch ist, dann schwebt man einfach darüber. Gemeinsam unterhält man sich über den Tag.

19:00 Uhr

Abendkonferenz

Zwischen 19:00 und 19:30 Uhr beginnt die Abendkonferenz, an der alle Bodenstationen beteiligt sind. Die Astronauten berichten dann meist von den durchgeführten Experimenten und eventuell aufgetretenen Problemen. Das ist Routine und geht recht schnell.

20:00 Uhr

Freizeit

Spätestens ab 20:00 Uhr ist Feierabend. Nun können die Astronauten E-Mails schreiben, lesen, Musik hören oder Filme schauen. Es gibt auch Karten- und Brettspiele sowie eine Gitarre an Bord.

22:15 Uhr

Schlafenszeit

Gegen 22:15 Uhr gehen die Astronauten schlafen. Wann genau, das entscheidet jeder für sich. Sie ziehen sich in ihre Einzelkabinen zurück und machen es sich in ihren Schlafsäcken, die an der Wand befestigt sind, gemütlich. Damit sich das ausgeatmete Kohlendioxid nicht um den Kopf herum ansammelt, wird die Luft in der Koje ständig abgesaugt. Da es dadurch beim Einschlafen ständig dröhnt, tragen die meisten Astronauten Ohrenstöpsel.

Flugobst

Besonders begehrt sind frische Früchte, die mit dem unbemannten Raumtransporter zur ISS geschickt werden.

➡ Rekord

über 10000 Euro

kostet der Transport von einem Liter Wasser zur ISS. Die Kosten variieren je nach Transportmittel.

Essen im All

Zu Beginn der bemannten Raumfahrt quetschten die Astronauten ihr Essen noch aus Tuben direkt in den Mund. Seitdem wurde das Weltraumessen ständig verbessert. Space Food, wie die Astronautennahrung auf Englisch heißt, ist nun eine eigene Wissenschaft, bei der sogar Sterneköche mitwirken.

Gar nicht so einfach

Wie verpackt man Astronautennahrung? Und wie bleibt sie möglichst lange haltbar? Um die Astronauten mit leckerem und gesundem Weltraumessen auf der Raumstation versorgen zu können, arbeiten Köche, Ernährungswissenschaftler, Weltraummediziner, Verpackungsexperten und Raumfahrtingenieure eng zusammen. Da Essen und Getränke nicht einfach davonschweben dürfen, gibt es keine offenen Tassen, Gläser oder Suppenteller auf der ISS. Meistens isst man aus der Dose oder einem Kunststoffbeutel.

Superfood

Für ESA-Astronauten entwickelt: Müsliriegel mit Goji-Beeren und Spirulina-Algen. Mhmm, lecker!

Essen ist fertig!

Die Internationale Raumstation hat keine wirkliche Küche. Alles, was die Astronauten essen, wird deshalb schon auf der Erde vorgekocht. Die Mahlzeiten werden für jeden Astronauten einzeln verpackt und mit dem Raumfrachter zur ISS geschickt. Die oftmals getrockneten Gerichte werden mit kaltem oder warmem Wasser versetzt und im Beutel durchgeknetet. In einigen Fällen kann der Beutel noch zusätzlich im Ofen erhitzt werden. Viele Getränke wie Kaffee, Tee und Orangensaft gibt es ebenfalls in entwässerter Form in Beuteln – auch ihnen muss erst noch Wasser hinzugefügt werden. Das Wasser wird zu einem Großteil wiedergewonnen. Zusätzliches Wasser kommt mit Transportflügen zur Raumstation.

Kalzium und Krabben

Besonders wichtig im All sind Kalzium und Vitamin D. Kalzium wirkt dem Verlust an Knochenmaterial entgegen. Vitamin D gleicht dagegen den Mangel an Sonnenlicht aus. Besonders begehrt bei den Astronauten sind Putensteak, Krabbencocktail oder Dosenfisch. Es gibt drei feste Mahlzeiten am Tag und für zwischendurch Snacks wie Kekse, Nüsse oder Süßigkeiten.

Pfeffern im All

Weil unter der Schwerelosigkeit der Geschmackssinn nachlässt, würzen die Astronauten ordentlich mit Pfeffer, Salz und Chili nach. Doch Salz- und Pfefferstreuer gibt es keine auf der ISS. Alle Gewürze gibt es nur in flüssiger Form; ansonsten würden sie sich in der ganzen Station verteilen und den Astronauten in die Augen fliegen oder die Luftfilter verstopfen.

Schneller satt

Astronauten werden im Weltraum früher satt als auf der Erde. Das liegt unter anderem daran, dass sich Körperflüssigkeiten anders verteilen. Der zweite Grund: Der Magen verlagert sich ohne Schwerkraft hoch zur Speiseröhre hin. Wahrscheinlich sorgt der im Magen frei schwebende Verdauungsbrei dafür, dass Astronauten weniger Hunger und Durst verspüren und das Sättigungsgefühl ganz plötzlich einsetzt.

Was für ein Festessen!

Jeder Astronaut darf sich sein Lieblingsessen aussuchen. Für besondere Anlässe wie Geburtstage gibt es besondere Delikatessen von Sterneköchen: zum Beispiel Jakobsmuscheln mit Quinoa oder geschmorte Kalbsbäckchen. Zum amerikanischen Thanksgiving-Fest wird der traditionelle Truthahn serviert – natürlich weltraumgerecht portioniert.

Alle zu Tisch

Gemeinsames Essen hebt die Stimmung bei der Besatzung. Man kann sogar über dem Tisch schweben!

Dosenfutter

Vieles, was die Astronauten essen, kommt aus der Dose und ist monatelang haltbar – wie dieses leckere Hühnchen mit Zitrone.

Astronautenmenü

Die meisten Mahlzeiten sind entweder in Dosen oder gefriergetrocknet und in Kunststoffbeutel verpackt. Oft muss erst noch kaltes oder heißes Wasser zugesetzt werden. Zum Besteck gehört auch eine Schere zum Öffnen der Beutel. Suppe wird durch einen Strohhalm geschlürft. Magnetstreifen, Gummi- und Klettbänder sorgen dafür, dass Essen und Besteck auf dem Tisch und Tablett bleiben und nicht durch die Station schweben. Auf diesem Tablett findest du einige Beispiele für Essen im All: Streichkäse (1), Rahmspinat (2), Butterkekse (3), Erdnüsse im Schokomantel (4), Cracker (5) und Rindersteak (6).

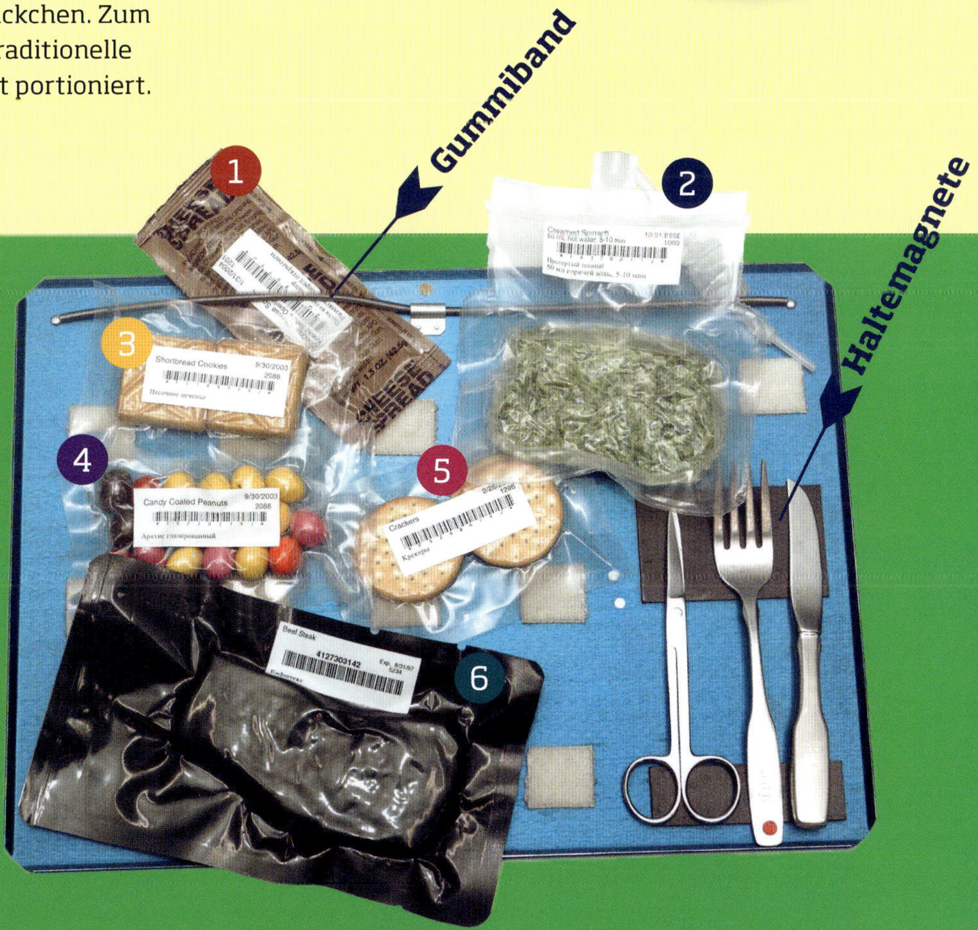

Fragen an Alexander Gerst

Im Jahr 2014 war Alexander Gerst das erste Mal auf der Internationalen Raumstation. Bei der damaligen Mission namens »Blue Dot« war er Flugingenieur. Ab Juni 2018 war er im Rahmen der Mission »Horizons« erneut auf der ISS. Die ersten knapp vier Monate verbrachte Gerst wieder als Flugingenieur, die restliche Zeit bis Mitte Dezember war er Kommandant und übernahm damit die Verantwortung für Besatzung und Raumstation.

Greifen lernen

Auf der Erde müssen Babys erst lernen, Dinge zu greifen und gegen die Schwerkraft anzuheben. Wie das Gehirn dies in der Mikrogravitation neu lernt, wurde bei der Mission »Horizons« im Grip-Experiment erforscht.

Was sind die Aufgaben eines Kommandanten auf der ISS?

Der Kommandant hat die Verantwortung für die Raumstation und die Menschen an Bord und trifft daher die letzte Entscheidung. Besonders wichtig wird dies, wenn es zu Notfällen kommt. Nicht einmal die Bodenstation greift dann noch ein. Im Normalfall steht der Kommandant in direktem Kontakt zum Flugdirektor (Flight Director) am Boden und bespricht mit ihm den Arbeitsplan und mögliche Lösungen für aufgetretene Probleme. Ansonsten hat er die gleichen Aufgaben wie ein Flugingenieur: Er führt Experimente und Wartungsarbeiten durch und putzt am Samstag die Raumstation.

Was sind die schlimmsten Notfälle auf einer Raumstation?

Denkbar sind Feuer an Bord, ein Leck oder giftige Stoffe in der Atmosphäre, etwa wenn Ammoniak aus dem Kühlsystem in die Luft der ISS gelangt. Außerdem können natürlich medizinische Notfälle auftreten. Solche Ereignisse gefährden unmittelbar das Leben der Besatzung. Aber auch kleinere technische Probleme müssen möglichst schnell behoben werden, bevor sie zu größeren Problemen werden. Wenn zum Beispiel die Kommunikation oder eines der mehrfach vorhandenen Lebenserhaltungssysteme ausfällt, muss das sofort repariert werden.

Gab es bei Ihrem ersten Aufenthalt auf der ISS solche Notfälle?

Zweimal gab es Feueralarm. Einmal ist eine Heizspule eines Wassererhitzungssystems durchgebrannt und hat Alarm ausgelöst. Da schießt einem erst mal das Adrenalin ins Blut. Daher ist es gut, dass sämtliche denkbaren Notfälle während des Trainings bereits mehrfach simuliert wurden. Dann muss man nur noch die geübten Prozeduren abspulen. Bei einem Feuer müssen zunächst alle Besatzungsmitglieder in Sicherheit gebracht werden. Erst dann wird der Brand gelöscht. Im schlimmsten Fall müssen alle Besatzungsmitglieder mit den Sojus-Raumschiffen die Station verlassen. Aber das Aufgeben der Station ist wirklich die allerletzte Option.

Was unterscheidet den Kommandanten vom Flugingenieur?

Bei meinem ersten Flug war alles neu und als Flugingenieur habe ich mich eher mit den Details befasst. Als Kommandant aber muss man den Blick fürs große Ganze haben. Der Kommandant muss dafür sorgen, dass sich die Mannschaft nicht überarbeitet, aber auch nicht langweilt. Es soll schließlich allen gut gehen. Der Kommandant sorgt dafür, dass bestimmte Probleme erst gar nicht auftreten.

Ball im All

Im Juni 2018 verfolgte Alexander Gerst gespannt die Fußballweltmeisterschaft. Hier schaut er das Spiel Deutschland gegen Mexiko.

Und wie bereitet man sich auf die neue Rolle vor?

Kommandant ist man nicht erst auf der ISS. Schon in der Vorbereitungszeit achtet er darauf, dass es der Mannschaft gut geht. Besonders wichtig ist es zu wissen, wie jeder Einzelne mit Problemen umgeht. Deshalb lernen wir uns gegenseitig beim gemeinsamen Training immer besser kennen. Das Überlebenstraining im russischen Winter schweißt das Team noch mehr zusammen.

Was zeichnet einen guten Kommandanten aus?

Eine Crew, die sich auf eine Mission vorbereitet, hat schon jahrelang zusammen trainiert und man kennt sich gut. Man wächst als Team zusammen und schließt Freundschaften. Auch ohne direkte Befehle arbeitet das Team optimal zusammen. Als Kommandant kann man die Dinge meist ruhig laufen lassen – hier und da helfen und lediglich einschreiten, wenn es wirklich Probleme gibt. Ein guter Kommandant greift auf das Wissen und die Fähigkeiten seiner Mannschaft zurück. Am besten ist es, Probleme direkt anzusprechen. Vieles lässt sich mit Humor besser angehen. Auf der ISS wird unglaublich viel gelacht.

Putztag

Jeden Samstag wird die ISS mit feuchten Tüchern geputzt. Und wie auf der Erde geht einem die Arbeit mit Musik viel leichter von der Hand!

Schon gewusst?

Auf der ISS werden Astronauten in zwei Funktionen eingesetzt: entweder als Flugingenieur (FE, Flight Engineer) oder als Kommandant (CDR, Commander).

Columbus und Kibo

Von den vielen Modulen der ISS sind drei ausschließlich der Forschung gewidmet. Ursprünglich waren zwei amerikanische Forschungsmodule geplant, doch dann wurde aus Kostengründen nur eines realisiert: Destiny (deutsch: Bestimmung). Ein zweites Raumlabor, Kibo (deutsch: Hoffnung), wurde von Japan gebaut und das dritte Labor, Columbus, wurde von Europa beigesteuert. Das europäische Forschungsmodul ist nach Christoph Kolumbus benannt und Europas Hauptbeitrag zur ISS. In allen drei Forschungsmodulen sind standardisierte, schrankartige Elemente vorhanden. Diese sogenannten Racks sind jeweils etwa so groß wie eine Telefonzelle. Sie verfügen über eine eigene Stromversorgung, Kühlsysteme und zum Teil auch über Daten- und Videoleitungen. Jedes Experiment wird in ein solches Rack eingebaut – es gibt also keine Labortische auf der ISS. Die Einschübe in den Racks können leicht ausgetauscht werden. So werden alte, nicht mehr benötigte Experimente ausgebaut und durch neue ersetzt.

Europas Labor – Columbus

Das Labormodul Columbus wurde am 11. Februar 2008 an die ISS angekoppelt. In dem knapp sieben Meter langen Forschungsmodul können bis zu drei Astronauten gleichzeitig arbeiten. Wichtige Racks von Columbus sind das biologische Labor, das Labor für biomedizinische Forschung, die Handschuhbox sowie eine Einrichtung, mit der Bewegungsabläufe des Körpers und Muskelschwund unter Schwerelosigkeit untersucht werden. Nicht alle Racks enthalten wissenschaftliche Geräte; einige dienen auch als Stauraum. Auf Außenplattformen können noch weitere Experimente angebracht werden, etwa um die Sonne zu beobachten oder um Materialien oder biologische Proben direkt der rauen Weltraumumgebung auszusetzen.

Labormodul Columbus

Die unter Druck stehenden Teile der ISS, so auch das Forschungsmodul Columbus, sind zum Schutz vor kleineren Meteoriten mit kugelsicherem Material umgeben. Diese Schicht nimmt die Energie kleinerer Meteoriten auf und verhindert, dass die ISS leckschlägt.

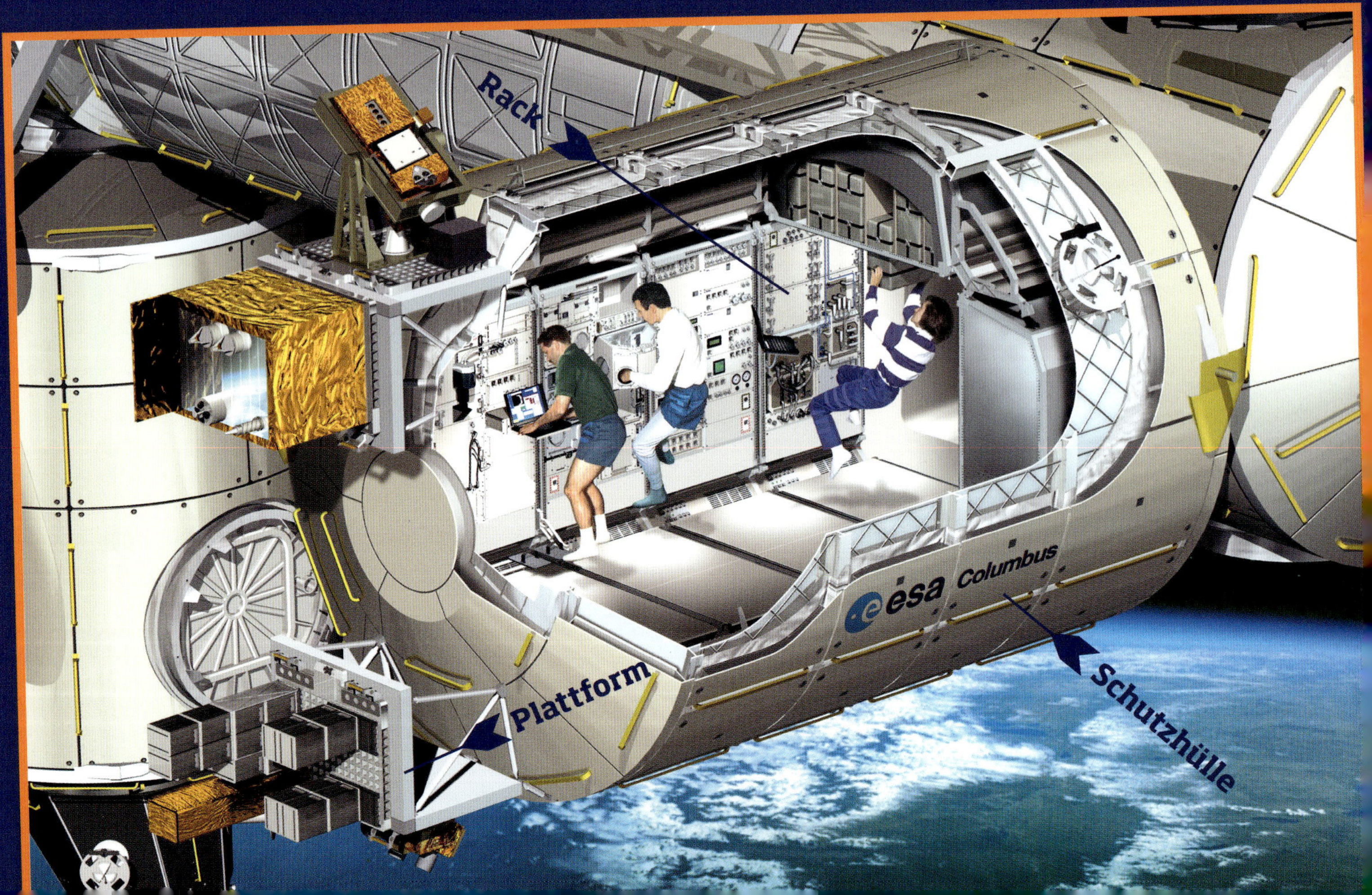

Labormodul Kibo

Das japanische Forschungslabor Kibo ist das größte Labormodul der ISS und besteht aus drei Teilen: dem eigentlichen Labor **(1)**, *einem kleineren Logistikmodul* **(2)**, *in dem Proben und Ausrüstung gelagert werden, sowie einer Außenplattform für Experimente in Weltraumumgebung* **(3)**.

Kibo und Columbus befinden sich beide am Bug der ISS und nah beieinander.

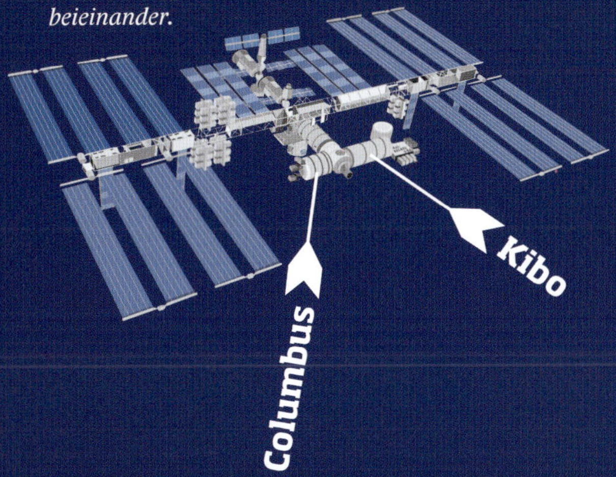

Japans Labor – Kibo

Auf Columbus folgte im Jahr 2009 das japanische Labor Kibo. Das Modul ist deutlich größer als das europäische Labormodul. Seine drei großen Komponenten mussten deshalb in drei Spaceshuttle-Flügen getrennt zur ISS gebracht und dort erst zusammengefügt werden. Neben dem unter Druck stehenden Modul verfügt Kibo über Forschungsplattformen, die über eine Schleuse mit Experimenten bestückt werden können. Die Astronauten müssen also nicht die ISS verlassen, um Veränderungen an der Plattform und den Experimenten vorzunehmen. Proben werden über die Schleuse und mithilfe eines Manipulatorsystems auf die Plattform gebracht und so auch wieder zurück in die ISS geholt. Das Manipulatorsystem besteht aus einem größeren Hauptarm, mit dem große Massen bewegt werden können. Bei Bedarf wird ein kleinerer Arm angedockt. Dieser wird bei präziseren Arbeiten eingesetzt. Die Kontrolle erfolgt über ein Sichtfenster.

Handschuhbox

Einige Experimente verlangen besondere Vorsichtsmaßnahmen. Der abgeschlossene Raum der Handschuhbox ist für das Hantieren mit gefährlichen Stoffen und mit offenen Flammen ausgelegt.

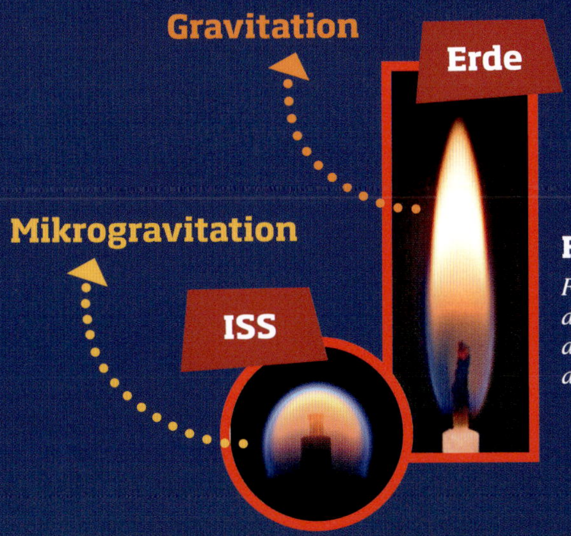

Feuer im All

Flammen brennen in der Mikrogravitation anders als auf der Erde. Die warmen Verbrennungsgase steigen nicht wie auf der Erde zu einer länglichen Flamme auf. Eine Kerze auf der ISS brennt mit kugelförmiger Flamme.

Neu im Team

Roboter könnten in Zukunft die Astronauten tatkräftig unterstützen und ihnen gefährliche Aufgaben abnehmen. Wie das gehen soll und wo der Roboterkollege sinnvoll eingesetzt werden kann, das erprobten die Astronauten der ISS mit Robonaut 2.

Raumfahrt-technologie

Ein großer Teil der Experimente auf der Internationalen Raumstation entfällt auf Materialforschung. Dabei geht es nicht darum, neuartige Werkstoffe im Weltraum herzustellen – vielmehr sollen die physikalischen Prozesse bei der Produktion dieser Materialien besser verstanden werden. Mit den gewonnenen Erkenntnissen können dann die Herstellungsverfahren auf der Erde optimiert werden. Ein wichtiges Forschungsfeld sind dabei Legierungen, also Mischungen verschiedener Metalle. Diese erstarren auf der Erde und im All auf unterschiedliche Weise, was sich auf die Materialeigenschaften auswirkt.

Sonnenstrahlung

Auf der ISS werden auch Erkenntnisse ohne das direkte Zutun der Astronauten gewonnen. Mit dem Experiment SOLAR an der Außenseite des europäischen Labors Columbus wird die Sonne beobachtet. SOLAR registriert deren Strahlung und sammelt Daten, die klären sollen, wie Wolkenbildung und Klimageschehen durch die Sonnenstrahlung beeinflusst werden.

Antimaterie

2010 wurde der achteinhalb Tonnen schwere Teilchendetektor AMS-02 installiert. Das Gerät misst Teilchenstrahlung, darunter Antimaterie, die aus den Tiefen des Alls zu uns gelangt. Dabei sollen Fragen zur Entstehung des Universums geklärt werden. Mit dem Detektor hofft man der geheimnisvollen Dunklen Materie auf die Spur zu kommen. Dunkle Materie ist eine Form von Materie, die unsichtbar ist und sich nur über ihre Gravitation verrät. Im Universum gibt es davon fünfmal so viel wie normale Materie und dennoch wissen wir so gut wie gar nichts über sie.

Schon gewusst?

Während seiner zweiten Mission testete Alexander Gerst im August 2018 den Roboter Rollin' Justin. Gerst gab dabei von der ISS aus Befehle, die der Roboter auf der Erde ausführte. Ein Roboter wie Rollin' Justin soll zukünftig auf fernen Planeten oder dem Mond eingesetzt werden.

Hier wird im Marshall Space Flight Center in den USA geprüft, ob der 3-D-Drucker auch in der Schwerelosigkeit funktioniert.

Ersatzteile drucken

Auf der ISS wird ein 3-D-Drucker getestet. Damit könnten in Zukunft Ersatzteile hergestellt werden, etwa bei bemannten Mars-Missionen, die nicht mehr mit Raumfrachtern versorgt werden können. Ziel ist es, möglichst unabhängig von Versorgungsflügen der Erde zu sein.

Module aufblasen

Auf der ISS werden auch neue Raumfahrttechnologien erprobt. 2016 wurde ein kleines, faltbares Modul namens BEAM an die ISS gekoppelt. Das Modul wurde von einem Privatunternehmen als Alternative zu den sperrigen Modulen entwickelt. Mit BEAM wird getestet, ob sich solche Bauteile für den Einsatz im All eignen und ob sie Mikrometeoriten und Strahlung standhalten. Module wie diese könnten in Zukunft bei bemannten Mond- und Mars-Missionen mitgeführt werden, um daraus am Ziel der Reise eine vorläufige Unterkunft zu errichten.

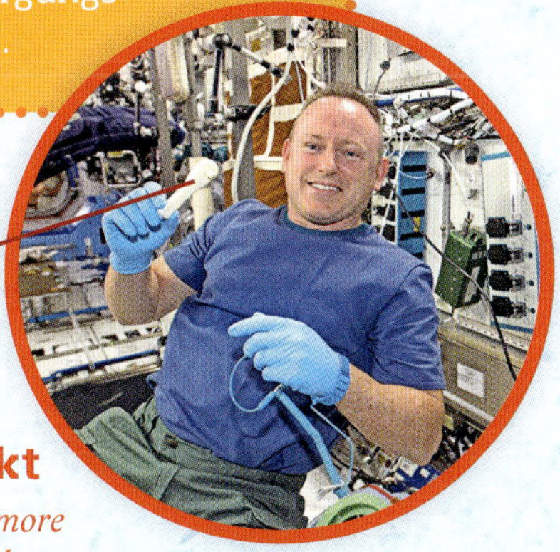

Werkzeug

Ausgedruckt

Commander Barry Wilmore zeigt stolz einen Ratschenschlüssel aus dem Drucker. Dieser wird zurück auf der Erde ausgiebig im Labor getestet.

Schmelzen

Erhitzte, flüssige Metalle verhalten sich in der Schwerelosigkeit anders als auf der Erde. Aus den Experimenten im All lassen sich die Vorgänge beim Schmelzen und Erstarren von Legierungen besser verstehen und so eines Tages neue Materialien entwickeln – etwa für treibstoffsparende Flugzeugturbinen. Natürlich geht dies in der Schwerelosigkeit nicht in gewöhnlichen Schmelztiegeln. Dafür benötigt man einen besonderen Schmelzofen.

Trainieren

Alexander Gerst übt hier das Schmelzen von Legierungen schon mal auf der Erde.

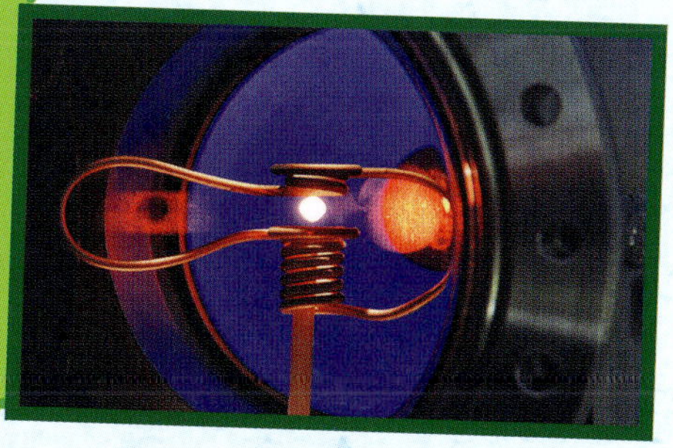

Schweben

Eine elektromagnetische Spule hält die Probe in der Schwebe, sodass sie nicht durch die ISS schwebt.

Medizin und Biologie

Gärtnern im All

Die Biochemikerin Peggy Whitson hat 2017 diesen prächtigen Kohl auf der ISS gezüchtet. Wie zukünftige Langzeitmissionen einen Großteil ihrer Nahrung selbst erzeugen können, wird schon heute erforscht.

Weltraumblume

Was genau tun Pflanzen, wenn sie nicht wissen, wo oben und unten ist? Auf der ISS wird an verschiedenen Pflanzen das Wachstumsverhalten untersucht.

Auf unserem Planeten gibt es seit rund vier Milliarden Jahren Leben. Aus den einfachen Lebensformen gingen alle heute bekannten Lebewesen hervor. In dieser langen Zeit wurden Körper und Überlebensstrategien entwickelt, die immer dem Einfluss der irdischen Gravitation ausgesetzt waren. Erst seit wenigen Jahrzehnten ist es dem Menschen möglich, sich im All unter Schwerelosigkeit aufzuhalten. Kein Wunder also, dass Menschen, Tiere und Pflanzen ihre Probleme damit haben.

Leben unter Schwerelosigkeit

Am Menschen und mithilfe von Versuchstieren werden auf der ISS Gleichgewichtssinn und körperliche Veränderungen in der Schwerelosigkeit untersucht. Auch mit Pflanzen werden Experimente durchgeführt, etwa zum Wachstum von Wurzeln und Stängeln unter Mikrogravitation. Für die Pflanzenexperimente gibt es einen handfesten Grund. Zukünftige Mars-Expeditionen müssen nämlich einen Teil ihrer Nahrung selbst erzeugen – zunächst auf der monatelangen Reise zum Mars und dann unter verminderter Schwerkraft auf dem Roten Planeten selbst. Die Grundlagen hierfür werden auf der Internationalen Raumstation erforscht.

Weltraumfrosch

Bei den Kaulquappen des Krallenfrosches wird die Entwicklung des Gleichgewichtssinnes erforscht (1). *Dazu wird die Kaulquappe gekippt* (2) *und die ausgelösten Augenbewegungen genau beobachtet. Die Ergebnisse helfen, Erkrankungen des menschlichen Gleichgewichtssystems besser zu verstehen und frühzeitig zu erkennen.*

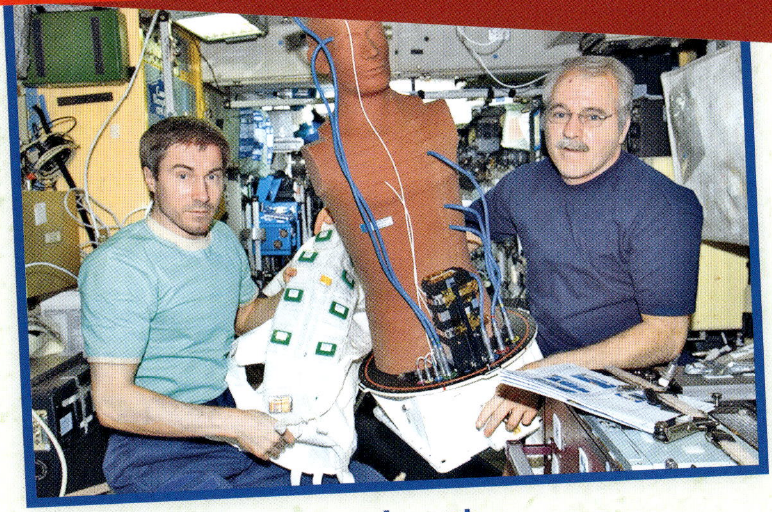

Matroschka-Experiment

Diese lebensgroße Puppe ist mit Strahlensensoren gespickt und misst die Strahlenbelastung eines Astronauten genau.

Zwillingsforschung im All

Die bemerkenswerteste medizinische Studie am Menschen wurde an Zwillingsbrüdern vorgenommen. Der Vorteil: Die Weltraummediziner haben den direkten Vergleich mit dem genetisch nahezu identischen Bruder. Fast ein ganzes Jahr hat der US-Astronaut Scott Kelly auf der ISS verbracht. 340 Tage war er Schwerelosigkeit und erhöhter Strahlung ausgesetzt. Diese Zeit hat sein eineiiger Zwillingsbruder Mark auf der Erde verbracht. Nach der Rückkehr zur Erde klagte Scott über wunde Füße, Ausschlag und brennende Haut. Er fühlte sich schwach und kam kaum auf die Beine. Seinem Bruder Mark hingegen ging es bestens. Was also macht das All mit dem Menschen?

Gewachsen im All?

Vor dem Start und nach der Rückkehr wurde Scott Kelly genau gemessen. Nach fast einem Jahr im All kam er vier Zentimeter größer zurück. Dabei ist er nicht wirklich gewachsen – vielmehr hat sich die Wirbelsäule im All nur gestreckt. In der Schwerelosigkeit lag kein Druck auf den Bandscheiben zwischen den Wirbeln und so konnten sich diese ausdehnen. Aber schon bald nach der Rückkehr stauchte die Schwerkraft die Wirbelsäule wieder auf die ursprüngliche Größe zusammen – Scott Kelly war wieder so groß wie zuvor.

Weltraumzwillinge

Die eineiigen Zwillinge Mark und Scott Kelly sind beide NASA-Astronauten. Sie dienen Weltraummedizinern als Versuchskaninchen, um die Auswirkungen eines Langzeitaufenthalts im All zu erforschen. Der Körper von Scott (rechts) hat sich während dieser Zeit verändert.

Muskeln, Knochen und Immunsystem

In der Schwerelosigkeit sind die Muskeln weniger gefordert als auf der Erde und verkümmern deshalb. Aber auch Knochensubstanz baut sich ab und die Knochen werden poröser. Die Symptome ähneln denen älterer Menschen, die an Osteoporose leiden. Auch das Immunsystem leidet. Die Anzahl bestimmter Blutzellen, die Krankheitserreger erkennen und bekämpfen, nimmt bei langen Aufenthalten im All dramatisch ab. Um den Körper fit zu halten, treiben die Astronauten etwa zweieinhalb Stunden Weltraumsport am Tag.

Dünnhäutige Astronauten

In der Schwerelosigkeit schwebt mit dem Astronauten auch seine Kleidung und liegt selten direkt am Körper an. Die Haut wird weniger beansprucht und innerhalb von sechs Monaten um ein Fünftel dünner und damit empfindlicher. Nach der Landung wird die Haut ständig gereizt. Daher kommt das brennende Gefühl, unter dem Scott Kelly litt. Vor allem die Füße schmerzen, wenn sie plötzlich wieder in Schuhe gezwängt werden und das Körpergewicht tragen müssen.

Augen spielen verrückt

Manche Astronauten klagen darüber, dass sie nicht mehr scharf sehen, und brauchen im All plötzlich eine Brille zum Lesen. Andere wiederum, die normalerweise eine Brille benötigen, kommen auf der ISS ohne Sehhilfe aus. Wahrscheinlich hat dies damit zu tun, dass sich der Augapfel in der Schwerelosigkeit verformt und hinten eindellt. Zurück auf der Erde verschwindet die Delle wieder – so wie die meisten anderen Auswirkungen eines längeren Aufenthalts im All.

Zurück zur Erde

Nach Monaten der Schwerelosigkeit geht die Zeit auf der ISS zu Ende. Doch eine bemannte Mission ist erst dann erfolgreich abgeschlossen, wenn alle beteiligten Astronauten wieder heil auf der Erde angekommen sind.

Der richtige Winkel

Die Landekapsel – der mittlere Teil des Sojus-Raumschiffs – muss in einem ganz genau einzuhaltenden Winkel in die Erdatmosphäre eintreten, damit sich ihre enorme Geschwindigkeit von 28 000 Stundenkilometern ausreichend verringert. Taucht das Raumschiff zu flach ein, besteht die Gefahr, dass es ins All zurückgeworfen wird – wie ein flacher Stein, der über die glatte Wasserfläche eines Sees hüpft. Gerät der Winkel zu steil, kann sich die Wiedereintrittskapsel zu stark erhitzen. Eine Landekapsel, die einfach nur durch die Atmosphäre gebremst wird, hat am Ende eine Geschwindigkeit von immerhin 300 Stundenkilometern. Würde sie derart schnell auf den Boden oder auf Wasser prallen, wäre dies der sichere Tod der Besatzung. Gegen die Hitze ist die Sojus-Kapsel mit einem Hitzeschutzschild versehen.

Landeanflug

Der heiße Ritt durch die Erdatmosphäre ist überstanden. Die Sojus-Kapsel mit den drei Kosmonauten an Bord sinkt ruhig am Fallschirm zur Erde.

Hart im Nehmen

Die Landekapsel lässt sich nur wenig steuern. Im Normalfall müssen die Kosmonauten mit etwa 4 g rechnen. Es kann aber auch zu einer harten, sogenannten ballistischen Landung kommen: Dann sind sie Beschleunigungen von mehr als 8 g ausgesetzt. In diesen eher seltenen Fällen kann das Zielgebiet verfehlt werden. Kurz vor dem Boden zünden die Bremsraketen.

Schon gewusst?

Objekte, die schnell in die Atmosphäre eintreten, beginnen zu glühen. Die Sternschnuppen und Meteore, die wir am Himmel sehen, sind meist winzige Gesteins- und Metallbrocken, die die Bahn der Erde kreuzen.

Heißer Ofen

Die Kapsel wurde bei ihrer Rückkehr stark ramponiert. Der abgerundete Hitzeschild der Kapsel verhindert das Schmelzen der Kapselwand.

Kasachische Achterbahn

In einigen Kilometern Höhe bremst ein Fallschirm die Kapsel weiter ab. Wenn sich der Fallschirm entfaltet, wird sie samt Besatzung hin und her geworfen. Schließlich pendelt sich die Kapsel ein und schwebt dem Boden entgegen. Eine Sekunde vor der eigentlichen Landung werden an ihrer Unterseite Bremsraketen gezündet. Dieses Manöver verringert ein letztes Mal die Geschwindigkeit, dann prallt die Kapsel auf den Boden. Manchmal überschlägt sie sich dabei. Die Kosmonauten erzählen von ihrer Rückkehr wie von einem Höllenritt oder einer wilden Achterbahnfahrt. Damit sie sich dabei nicht verletzen, sind sie fest in ihre maßgeschneiderten Sitze geschnallt.

Willkommen auf der Erde

Der Eintritt in die Erdatmosphäre und die Landung werden genauestens verfolgt. Spezialfahrzeuge versuchen, nach dem ersten Sichten der Kapsel am Himmel so schnell wie möglich am voraussichtlichen Landeplatz zu sein. Die Landemannschaft öffnet die Kapsel und hilft den Kosmonauten heraus. Am einfachsten geht dies, wenn die Kapsel zur Seite gekippt ist. Dann wird sie so gedreht, dass die Raumfahrer sich von ihren Sitzen losschnallen können. Steht die Kapsel hingegen senkrecht mit der Luke nach oben, müssen sich die geschwächten Kosmonauten nach oben herausquälen. Nach einer herzlichen Begrüßung werden die Raumfahrer zum jeweiligen Astronautenzentrum geflogen. Europäische Astronauten kommen nach Köln ins Europäische Astronautenzentrum EAC, wo sie medizinisch untersucht werden. Das dient neben wissenschaftlichen Zwecken auch der Sicherheit der Astronauten.

Angeberwissen

- Chinesische Wiedereintrittskapseln landen wie die russischen Kapseln auf dem Erdboden – allerdings im Norden Chinas.
- Amerikanische Apollokapseln wasserten im Pazifik. Die Bergung aus dem Wasser ist aufwendig und erfordert Schiffe, Rettungstaucher und Helikopter.
- Amerikanische Spaceshuttles landeten auf speziellen Landebahnen, die jedoch länger als die meisten herkömmlichen Bahnen auf Verkehrsflughäfen sind.

Wieder daheim

Die Landemannschaft hilft den Kosmonauten aus der Kapsel. Helikopter stehen bereit, um die Raumfahrer zum nächsten Flughafen zu fliegen.

Altes Ritual

Die heimkehrenden Kosmonauten werden traditionell mit einem Apfel empfangen. Nach den Monaten im All sind sie meist sehr schwach – deshalb werden sie getragen.

Neue Raumstation

Vorerst existiert die neue internationale Raumstation Lunar Orbital Platform-Gateway nur als Computergrafik. Hier wird sie gerade von einem Orion-Raumschiff (rechts im Bild) angeflogen. Von der Station aus könnten Roboterfahrzeuge auf dem Mond ferngesteuert werden oder die Astronauten würden selbst die Mondoberfläche besuchen.

Die Zukunft

Die Internationale Raumstation soll bis zum Jahr 2024 genutzt werden. Was danach mit ihr geschieht, ist derzeit noch unklar. Sie könnte auseinandergebaut und einige Module für eine neue Raumstation im Erdorbit verwendet werden. Nicht mehr benötigte Teile würden kontrolliert zum Absturz gebracht werden. Vielleicht findet sich auch ein privater Unternehmer, der die Raumstation weiterhin für Forschungszwecke oder als Weltraumhotel für Weltraumtouristen betreibt. In diesem Fall könnte die Station mit einem Hotel-Modul erweitert werden. Es gibt genügend reiche Interessenten, die bereit wären, viele Millionen Euro für einen Abstecher ins All zu zahlen.

Neue Ziele

Sehr wahrscheinlich wird es in naher Zukunft neue Weltraumstationen geben. Während die ISS für Forschung und Technologieentwicklung in Erdnähe genutzt wird, sollen zukünftige Raumstationen jedoch Ausgangsbasen und Montageplätze für neue Weltraumprojekte sein. Das könnten etwa bemannte Missionen zu einem Asteroiden sein. Die ISS-Partner unter Führung der NASA verfolgen schon länger den Plan für die Station Lunar Orbital Platform-Gateway. 2017 beschlossen die USA und Russland, diese Station gemeinsam zu bauen; weitere Nationen wie China und Indien haben ihr Interesse an einer Zusammenarbeit bekundet. Bei diesem Projekt werden sehr wahrscheinlich zusätzlich private Raumfahrtunternehmen beteiligt sein. Die ersten Module könnten schon Mitte der 2020er-Jahre ins All starten.

Schon gewusst?

Verschiedene Länder entwickeln bereits die Technik, eine Raumstation nahe dem Mond zu errichten. So arbeiten die USA am Space Launch System (SLS), einer stärkeren Rakete als die Saturn V, und gemeinsam mit Europa am Raumschiff Orion.

Parkplätze im All

Anders als die ISS, die sich in einem erdnahen Orbit befindet, könnte die nachfolgende Raumstation in Mondnähe platziert werden. Entweder in einer Umlaufbahn um den Mond oder an einem sogenannten Lagrange-Punkt. An Lagrange-Punkten heben sich Gravitations- und Bewegungskräfte zweier benachbarter Himmelskörper auf, sodass dort Kräftegleichgewicht herrscht. Ein masseärmerer Körper, etwa eine Raumstation, verbleibt hier, wo er ist. Lagrange-Punkte sind somit günstige Parkplätze im All. Sie eignen sich auch gut als Ausgangspunkt für entferntere Ziele im Sonnensystem. Derzeit kann man sich zwei dieser Punkte gut für den Nachfolger der ISS vorstellen: L1 befindet sich zwischen Erde und Mond, L2 jenseits des Mondes.

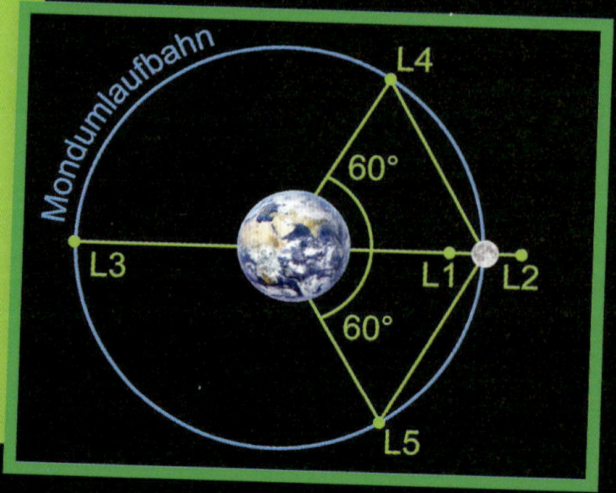

Neue Welten

Für die fernere Zukunft sind ganze Städte im All denkbar – genauso wie große Raumschiffe, die sich auf den langen Weg zu einem Nachbarstern machen, um dessen Planeten zu erforschen und zu besiedeln. Diese Raumschiffe werden über viele Generationen hinweg unterwegs sein. Man nennt sie deshalb auch Mehrgenerationen-Raumschiffe. Spätestens wenn die Sonne zu einem Roten Riesen wird, sollte die Menschheit für solche interstellaren Unternehmungen bereit sein. Rote Riesen sind Sterne, die langsam auf das Ende ihres Lebens zusteuern. Sie werden wesentlich größer – die Erde wäre so viel näher an der Sonne und ihr Wasservorrat würde verdampfen. Bis die Sonne zum Roten Riesen wird, vergehen aber noch ungefähr fünf Milliarden Jahre.

Mondbasis

Von der nächsten großen Raumstation aus könnte eine Mondbasis betrieben werden. Astronauten könnten mit vergleichsweise wenig Aufwand immer wieder zwischen Raumstation und Mond wechseln. Denkbar ist auch die Gewinnung von Tritium aus dem Mondgestein als Brennstoff für zukünftige Kraftwerke.

Reiseziel Mars

Eine mondnahe Raumstation wie Lunar Orbital Platform-Gateway könnte als Plattform für entferntere Ziele im Sonnensystem dienen, etwa den Mars. Wann es wohl Bergbau auf dem Mars geben wird?

Bildquellennachweis

Alexander Gerst: 147mr (2007), 147um (2006); Archiv Tessloff: 34om (Figur), 88ol, 89mr, 89ur, 93or, 98or, 98or, 99or, 101or (Alien), 108ur, 108ul, 110ol (Weltkarte), 136 (Zeichnung Mond und Boots), 137ur (Olivenzweig); Caltech: 32or (MIT/LIGO Lab); DLR: 143ml (CC_by_3.0), 172ol (ISS vor Sonne: Rolf Hempel), 185ul (Trainieren: Evi Blink), 185ur (Schweben: CC_by_3.0); ESA: 2mr (R. Gendler), 4mr (CNES/Arianespace), 5ol (Anneke Le Floc´h), 6ur (JAXA), 12or (NASA), 13or (NASA/Samantha Cristoforetti), 25ol (R. Gendler), 29ml (Infrarotes Licht: AOES Medialab; background: Hubble Space Telescope image (NASA/ESA/STScI), 29ul (D. Ducros), 33om (Planck), 33or (Hubble), 33or (Herschel Weltraumteleskop: C. Carreau), 41mm (SOHO), 41Hg. (Hinode JAXA/NASA/PPARC), 47or, 51ml (DLR/FU (G. Neukum)), 52or (Sonde: D. Ducros), 53o (Landung: JPL/NASA), 65ol (Hubble&NASA), 66-67u (ESA, Hubble Heritage Team (STScI/AURA)-ESA/Hubble Collaboration and A. Evans (University of Virginia, Charlottesville/NRAO/Stony Brook University), K. Noll (STScI), and J. Westphal (Caltech), 79or (Hubble/NASA), 96o (Planck Collaboration), 108um (David Ducros, Jacky Huart, 2016), 109mr (CNES/Arianespace), 110Hg. (D. Ducros, 2014), 110 (Kourou: S. Corvaja), 111or (Ariane 5-6: D. Ducros, 2012), 111u (Nr. 1-9: D. Ducros, 2012), 112ur (CNES/ARIANESPACE-Optique Photo Video du CSG, 2013), 116ul, 140or (Star City), 141ul (S. Corvaja 2012), 142um (M. Koell), 142mm (Sabine Grothues: Matthias Maurer), 143ur, 144or (GCTC), 144ol (GCTC), 145ol (Anneke Le Floc´h), 145ml (Gagarin Cosmonaut Training Centre), 145ul (Überlebenstraining: Gagarin Cosmonaut Training Centre), 146ul, 146ul (Steinbeis Beratungszentrum/Hochschule Darmstadt/ CC BY-SA 3.0 IGO), 154ur (Stephane Corvaja, 2017), 161mm (Nr.1u.2.: D. Ducros), 161ul (ISS), 164ur, 166ol (NASA), 167or (S. Corvaja), 167mr (S. Corvaja), 168ml (DLR), 170mr (Nr.3), 170ul (Nr.1: D. Ducros), 170um (Nr.2: D. Ducros), 171ul (CNES/ M. Pedoussaut), 171or (CNES/ Arianespace.com/-Optique Video du CSG_P. Baudon), 171mr (Tankstelle: CNES/Arianespace- Photo Optique Video du CSG, S. Martin, 2010), 173or, 178ul, 179mr, 180 (NASA), 181ur (NASA/ A. Gerst), 181ol (NASA), 182 (D. Ducros), 183or (ISS), 183ur (NASA), 187or (NASA), 189mr (S. Corvaja, 2014); ESO: 30or (G. Hüdepohl), 31or (Kontrollraum), 32ur (European Extremely Large Telescope), 42u, 63or (Exoplanet: J. Rameau), 70or (L. Calçada), 71o, 75or (L. Calcada), 76or (Roter Riese: L. Calcada), 77ur (Rauchzeichen), 78or (L. Calcada), 94or (WFI(Optical);MPIfR/ESO/APEX/A.Weiss et al. (Submillimetre);NASA/CXC/CfA/R.Kraft et al. (X-ray), 95Hg. (M. Kornmesser), 97ul (Roter Riese und weißer Zwerg); Fermilab: 97or; Flickr: 5ul (NASA), 10ur (Ansicht All: ESA/NASA), 10or (Ansicht All: ESA/NASA), 12-13Hg. (NASA/Scott Kelly), 12ul (ESA/ NASA), 68-69Hg. (CC BY 2.0/Carsten Frenzl), 118om (CC BY-NC-SA 2.0 / James Vaughan), 126-127Hg. (CC BY-NC-ND 2.0/ NASA JOHNSON), 145or (ESA/NASA), 146or (NASA), 147or (NASA), 151or (NASA/PD), 164 (Nr. 1-5: ESA), 172mr (CC_BY_2.0_Mike Lewinski), 174ol (NASA), 174mr (ESA / NASA), 175um (Schlafsack: NASA), 176om (NASA), 178ol (NASA), 186mr (Weltraumblume: NASA), 187ul (NASA/ Robert Markowitz); Getty: 7ur (SERGEI REMEZOV/ AFP), 7ur (Carla Cioffi/NASA), 17or (Time Life Pictures), 18o (Stocktrek Images), 18ul (Stocktrek Images), 21ur (D. MacDonald), 22-23Hg. (NASA/JPL-Caltech/Michael Benson/Kinetikon Pictures), 24-25Hg. (Mike Hollingshead), 54or (Steven Hobbs/Stocktrek Images), 54mr (Victor Habbick Visions), 55ol (Stocktrek Images), 55u (Stocktrek Images), 57ul (Stocktrek Images), 60ul (Geysire: Stocktrek Images), 70ur (BSIP), 72or (MARK GARLICK), 77ul (Marc Ward/Stocktrek Images), 84or (Mark Garlick), 85 (BrandNewImages), 87 (MCT /Kontributor), 90or (Dorling Kindersley), 101ur (Cristina Monaro), 102-103Hg. (Marc Ward Stocktrek Images), 106om (Tereshkova: Keystone/Staff), 120Hg. (Nr. 1-9: Encyclopaedia Britannica/UIG), 121mr (Rakete: Encyclopaedia Britannica), 125ol (Science & Society Picture Library), 129mr (D'ARCO EDITORI/DEA), 130or (Mark Peterson), 130-131Hg. (Roger Ressmeyer), 133ml (Lunasonde: Sovfoto/ Kontributor/UIG), 152ul (East News/Newsmakers/Wojtek Laski/ Hulton Archive), 191Hg. (VICTOR HABBICK VISIONS/Science Photo Library); IceCube: 83ur (Jim Haugen), 83mr (Sven Lidstrom); Independent Medien Design: 77mr (Zeichnung Sonnenumkreisung), 88ul; independent Medien-Design: 15ur (Nr.1-8), 19r; iStock: 14-15Hg. (BalazsKovacs), 46ol (Jan Rysavy), 82mm (solarseven); Laska Grafix: 3mr (Spaghettisierung), 94ur (Spaghettisierung); mauritius images: 3ul (NG Images/Alamy), 33ur (SALT: Alamy), 74-75 (Sternengeburt: sciencephotolibrary), 80ul (NG Images/Alamy); NASA: 1, 2ml, 3or, 4ul, 4ul, 5mr (PD/ STS-132 Crew), 6or, 6mr (ISS), 7or, 11ur (PD), 11om (Ansicht All: ESA), 11ul (Ansicht All: ESA), 11ol (PD), 12ur (Sandwolke: Jacques Descloitres,MODIS Rapid Response Team/GSFC), 13ul (PD), 17or, 17ul, 24ur (NASA), 24ol (M. Jäger & G. Rhemann), 25or (NASA/ Hubble Heritage Team), 28ml (Fermi), 28mr (SOHO: ESA/Alex Lutkus), 28or (ESA/Hubble HeritageTeam STScI), 31or (Materie Universum: ESA and R. Massey (California Institute of Technology), 33ol (James Webb Teleskop), 35ur (Rosettennebel: Robert Gendler), 36or (PD), 38-39ur (JPL), 39or (Botschaft ins All: JPL), 40or (Jenny Mottar), 40Hg. (SDO), 41ur, 42or, 44ul (Mariner 10), 44or (John Hopkins University, Applied Physics Laboratory/ Carnegie Institution of Washington), 44ur (John Hopkins University, Applied Physics Laboratory/Carnegie Institution of Washington), 44mr (John Hopkins University/Applied Physics Laboratory/Carnegie Institution of Washington), 45ul (JPL), 45mr (JPL), 45or (S. Namazawa), 45mr (Venusoberfläche von Venera 13:Goddard Space Flight Center), 46-47Hg., 47um, 48-49Hg. (Apollo 15/ USGS), 48ul (Fußabdruck), 48om (GSFC/Arizona State University), 49or (GSFC/Arizona State University), 49ol (JPL-Caltech), 50or (JPL-Caltech/MSSS), 50-51Hg. (JPL-Caltech/Cornell Univ./Arizona State Univ.), 50mr (JPL-Caltech/MSSS), 51mr (Sonde Reconaissance: JPL), 51or (JPL-Caltech), 52Hg. (JPL), 53mr (Sonde Maven), 53or (JPL Caltech), 53mm (Meteorit: JSC/Stanford University), 55or (Lewis Research Center), 56ul (ESA/John Clarke/ University of Michigan), 56-57o (JPL/University of Arizona), 57or (Jupiter Monde: JPL/DLR), 57ur, 58-59Hg. (Saturn:JPL), 58ur (JPL/ Space Science Institute), 59or (JPL), 59ml (Sonde Cassini: JPL/ Caltech), 59mr (Miranda), 59ol (Mimas: JPL/Space Science Institute), 59ur (Lawrence Sromovsky, University of Wisconsin-Madison/W.W. Keck), 59um, 60mm (JPL), 60or (C. M. Handler), 60-61Hg., 60um (Triton: JPL/USGS), 61or (JPL), 62or (ESA and G. Bacon (STScI), 62ul (ESA and G. Bacon STScI), 62mr (AMES/JPL Caltech), 63ur (Ames/JPL-Caltech/T. Pyle), 63ul (Ames/SETI Institute/JPL-Caltech), 63or (ESA, and P. Kalas (University of California, Berkeley and SETI Institute), 64ul (ESA, CXC, and JPL-Caltech), 64ur (Hubble Heritage Team (STScI/AURA), 64-65Hg. (ESA, S. Beckwith (STScI)/Hubble Heritage Team (STScI/AURA), 64or (ESA/Hubble Heritage Team (STScI/AURA), 65ur (Martin Pugh), 66-67Hg. (Debra Meloy Elmegreen (Vassar College) et al./ Hubble Heritage Team (AURA/ STScI), 67or (ESA/Hubble Heritage Team (STScI/AURA); Acknowledgment: J. Gallagher (University of Wisconsin), M. Mountain (STScI) and P. Puxley (National Science Foundation), 68um (Holland Ford (JHU)/ACS Science Team and ESA), 68or (ESA/Hubble Heritage Team (STScI/AURA), 69ur (Nr. 4), 69u (Nr. 3), 69 (Nr. 1), 69 (Nr. 2), 70mm (Goddard Space Flight Center/S. Wiessinger), 71ul (ESA and G. Bacon (STScI), 72u (ESA and R. Massey (California Institute of Technology), 75om (JPL-Caltech), 79ol (ESA, HEIC/Hubble Heritage Team (STScI/AURA), 80um (Space Telescope Science Institute), 80or (Andrew Fruchter (STScI), 80-81Hg. (ESA/Hubble), 80ur (JPL-Caltech/ESA/Hubble Heritage Team (STScI/AURA), 81ol (Hubble,ESA; Processing&License: Judy Schmidt), 81ul (ESA/Hubble Heritage (STScI/AURA)-ESA/Hubble Collaboration), 81ur (ESA/Hubble), 81or (ESA/Hubble, Acknowledgement: Judy Schmidt), 82mr, 95ur (JPL Caltech), 96u (Drei Satelliten: JPL-Caltech-ESA), 106um (Shepard), 106ur, 106or (Aldrin), 106mr (Olivenblatt), 106om (Logo), 106um (Juri Gagarin), 106ul (National Space Science Data Center), 107um (McCandless II), 107ol (Skylab), 107ul (Joachim Becker/Space Facts), 107or (Carla Cioffi), 107om (Columbia), 109or (Bill Ingalls), 114 (PD), 115ol (PD), 118or, 118ul (MSFC: Wernher von Braun), 118um (Apollo 8), 118ur, 119ol (Clementine), 119um, 121u, 122ol, 122om, 122om (Aero Spacelines: DFRC), 122or, 123ml (NASA), 123mr, 123ol, 123r (Raketenstart), 124mm, 124or (Logo), 124um, 125Hg. (Ausstieg), 125om (Oberfläche Mond), 128Hg., 128ur, 128m (Labor), 128or, 129ur, 129or, 130ul, 130mr, 131ur, 132um (Grail A: JPL-Caltech/MIT), 133mr (Clementine), 137or (Goddard Space Flight Center/Arizona State University), 138-139Hg., 139mr (Spacewalk), 139ur (Druckanzug 1934), 139ol (Prof. Dana Newmann, Inventor Science Engineering; Giulliermo Trotti, AIA Trotti and Associates Inc. (Cambridge, MA), Design; Dainese (Vicenca, Italy), 139or (Lebenserhaltungssystem: Gliu), 140-141Hg., 141mr (Parabelflug), 149 (PD), 150ml (MSFC/PD), 150or (PD), 150ur (PD), 150-151, 151ul (PD), 156-157 (PD/ STS-132 Crew), 161or (PD), 163ur (PD), 168o (Mark Sowa), 174-175 (ISS: PD), 175ur (PD), 176ul (PD), 177ur (PD), 179or (PD), 183ul (PD), 184 (PD), 185ol (PD), 185ml (Werkzeug: PD), 186ol (PD), 188um (Sergey Vigovskiy), 190ur (PD); picture alliance: 16ol (Daniel Lopez/Iac), 18mm (Computersimulation: Martin Jutzi/Erik Asphaug), 22or (Eismond: NASA - digital version copyright/Science Faction), 22mr (Landung Sonde: EADS Astrium), 27or (akg-images), 28ul (Chandra: AFP/ EPA), 41or (ZUMApress.com | z03/ New Jersey Institute of Technology), 60ur (DB/Science), 61ur (AP Images), 65ul (United_ Archives), 83om (EibnerPressefoto), 86or (Martial Trezzini/ Keystone), 90ul (Interfoto/ Helga Lade Fotoagentur), 90ml (Isadora/Leemage), 91or (Mary Evans Picture Library), 92or (Sternwarte: IMAGNO/Schostal Archiv), 93ol (united archives / WHA/ 91020), 100ur (Arecibo Teleskop: Wu Dongjun), 101mm (Ufo Sichtung: UPI), 107ur (EPA), 109ul (NASA/picture alliance/ZUMA Press), 111or (Ariane 1- 4: dpa-infografik), 112or (Cape Canaveral: PictureLux/The Hollywood Ar/NASA / Legacy Collection), 113ml (Russland: Marina Lystseva Of Tass/Pool/ Sputnik), 113ol (Kasachstan: Peter Kovalev/TASS), 113ur (Japan: Yomiuri Shimbun/AP Images/Ichiro Ohara), 116ol (Dmitry Lovetsky/ AP Photo), 117um (Dmitri Lovetsky/ AP Photo), 117ol (epa Yuri Kochetkov), 119ol (Smart 1: ESA/ESOC), 119or (Photoshot), 119mr (Chandrayaan: epa Jagadeesh Nv), 119ur (Kaguya: Liu Huaiyu/Imaginechina), 121or (akg-images), 132Hg. (epa Isro), 132or (epa Jagadeesh Nv), 133um (YUTU: Chinafotopress), 133ur (Chinafotopress), 133ol (Team: Markus Scholz), 133om (Private Mondsonde: PTS/Alex Adler), 133ul (Mondprinzessin: Jiji_Press/Panasia), 133mm (Smart-1: ESA/ ESOC), 154o (Imaginechina/Liu Huaiyu), 155um (AP Photo/ Chinatopix/ hotabe), 155or (Imaginechina/ Gong Wenbao), 155ur (Chin. Raumstation: Photoshot), 172ol (ISS vor Mond: Henning Kaiser), 188om (Bill Ingalls/Planet Pix via ZUMA Wire), 188mr (AP Photo/Reuters/Sergei Remizov), 189um (epa Kochetkov); Prof. Dr. Horn /Universität Ulm: 186ur (Weltraumfrosch); Schmeling, Michael (www.aridocean.com): 10-11Hg.; Science Photo Library: 43Hg. (Paul Wootton), 43ul (Scharmer Et Al, Royal Swedish Academy of Sciences), 95ol (American Institute of Physics/Emilio Segre Visual Archives), 100ul (Dr. Seth Shostak), 104o (Detlev van Ravenswaay), 105mr (Stringtheorie: Laguna Design);

Shutterstock: 2or (leonello calvetti), 4om (3Dsculptor), 7ml (leonello calvetti), 10or (Jason Patrick Ross), 10ur (sunsinger), 11ul (MOROZ NATALIYA), 11or (Elena Odareeva), 15ol (Vadim Sadovski), 15ur (Mondphasen: Patryk Kosmider), 15or (titoOnz), 16Hg. (Mond: Astrobobo), 20ul (Juergen Faelchle), 20-21o (Alhovik), 20ml (alessen), 21mr (Beth Swanson), 22ur (Titan: Tristan3D), 23ml (Planeten: Antony McAulay), 23u (Stanislaw Tokarski), 26u (Stonehenge: Justin Black), 26-27Hg. (Roberaten), 27ul (Baldas1950), 28ur (Mauna Kea: Radoslaw Lecyk), 32-33mm (IndianSummer), 32ol (Keck-Observatorium: Felix Nendzig), 33mr (Anglo Australian Telescope: Steve Wilkins), 34Hg. (Nördl. Sternenhimmel: shooarts), 34om (Sternbild Orion: Hollygraphic), 35ol (shooarts), 71ur (Markus Gann), 75ul (Mopic), 76om (Sternengeburt: Markus Gann), 76ml (Gas und Staub: sciencepics), 77ol (Planetarischer Nebel: sciencepics), 77om (Weißer Zwerg: sciencepics), 84ur (Dinosaurier: jaroslava V), 86ol (Jason Winter), 90ol (Gitternetz: vchal), 90ol (Erde u. Sonne: Siberian Art), 91ur (alessen), 92o (Ausdehnung: pixelparticle), 93or (Maria Zvonkova), 98-99Hg. (oriontrail), 102or (Esteban De Armas), 104mr (Jurik Peter), 106-107Hg. (Roberaten), 112ul (piscari), 112-113Hg. (IndianSummer), 115u (3Dsculptor), 118-119Hg. (JaySi), 122-123Hg. (Roberaten), 136-137Hg. (oriontrail), 140 (Flagge USA: Route66), 140 (Flagge Russland: wavebreakmedia), 140 (Flagge Indien: Iakov Filimonov), 140 (Flagge Frankreich: Route66), 140 (Flagge China: Route66), 164u (Erdkugel: leonello calvetti), 166-167 (sdecoret), 166ul (SergeyDV), 169u (IndianSummer), 172-173Hg. (Anton Jankovoy), 176-177Hg. (Vladi333), 190ur (godrick (Mond)); Sol90images: 8-9, 30u, 78-79 (Nr. 1-5), 103o, 158-159; Thinkstock: 2um (Teleskop: Comstock), 29ol (Dorling Kindersley), 29ur (Teleskop: Comstock), 42mr (surangaw), 49mm (Landlebewesen: istockphoto), 73or (generalfmv), 74o (DigitalVision), 84mr (kschulze), 120ml (Nr. 10: Dorling Kindersley), 127 (Dorling Kindersley); Universität Freiburg: 41um; Wikipedia: 23or (NASA), 25ur (NASA), 26or (CC BY 3.0/Anagoria), 27ur (PD), 31u (ESO/ Y. Beletsky), 32ml (VLT: ESO), 33ul (GTC: CC BY-SA 3.0/Pachango), 35mr (CC BY 3.0/IAU and Sky &Telescope magazine (Roger Sinnott & Rick Fienberg), 37ur (NASA/PD), 38ul (NASA), 46mr (NASA), 53ml (NASA), 53ul (NASA), 54u (NASA/Les Bossinas of NASA Lewis Research Center), 59ul (Kryobot: NASA), 66ml (NASA/Hubble Heritage Team (STScI/AURA), 69ol (Stephans Quintett: NASA, ESA, Hubble SM4 ERO Team), 82-83Hg. (CC BY-SA 3.0/Ken Crawford), 93um (Lemaitre), 100or (PD), 100mr (Botschaft: CC BY-SA 3.0/Dadr), 101or (Scheibe: NASA/JPL), 105or (PD/Polytope24), 106ol (Sputnik 1:National Museum of the US Air Force), 107om (Raumstation ISS: NASA), 107um (USA und Russland im All: NASA), 107ol (Dusche: NASA), 117r (Sojus_ Rakete: CC-BY-SA-4.0/AstroBidules), 118ol (PD/Esther C. Goddard - NASA), 119ul (Hilten/NASA), 122or (NASA), 126mm (NASA/ Dave Scott), 134-135 (NASA/ SAIC/ Pat Rawlings), 148 (NASA), 151ur (NASA/Rick Guidice Ames Research Center), 151ol (United States Department of Energy/PD), 152or (NASA), 153 (NASA), 160mr (NASA), 160ol (NASA), 162or (NASA), 162ur (NASA), 163ml (NASA), 165mr (Nr.2: PD-USGov_NASA), 165or (Nr.1: NASA_PD_ Bill Ingals), 179ur (NASA/PD), 183ol (NASA), 185mr (Module: NASA/PD), 190or (NASA), 191or (NASA/SAIC/Pat Rawlings)

Umschlagfotos: ESO: U1 (Krebsnebel); NASA: U1 (Rover: JPL/ Cornell University), U1 (Sonne: SDO/GSFC), U1 (Lagunennebel: ESA/STScI); Shutterstock: U4 (titoOnz), U1 (Rakete: Fer Gregory), U1 (Planeten: janez volmajer), U1 (Teleskop: KENNY TONG), U1 (Astronaut: Paopano)

Burgschmietstraße 2–4, 90419 Nürnberg
qualitaet@tessloff.com
www.tessloff.com

Text: Dr. Manfred Baur (S. 6–9: Bd. 1 Unsere Erde. Der blaue Planet; S. 14–23, 118–137: Bd. 21 Der Mond. Rätselhaft und mächtig; S. 24–35, 42–43, 62–67, 70–71, 74–75, 80–81, 94–95: Bd. 6 Sterne. Wunder des Weltalls; S. 38–41, 44–61, 106–107, 110–111, 138–139, 144–145: Bd. 16 Planeten und Raumfahrt. Expedition ins All; S. 68–69, 72–73, 76–79, 82–93, 96–105: Bd. 102 Universum. Geheimnisse des Weltalls; S. 10–13, 36–37, 108–109, 112–117, 140–143, 146–191: Internationale Raumstation)
Grafik: Ruth Koch, Annelie Weißmann, Martina Green, independent Medien-Design
Lektorat: Tessloff Verlag
Bildredaktion: Christine Schmidt-Rudloff, Henrike Schechter
Druck: Livonia Print

ISBN 978-3-7886-2280-0

MIX
Papier | Fördert gute Waldnutzung
FSC® C002795

Wissen kann man nie genug!

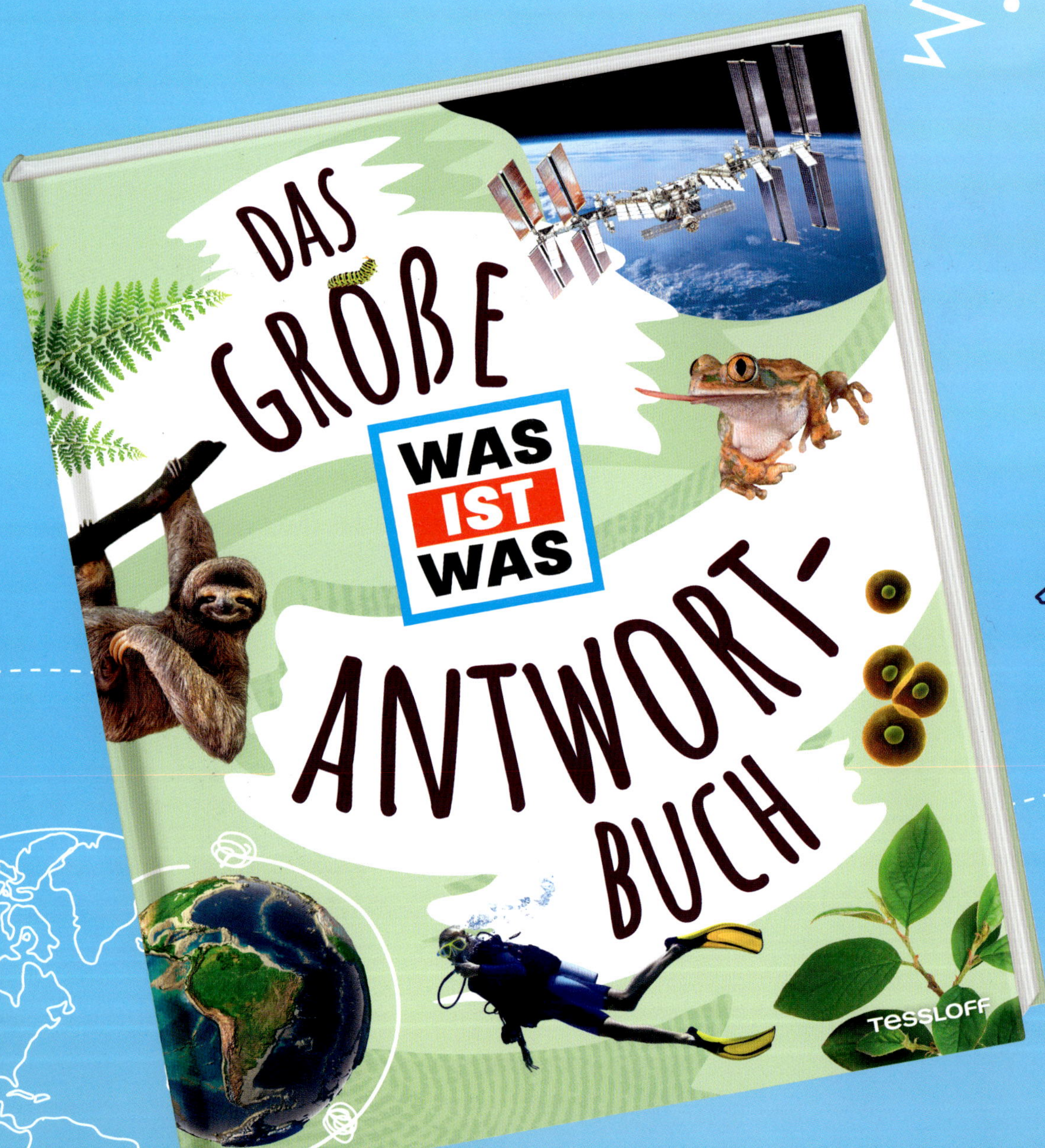